講座

日本民俗学

不安と祈願 ◆2◆

新谷尚紀——［編］

朝倉書店

■編集者

新
しん
谷
たに
尚
たか
紀
のり
　国立歴史民俗博物館名誉教授・國學院大學大学院客員教授

■執筆者（五十音順）

赤
あか
嶺
みね
政
まさ
信
のぶ
　琉球大学名誉教授

石
いし
垣
がき
絵
え
美
み
　元國學院大学研究開発推進機構研究補助員

板
いた
橋
ばし
作
さく
美
み
　元東京医科歯科大学教授

乾
いぬい
賢
けん
太
た
郎
ろう
　大田区立郷土博物館学芸員

小
お
川
がわ
直
なお
之
ゆき
　國學院大学文学部教授

川
かわ
嶋
しま
麗
れい
華
か
　國學院大学研究開発推進機構ポスドク研究員

黒
くろ
田
だ
迪
みち
子
こ
　府中市文化スポーツ部ふるさと文化財課市史編さん専門員

塩
しお
月
つき
亮
りょう
子
こ
　跡見学園女子大学観光コミュニティ学部教授

新
しん
谷
たに
尚
たか
紀
のり
　国立歴史民俗博物館名誉教授・國學院大學大学院客員教授

徳
とく
丸
まる
亞
あ
木
き
　筑波大学人文社会系教授

長
は
谷
せ
部
べ
八
はち
朗
ろう
　駒澤大学仏教学部教授

宮
みや
内
うち
貴
たか
久
ひさ
　お茶の水女子大学人文科学系教授

『講座日本民俗学』刊行の趣旨

　2020年代に入った現在、日本の民俗学はたいへん重要な時期を迎えている。それは三つの意味からである。

　第一には、学問の学際化と総合化そして国際化が大きく進む中で、日本民俗学は隣接する文化人類学や社会学や歴史学とどこがちがうのか、学問としての独自性や独創性を明示して自分たちの学問の存在意義を社会に発信する必要がある、いやしなければならない、そういう時代になってきているからである。

　第二には、日本民俗学はイギリスのフォークロアの翻訳学問ではなく、フランス語のトラディシオン・ポピュレール tradition populaire を民間伝承と翻訳した柳田國男が、tradition 伝承を研究する学問、民間伝承の学、民俗伝承学として日本で創生した学問である。その基本であった民俗資料の全国的な規模での収集とその比較研究という方法が、戦後の大学教育の中で理解されずに、1980年代以降はむしろ誤解の中に否定されていったという残念な歴史を歩んできた。その一方で、日本列島各地からの事例情報の収集は一定の程度は蓄積されてきたが、その分析手法や理論構築が洗練されない状況が続いてきた。そのため学問としての存在意義の説明が曖昧で、たとえば文化人類学や社会学とのちがいが説明できない状況へとなってきている。しかしいま、民俗学の独創的で基本的な視点と方法である比較研究法の重要性と有効性とが再確認されてきている。つまり、次世代を担う研究者にとって、みずからの学問の学術的自己確認が必要不可欠という状態になってきているからである。

　第三には、日本民俗学が対象とする日本の農山漁村や町場や都市の生活が、2000年代に入るころから政治や経済や国際情勢の大変動の中で、大きく変貌してきている時代だからである。2001.9.11 同時多発テロから、2008.9.15 リーマン・ショック、2011.3.11 東日本大震災と原発事故など、21世紀初頭は日本だけでなく世界的にも大きな変動の時期であった。2019.12 に中国武漢で集団感染が発生し、世界に広まっている新型コロナ禍は世界中を揺るがしている。21世紀初頭の現在は、日本の生産と消費の生活の中に外国産品の輸入が急激増してきた時期でもあり、食の安全や危険の問題、またその一方、日本社会の少子化や高齢化の問

題、極端な人口減少社会へなどさまざまな問題が複雑に起こってきている。地域振興をめぐってもさまざまな議論が行なわれている。日本民俗学がその大切なフィールドとしてきた日本各地の地域社会がその大きな変動の中にある。その実態を把握しつつ、現在の日本民俗学には何ができるのか、もちろん学問としては運動ではなく分析と思索である。これまで、平準化が進む中で多様な列島の生活文化をみてきた民俗学の、具体的なフィールド・データの蒐集とその分析にもとづく学問としての冷静な見識である。

そこでいま、日本民俗学にとっての再出発と新構築、その前提となる現在の自己確認の作業を本講座によって提案したい。そこで、まず隣接諸学の成果も含めて、日本民俗学がこれまで蓄積できてきた研究実績を整理し直すことによって、何が明らかにされ、何が明らかにされていないか、それぞれの研究テーマについての日本民俗学の現在の研究水準を示すことがたいせつだと考える。

編集にあたっては、日本民俗学の研究分野を、便宜上、（一）経済伝承、（二）社会伝承、（三）信仰・儀礼伝承、（四）言語・芸能伝承、の四つの分野に区分しておくこととする。もちろん、この四つの分野はその全体が一つとなって生活伝承を構成している。しかし、編集上は、この四つの分野に分けて全6巻をもって構成する。

執筆にあたってぜひとも留意したのは、大きく二点である。第一は、それぞれのテーマについての研究史を整理して現状としての研究の到達点と残されている問題点とを示していきたいということである。第二は、それぞれのテーマについて、歴史と民俗との双方に眼配りをして解説していきたいということである。歴史の上では文献史料をよく調べて、いつの時代に早い記事が見られるのか、その後の変遷はどうか、現代までのスパンで追跡して叙述していきたいと思う。民俗については日本各地の民俗情報を広くよく調べて、事例や地域によってどのような変化形、ヴァリエーションがあるのか、そしてそれはどのように読み解けばよいのか、について解説していきたいと思う。私たちが現在の時点でもっている知識だけでなく、あらためて新しい情報を収集しての作業として、学史的に意義のある講座にしたいと考えている。

講座日本民俗学　編集委員一同

まえがき

　日々の生活の中の不安と祈願が、さまざまな神仏への信仰や神秘的で霊的な現象をめぐる信仰また卜占や禁忌などとして、日本各地に多様かつ複雑な態様でもって伝えられている。神社祭祀や仏教信仰については、宗教史や思想史の分野でも研究されてきているが、民俗学も積極的にそれらの研究を進めてきた。そして何よりも民俗学が力を注いだのは必ずしも神社や寺院を伝承の場としないような雑多な民間信仰についてである。最近では民間という語の限定性を越える意味から民俗信仰という言い方をしているが、この分野はとくに民俗学の研究蓄積の多い分野である。ただし近年では、高度経済成長期（1955〜1973）を経る中で起こった日本各地の民俗伝承の大きな変化についての関心が高まっている。それまでの農林水産業を中心とする生活から企業型社会へ都市型社会へと日本の社会は大きく変貌した。それにともない、民俗信仰のあり方やその担い手の人たちの生活にも大きな変化が起こっている。1950〜1960年代までの民俗伝承情報の蓄積を豊富にもっている民俗学は、その後の2020年代までの約60年間の民俗伝承の変遷の実態を、具体的な事例情報の蒐集をもとにその追跡を行なうことがいま求められている。民俗伝承の特徴の一つが、経済伝承や技術伝承など最先端的なものへと次々と展開していく速度のはやいものと、それに連動しながらも社会伝承や芸能伝承など時差を含みながら多様に展開していく速度の少しゆっくりとしたものと、なかなか変化していきにくい古典的な儀礼や信仰の伝承など、大きく分けて三つの層がある点である。民俗信仰の伝承と変遷をめぐる研究では、この三つの層を視野に入れながら分析していくことがある程度有効であろう。

　本巻では、第一に家の神仏、村や町の神仏、山野河海の神仏、路傍の神仏などそれぞれ祭祀や祈願の対象とされている場所ごとに、第二に職業ごとの神仏、講の行事や巡礼、イタコやノロなどの民間宗教者、占いや祈禱にたよる人たちなどそれぞれ人間の側から、第三に疫病、災害、戦争また漠然とした社会不安などに対してみられる信仰的な現象、という三つの視点から民俗信仰のあり方を整理し

てみることとした。そして、それぞれについて民俗学はこれまでどのような研究
蓄積をもっているのか、何がどこまで明らかにされどこがまだ明らかにされてい
ないのかを整理して現在の研究水準を示すことにより、隣接学問の研究成果をも
紹介しながら、論点の整理によって、次世代の研究者のみなさんによる、この分
野のさらなる進展をはかることにしたい。

　2020 年 10 月

第 2 巻編集委員　新谷尚紀

目　　次

第1章　総　　　　論

第2章　生活のなかの神仏

第3章 社 寺 と 講

第4章 祈禱と神懸かり

第 5 章　社会不安と信仰

第1章 総 論

1.1 民俗信仰とは 〔新谷尚紀〕

この第2巻は、『不安と祈願』というタイトルのもとに、「民俗信仰」の諸問題についての民俗学のこれまでの研究成果を整理して、今後の研究の方向性を考えてみようとするものである。この「民俗信仰」という語が、従来の「民間信仰」や、新たな「民俗宗教」という語に代わって用いられるのが適切であると提唱されたのはまだ新しいことで、2003年のことであった［新谷2003］。

1.1.1 民間信仰・民俗宗教・民俗信仰

（1） 民間信仰とは

比較的早くから用いられていた「民間信仰」という語についてまず確認しておくことにしよう。この語は、宗教学者の姉崎正治が1897年の「中奥の民間信仰」という論文で使用したのが最初であった。柳田國男も1934年の『民間伝承論』で、民俗の三部分類のうちの第三部の心意諸現象についての解説の中で、「信仰というと範囲が広すぎるし、民間信仰というと稍狭くなる嫌ひがある」などといってこの民間信仰という語を使用している。柳田のいう民俗の三部分類の第三部・心意諸現象というのには、広く深い意味があったのであるが、その点については後述する。

■宗教学と民俗学

そののち、この語をはじめて正面から論じたのは、1951年に著書『民間信仰』を著した宗教学者の堀一郎であった。そこで堀は、平易にいえば民間信仰とは一般庶民の信仰という意味であり、もともとは英語の folk beliefs、フランス語の croyances populaires の訳語であると述べている。そして、「民間信仰はいわば自然宗教としての無限に溯り得るところの過去を背負い、その歴史的過程の中に形成せられ来た人間欲求の上に、その生命を維持しているのである。それは歴史と社会との文化の型（pattern）によって規制され、育成せられる民族、社会の特質

に基づく行動様式なのである」と、むずかしい表現もしている。その後、堀は
1971 年の『民間信仰史の諸問題』では、当時シカゴ大学の宗教学者たちが好んで
使うようになっていた、folk religion という語を「民俗宗教」と翻訳して、これ
を従来の民間信仰と同義語として使うようになる。そして、その民間信仰・民俗
宗教の意味とは、「自然宗教的、すなわち特定の教祖を持たず、非啓示的で、教理
上の体系化が行われず、教団的にも不完全にしか組織されない、古代的、非成立
宗教的な呪術宗教の残留、継承の信仰現象群を指し、しかも他面、成立宗教とも
種々の面でかかわり合う混融複合的なもの」であると規定している。

　同じ宗教学者の池上広正も、1955 年の「民間信仰」という論文で、民間信仰
folk beliefs、customary beliefs という語が、学術用語としてしばしば用いられな
がらもその概念規定が判然としていないといい、folk beliefs 民間信仰はもともと
は宗教民族学の用語であるという。それは未開民族のもつ自然宗教と、その自然
宗教や信仰が西欧諸国のようなキリスト教が強く宗教生活を支配している文化社
会の内では如何に展開したか、その跡を探ろうとして設定された概念であった。
したがって、folk beliefs 民間信仰という語は、異端的な呪術や魔術などの意味を
も含むものであり、キリスト教世界では不思議な低級な信仰群という意味に理解
されやすい語であった。

　それに対して、日本の民間信仰という語は、ふつうに民間にみられる信仰現象
全般についての調査研究の対象として位置づけられてきた語であった。日本の場
合の民間信仰は、仏教やキリスト教のような特定の創唱宗教をいうのではなく、
古くから伝承されてきた民族信仰とそれらの諸創唱宗教とが、融合し複合した信
仰形態を指す語であり、創唱宗教が一貫した教義や同信者組織をもつのに対して、
民間信仰には教義体系が欠如しており、同信者組織として氏子や講などはあって
もそれは地域性や血縁性を帯びているのが特色だという。

　また、民間信仰の民間という場合、西欧の場合は folk、volk であり、folk beliefs
民間信仰とは下層民や庶民や農民などの社会階層がその担い手であり、そのよう
な社会階層の中に保持されている信仰という意味である。日本の場合は、そのよ
うな特定の階層にのみみられる特定の信仰形態ではなく、上流層や知識者層にも
程度の差はあれ普遍的に浸透している信仰形態であり、民間がいかなる階層であ
るかを厳密に決定することは無意味であろうと述べている。日本の場合、民間信
仰はすべての社会階層をおおうものであり、だからこそ、それは基層信仰といえ

るものだという。

そして、同じく民間信仰を研究する場合にも、民俗学と宗教学とではおのずとその視点と方法とが異なるという重要な指摘も行なっている。民俗学の立場からすれば、日本の各地域から収集した信仰資料を比較研究することによって、古い信仰形態や信仰意識がどのような歴史的な変遷をたどってきているのかを追跡することになる。しかし、信仰の展開の跡をたどる歴史的なその追跡には絶対年代が決定できないという弱点があり、それについては宗教史側からの批判がありうる。それに対して、宗教学の立場からすれば、諸宗教現象を相互に比較することによって、宗教が社会現象として如何なる役割を果たしているかを探るのが研究目的の一つであり、それぞれの宗教現象を発生させている地域社会の社会生活、社会構造全般と連関させてインテンシブな方法で、分析、綜合するのが宗教学であるという。また、宗教現象を現在の動いている相において捉えることも宗教学の一つの重要な研究的意味がある。宗教学の立場から「民間信仰」を捉える場合は、その機能的な側面に注目するのに対して、民俗学の立場から「民間信仰」を捉える場合は、その歴史的な側面に注目するのであり、その点がお互いに異なっておりそれぞれの特徴でもあると述べている。

この池上の指摘には、未開民族と文化社会との対比とか、民俗学への理解と誤解など、疑問点もあるが、重要な論点が適切に整理されており、貴重であった。民俗学の民間信仰研究と宗教学の民間信仰研究とが、互いに異なるものであり、それはそれで研究の発展のためには重要であるという、この趣旨の提言も貴重であり、意味のあるものであった。しかし、残念ながらその後の民俗学の民間信仰研究で、この点を自覚的に認識して研究を推進した者はいなかった。

民俗学では、1966年に桜井徳太郎が『民間信仰』を著しているが、その桜井は、堀や池上と同じく宗教と民間信仰とを比較して、宗教には特定の教祖が存在し、その教祖によって創唱された教義・教理が存在する、そしてその伝道者と信徒の集団である教団が存在する、それに対して、民間信仰には、その宗教のような三者が存在しないといい、民間信仰の範囲としては、第1に、原始素朴な民族信仰の系譜をもつもの、第2に、仏教やキリスト教など外来宗教の伝来とその伝播土着化の過程において派生してきたもの、第3に、人間の行動を規制する予兆や、禁忌に関する対応の仕方、さらに呪法や占術を通して展開する信仰機能など、であり、その様相は多様であると述べている。ただし、それはこれまで宗教学から

提示された指摘を共有する発言であり、とくにそれを超えての独自性のある提言
ではなかった。同書に収録されている論文も桜井がそれまでに書き溜めていたさ
まざまなものであり、一書で一定の構成をもつというものではなかった。

（2）　民俗宗教とは

　民間信仰の研究は、常に宗教学が牽引してきた感がある。はじめに民間信仰と
いう語を導入したのも宗教学の姉崎正治［1897］であり、それにかえて民俗宗教
という語を採用したのも、前述のように宗教学の堀一郎であった。その理由につ
いては、宗教学の宮家準『日本の民俗宗教』［1994］の解説がわかりやすい。民間
信仰の民間という語は階層的な意味を含みながら概念としてあいまいであり、学
術用語としては不適切である。そして信仰という概念は個人に内面化された次元
の宗教現象を指す語であり、制度としての宗教現象を指すものではないという限
界がある。そして、folk beliefs 民間信仰という語は、欧米の学界では、キリスト
教やイスラム教や仏教など、教祖・教義・教団の明確な創唱宗教や成立宗教とは
対立する、民間に伝えられている異端的で呪術的な迷信的な体系性を欠いた信仰
であると捉えられる傾向がある。しかし、日本では、民間信仰というのは創唱宗
教・成立宗教としての仏教などと対立し矛盾する関係で存在しているのではなく、
むしろ両者は習合しているのが実情であり、その現実的な動態を包括的に捉える
必要があった。そこで、シカゴ大学の宗教学者たちが好んで使うようになってい
た folk religion という語を、前述のように堀一郎が民俗宗教と訳して、それまで
の民間信仰にかわる語として用いるようになったのであった［歴博 1998］。

■民俗宗教の意味

　そうして広く用いられるようになった民俗宗教という語であったが、その意味
については研究者によって下記のように少しずつ異なっていた。

　①民間信仰と同義語と捉えるのが堀一郎［1971］、桜井徳太郎［1982］。

　②民間信仰的な基盤を濃厚に保持しながらも救済宗教の持続的な影響によって
その浸透がある程度みられる信仰体系と捉えるのが島薗進［1985］。なお、島薗は
混乱を避ける意味でこのように規定できる教派修験道や大衆的山岳講などに対し
て、それらを民俗宗教と呼ぶことを避けて「習合宗教」syncretic religion と呼ん
で区別することとしている［1984］。

　③エリートの宗教に対する民衆の宗教と捉えるのが荒木美智雄［1985］。

　④神道、仏教、キリスト教、新宗教などの特定宗教には限定されず、むしろそ

れらを生活上の必要に応じて摂取し、相互に位置づけるかたちで、日本人の誰で
もがもっているような宗教生活を支えているもの、つまり、島薗のいう習合宗教
と民間信仰との両者を含めたものと捉えるのが宮家準［2002］。

　こうして、宗教学関係の研究者はその多くがこの民俗宗教という語を現在も使
用しているのが現状である。あくまでも宗教学の研究対象は religion であり、be-
liefs というレベルではないとする姿勢がその基本にある。

（3）　民俗信仰とは

　柳田國男が創生した日本の民俗学は、イギリスの folk lore やドイツの volks
kunde の輸入翻訳学問ではなく、フランス語の traditions populaires の意味する
民間伝承の学である。その学問としての独自性とは The study of traditions 伝承
学・民俗伝承学という点にあり、Folk lore 民俗学ではなく、The study of tradi-
tions：Traditionology 民俗伝承学と名乗るのが適切である。そこで、folk beliefs、
croyances populaires の訳語であった「民間信仰」にかえて、また folk religion の
訳語であった「民俗宗教」という語にもかえて、それぞれの社会における伝承的
な信仰 beliefs、croyances という意味で、あらためて「民俗信仰」と呼ぶのが適
切であるというのが、筆者の提言であった［新谷 2003］。それは、これまでの宗
教学からの「民間信仰」や「民俗宗教」という提案に対して、あらためて民俗学、
民俗伝承学の立場からの「民俗信仰」という語の提案であった。

■「宗教」と「民間」を避ける

　日本の現実社会では、生活の中に伝承されている信仰現象を宗教 religion とい
う概念でとらえるのにはむりがある。religion 宗教というのは、その言語も概念
も前近代の日本にはなかったものであり、それは明治期の翻訳語であり新造の日
本語である。その、教祖・教義・教団の三要素の存在という論点も、その宗教
religion という語と概念を考察する上では重要な論点ではある。しかし、日本社
会に伝承されてきている慣習的な生活の中の信仰 beliefs は、そのような制度化さ
れた宗教 religion という範疇では捉えきれない現象である。また、信仰は必ずし
も個人に内面化された次元だけでの現象ではなく、集団的な次元での現象でもあ
る。そこで、宗教 religion という概念を用いずに、信仰 beliefs、croyances とい
う概念をあらためて用いることとしたのである。

　一方、民間 folk というのは、庶民 folk という階層的な意味をもつ語である。日
本の場合は、そのような階層的な意味ではなく、あらゆる階層の人間の生活慣習

の中にみられる信仰現象を対象とするところに特徴がある。そこで、旧来の民間信仰の「民間」という語では誤解を招きやすいので、それを避けることとした。folk beliefs という語の翻訳語である民間信仰という語を使い続ける限り、西欧のキリスト教世界では、宗教 religion として正統なキリスト教の信仰に対して敵対するような呪術的な無知識層の不可思議で不気味な信仰 folk beliefs として誤解されやすい。それでは、日本の生活慣習の中の信仰動態を表す語としては不適切である。現在もなお学術世界のヘゲモニーをもっている欧米世界での誤解を防ぎ理解を得るためには、民間信仰 folk beliefs という語はやはり避ける必要がある。

　そこで、あらためて、創唱宗教や成立宗教と民間信仰の習合したものも含めて、伝統的な生活慣習の中に変遷 transition と伝承 tradition を続けている信仰の体系という意味で、「民俗信仰」という語を用いることとしたのである。つまり、民間信仰の「民間」という階層的な意味を含む語を避けて、それにかわる伝承的現象という意味をもたせて「民俗」という語を用い、「宗教」という語を避けて「信仰」という語を用いることによって、あらためて民俗学が設定する学術用語としての「民俗信仰」という語の位置づけを提唱したのである。よく似た用法としては民俗芸能などがあり、民俗にかえて伝承という語を用いて、信仰伝承、芸能伝承という語が同義語として活用できるであろう。あくまでも民俗学は民俗伝承学 the study of traditions : traditionology であり、伝承 tradition と変遷 transition の動態を生活変遷史論的に追跡する学問であるという原点をしっかりと自覚して、それぞれの術語を設定し活用することが肝要である。したがって「民俗信仰」の英語訳は、一つの提案として traditional religious beliefs としておき、今後の修正を考えたいと思う。in life などを補ない生活の中の信仰という意味も含めていくことも一つの案であろう。

1.1.2 民俗の三部分類と民俗信仰
（1） 柳田國男の三部分類
　民俗信仰の分野の研究の深化と発展のためにも、日本民俗学を創始した柳田の民俗に対する把握のあり方について確認しておくことは必要かつ重要であろう。そして、その中で柳田は、ここでいう民俗信仰、当時の用語でいえば民間信仰を、どのように捉えていたのか、確認しておこう。まず、柳田が『民間伝承論』[1934]や『郷土生活の研究法』で提示した民俗の三部分類については、以下のとおりで

ある。

　第一部：有形文化、第二部：言語芸術、第三部：心意現象、である。第一部の有形文化とは、外部に現れ眼に見える物質文化の諸相であり、生活の諸相や諸様式である。第二部の言語芸術とは、耳に聞える言語資料であり、言語芸術、口承文芸などである。そして、第三部の心意現象とは、もっとも微妙な心意感覚に訴えてはじめて理解できるものであり、生活の中の知識、技術、そして生活目的までをその射程におくものである。

　この第三部の心意現象についての文章の中で、柳田は「通例俗信とか民間信仰とかをこの第三部に入れるのであるが、信仰といふと範囲が広すぎるし、民間信仰といふと稍狭くなる嫌ひがある。此章ばかりは論理的な大きな分類をすることがむつかしい。現存する資料が有形文化の如く、偏頗なくどこにも平等にあるわけでなく、実に偏って存して居るからである。第三部の資料には実にむらがあるのである。（中略）自分は俗信といふ字を避けて、仮に趣味・憎悪・気風・信仰などの語を使用して見ようと思ふ。（中略）自分が「俗信」といふ語を避けるのは、元来此語は咄嗟の間の訳語であって、簡便だから使っているものの、我々が知らうと心掛ける前代知識の全部を包括するには大分に狭過ぎる」からだと述べている。

　そして、第三部は「兆・応・禁・呪」や呪術・禁忌、卜占、そして趣味愛憎と死後の問題、など多様であるといい、祭式も基本は第一部でもあるが、心意信仰としては第三部に属しており、神事祭式から、古代人の信仰・ものの考え方・宇宙観・人生観などを考えること、さらに、年中行事も道徳観念も、また笑の問題なども含まれる。「第三部門における研究を、魂魄思想や信仰問題に偏らせることは不可である」、「此部門ばかりは、学問が進めば進むほど、十分注意して補正していく融通性を有たすべきであると云ひたい」といい、心意諸現象の研究は生活観念の研究であり、郷土研究の意義の根本はその生活観念の研究にこそあるのだという。

　そして、肝心なことは、たとえば、第一部の食物もただ餓えて食うのではなく、精神上の意味もあるのであり、第二部、第三部の分類に属するものが食物には当然伴っている、「一部、二部、三部と分けたのは便宜上のことであって、底には三部聯関して居ることを忘れてはいけない」、「三部が各孤立したものでない」という指摘である。「外形の背後に内的に横たはるものにまで注意して来ると、もう一

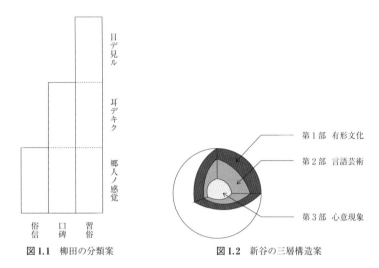

図1.1 柳田の分類案　　　　図1.2 新谷の三層構造案

部とか二部とか三部とか分類は借り物であって、民間伝承の研究は終極では分れ
ずに一致して了ふことがわかるのである。従うて、一部の専門家、二部の専門家、
三部の専門家、はあり得ない筈である。研究の過程に於ては分業でも、最後は一
つの手段と考へることが肝要である」と、民俗学の根本的な研究視界と、民俗調
査の上での手続きとしての分類案の意味との、それぞれを明確に指摘している。
三部分類は手続き上の作業枠であり、その先には構造的な伝承文化の伝承動態と
その歴史的な展開過程の解明へという戦略が柳田にはあったのである。

　柳田は、その、第一部 有形文化、第二部 言語芸術、第三部 心意現象、の相互
関係を図1.1のようにして説明しているが、それをいま改良して図示するならば、
図1.2のようになるであろう［新谷2011］。三部に分立させてはならないという
柳田の説明からすれば、三層構造になるのであって、民俗伝承はすべてはこの三
層構造で捉えられるという意味である。以上のように整理するならば、柳田は、
その三部分類の、第三部に心意現象をあげているが、それは単なる民間信仰とい
うレベルのものではなかったことがわかる。俗信という語も民間信仰という語も
翻訳語であり借り物であったことを、柳田はよく見通していたのであり、第三部
とは、そのような限られた範囲のものではなく、生活の中のさまざまな生きる知
識、生きる技術、そして生きていく上での価値観、生活目的までをも含むもっと
も重要な分野だったのである。

（2） 戦後民俗学の民俗の分類案

　柳田の分類案と第三部の心意現象の分野が、第一部の有形文化、第二部の言語芸術とも、互いに構造的に連関しているものだという点についての理解はここで重要不可欠であるが、その理念的な目標を追いながらも、戦後の民俗学の世界での分類案は、より現実的な簡便な形が考えられた。その一つが、東京教育大学で日本民俗学の教育に当たった和歌森太郎による分類案であった。それは、現実として多様な民俗伝承を、調査研究上の作業枠組みとして、便宜的に、経済伝承・社会伝承・経済伝承・儀礼伝承・信仰伝承・芸能伝承・言語伝承とに分けたものであった［大塚民俗学会編 1972］。その和歌森が中心となって 1976 年に編集刊行された朝倉書店の『日本民俗学講座 全 5 巻』では、「第 1 巻 経済伝承」、「第 2 巻 社会伝承」、「第 3 巻 信仰伝承」、「第 4 巻 芸能伝承」、「第 5 巻 民俗学の方法」、となっており、第 3 巻は桜井徳太郎が編集に当たっている。そこで、その和歌森の分類案をもとに、あらためて最近筆者が図式化して提示しているのが、図 1.3 にみるような平面的な四分野の分類案である［新谷 2017］。あくまでも第一次的な、調査と研究の対象設定における作業手続き上の四分野の分類案であり、基本的には柳田が提唱していたように、その三部分類論、三層分類論をふまえながら、民俗伝承の構造連関的な態様とその変遷と伝承の歴史的な動態についての追跡論証が民俗学、民俗伝承学の目的であることにちがいはない。したがって図 1.3 の平面的な分類は、あくまでも便宜的なものであるが、その設定によってあらため

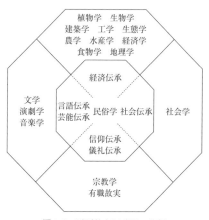

図 1.3　平面的な四分野の分類

て民俗学研究者にとって自覚が必要であることがわかったのは、隣接する専門科学が民俗学、民俗伝承学を取り囲んでいるという事実である。対象を独占できる学問はない。学問の独自性は対象にではなく、その視点と方法にある。経済、社会、信仰、儀礼、言語、芸能、いずれも隣接するそれぞれの専門科学が対象とする事象である。それを、民俗学、民俗伝承学も対象として研究を進めるという関係にある。学問の独自性として肝要不可欠なのは、繰り返しいうが、その視点と方法である。民俗学、民俗伝承学の存在証明とは何か、それは民俗伝承の動態を研究解明するという視点と方法にあるのである。民俗信仰の研究においても、常に宗教学や宗教社会学や社会心理学など隣接分野の研究活動との間で、互いに競争と協業の関係の中にあるということである。

（3）　民俗信仰としての研究対象

　柳田による民俗の三部分類はつまり民俗の三層構造であるとみて、その三部、三層が相互連関の構造体であるという柳田の指摘に学びながら、図1.3のような便宜的な分類においても、信仰伝承つまり民俗信仰の研究は、経済伝承、社会伝承、儀礼伝承、言語伝承、芸能伝承との相互連関の関係性の中にあるということを自覚しておく必要がある。

■本巻の小分類

　そこで、現実的で便宜的な分類であることを自覚した上で、民俗信仰、信仰伝承というテーマを本巻の主題としたのだが、その対象をさらに小分類して、第2章：身近な生活のなかのさまざまな神仏について、第3章：神社と寺院、神祇信仰と仏教信仰、講と巡礼などについて、第4章：民間宗教者による祈禱と神懸かりなどについて、第5章：社会不安と信仰現象について、という枠組みを設定してみた。本書でそれぞれの講座解説を熟読してみていただきたい。そして、今後の民俗学研究に何らかの形で役立てていただきたいと考えている。

■「死の発見」と霊魂観念

　なお、本巻で扱う信仰や宗教というのはいったい何なのか、その基本を考えておくことも何かの役に立つであろう。信仰や宗教とは、具体的・物理的な現実生活の中でも，ついつい人類が考えてしまう不思議な霊妙な世界への認識とそれへの交信欲求に基づくものであるとまずはいっておいてよかろう。古典的な人類学者E.B.タイラー（1832-1917）が『原始文化』（1871）［比屋根訳1962］で宗教の起源として説いたアニミズム animism、つまり霊的存在 spiritual beings への信仰

的な感情共有が、宗教や信仰を生んだのだという学説がいまも支持されており、その弟子 R.R. マレット（1888-1943）が人格的なアニミズムよりも非人格的な力であるマナに注目して提唱した宗教の起源についてのより原始的なアニマティズム（プレアニミズム）の学説［マレット 1941；1964］もよく知られているとおりである。

　そこで、さらにさかのぼって考えてみるならば、そのような霊魂観念や霊的存在への人類の認識の根源的な出発点というのは何だったのか、それは、人類進化の過程における「死の発見」であった［水原 1988；新谷 1998］。アフリカ大陸で発見された今から約 3 万 7000 年から 3 万 5000 年くらい前の化石人骨には、赤色マーカーが塗られていたり、装飾具が副えられていたという［海部 2005］。その個体はすでに死を認識していた人たちによって葬られた可能性が高い。類人猿と人類との決定的な違いは、死を理解しているか否かという点にある。死体を処理するかしないか、である。経験と学習から理解が導かれる。死を理解するということは死を言語化すること、概念化することである。概念は言語によって共有される。死の認識の共有は死者と死体への具体的な対応を促す。死が所与の生理や本能ではなく、発見された概念であり文化であるからこそ、それぞれの社会や文化によって、土葬、火葬、風葬、水葬、鳥獣葬などさまざまな方法が生み出されてきているのである。

　死の発見は、ホモサピエンスに絶望的な恐怖とともに、精神世界のビッグバンをもたらした。生と死の認識は、霊魂観念と他界観念の発生であり、それこそが宗教の誕生であった。宗教の誕生は宗教者つまり原初の王を生み出した。その王の道具が貨幣であり暦であった［新谷 2008］。死を発見したホモサピエンスは、肯定しようが、否定しようが、否応なく霊魂や他界のことを考えてしまう種となってしまったのである。だから、世界中のどんな社会に行っても霊魂的な装置が存在しない社会はない。それぞれの社会が概念として共有している霊魂観念にもとづく宗教的な装置が設営されているのである。本巻で扱う信仰や宗教というのは、そのような悠遠な人類の膨大な先祖群が生きてきたそれぞれの社会における世代継承の継続の中で形成されてきた歴史的、文化的な所産なのである。

【参 考 文 献】

姉崎正治 1897「中奥の民間信仰」『哲学雑誌』130 号

荒木美智雄 1985「民俗宗教　総論」『日本宗教事典』弘文堂

池上広正 1955「民間信仰」『現代宗教講座』5 巻、創文社

大塚民俗学会編 1972『日本民俗事典』弘文堂

海部陽介 2005『人類がたどってきた道』NHK 出版

国立歴史民俗博物館編 1998「歴博対談 宮家準・佐々木宏幹 民俗宗教研究の現在」『歴博』88 号

桜井徳太郎 1966『民間信仰』塙書房

桜井徳太郎 1982『日本民俗宗教論』春秋社

島薗　進 1984「初期新宗教にける普遍主義」『神道とキリスト教』春秋社

島薗　進 1985「民俗宗教の構造的変動と新宗教」『筑波大学哲学思想系論集』6 号

新谷尚紀 1995『死と人生の民俗学』曜々社

新谷尚紀 1998「貨幣には死が宿る」国立歴史民俗博物館編『お金の不思議』山川出版社

新谷尚紀 2003『なぜ日本人は賽銭を投げるのか―民俗信仰を読み解く―』文春新書

新谷尚紀 2008「民俗学の王権論」広瀬和雄・仁藤敦史編『支配の古代史』学生社

新谷尚紀 2011『民俗学とは何か―柳田・折口・渋沢に学び直す―』吉川弘文館

新谷尚紀 2017「日本民俗学と國學院大學」『國學院雑誌』118 巻 4 号

タイラー、E.B. 1962『原始文化』（比屋根安定訳）誠信書房

堀　一郎 1951『民間信仰』岩波書店

堀　一郎 1971『民間信仰史の諸問題―日本宗教史研究Ⅲ』未来社

マレット、R.R. 1941『原始文化：人類学序説』（永橋卓介訳）生活社

マレット、R.R. 1964『宗教と呪術―比較宗教学入門』（竹中信常訳）誠信書房

水原洋城 1988『猿学漫才』光文社

宮家　準 1994『日本の民俗宗教』講談社学術文庫

宮家　準 2002『民俗宗教と日本社会』東京大学出版会

柳田國男 1934『民間伝承論』共立社（『定本柳田国男集』25 巻、筑摩書房、1964 所収）

2.1　家　の　神　　　　　　　　　　　　　　　〔宮内貴久〕

2.1.1　建築儀礼と風水

　住居空間は日々の生活を送る生活空間であるだけでなく、神棚や仏壇などを備えた祭祀空間という性格ももっている。それは住居空間を造り上げていく上で地鎮祭、棟上げ式、家移り祝いなど各種の建築儀礼が執行されることに表れている。筆者は福島県会津地方の建築儀礼の検証と概要を報告したことがある［宮内1989：2018］。

　住居を建設する際には暦で日の吉凶を調べたり、玄関や便所の位置など家相を判断する。庶民の間でも、家相判断が行われるようになったのは、18世紀後半からである。さまざまな家相判断の方法が記された家相書は、1782（天明2）年に出版された『家相口訣』を嚆矢に、天明〜寛政年間に急増する。家相書の体系的な考察を行った村田あがによれば、近世には家相書と推定されるものが176点を数え、とくに文化、文政、天保年間に数多くの家相書が著されたと指摘している［村田1999］。多数の著作を出版し門人も多かった者として神谷古暦、松浦東鶏、松浦琴鶴などがいる。彼らは関西を中心に活動し、家相書の版元も関西が中心であり家相書の版元は18世紀末は大坂、京都が多かったが、19世紀になると江戸の出版が急増する。家相書の出版が急増するのは、全国的な出版文化の勃興とも連動した事象である［宮内2006］。

　家相は風水の陽宅風水が日本で独自に発達したものである。風水とは、土地の気の流れと土地の相（地相）の陰と陽を判断することによって、そこに住む人々に降りかかる災禍を防ぎ、幸福を招こうとする考え方とその実践。陰陽五行説を基盤とする。「陰」と「陽」から構成されている。死んだ人間の場である墓を「陰宅」「陰基」と言う。生きている人間の場である都市・村落・住居・インテリアを「陽宅」「陽基」という。良い地相の土地にバランスよく「家」と「墓」を建設することにより、災禍を防ぎ幸福を呼ぶという考え方で、3世紀の古代中国で体系

化され、東アジア・東南アジアに広く受容された。日本における風水研究は渡邊
欣雄を中心に進められた［渡邊2001］。

（1）　屋外に祀られる神々

　屋敷地は季節風を遮る屋敷林が植えられ、周囲の家の土地と明確に区別された
土地で代々受け継がれてきた土地である。福島県大沼郡昭和村では境石と呼ばれ
る石により、他人の土地と明確に区分けされている。屋外に祀られる神々には、
大きく分けて屋敷地の中に祀られる小祠と、玄関先などに張られている祈祷札や
呪物の二つがある。

（2）　屋敷神

　屋敷地に祀られる神を屋敷神という。屋敷神は屋敷地と家、ならびにその家の
出身者を守護する神である。東日本では、屋敷神のご神体は三峯様、浅間様、御
岳様、八幡様、金比羅様、天神様、弁天様を勧請したというものもあるが、稲荷
を祀る家がもっとも多い。現在では石の常設の祠を屋敷神とすることが多いが、
毎年、藁の仮屋を作り替える地域もある。茨城県桜川市真壁周辺では、屋敷神を
ワラホウデンといい、藁で屋根を葺いた仮屋を作り、中にご神体とされる丸石を
供えている。屋敷神の傍らに同形式の田の神を祀るところもある。このような藁
製の屋敷神は氏神様と呼ばれ11月15日を祭日とし新藁で葺き替えられる。

　西日本、特に中国地方から九州地方では、祟りやすく荒ぶる神であると同時に
祭祀者を守る荒神が信仰されている。屋外に祀られる荒神を外荒神という。中国
地方の山間部では、屋敷地のほか藪や森、樹木や田畑と山林の境などに祀られ屋
敷神、同族神的な性格を有する。

　直江広治は屋敷神を屋敷地内に祭祀される神を「狭義の屋敷神」、それ以外に祭
祀される神を「広義の屋敷神」と捉えた。また同族が本家の屋敷神を祀る「一門
屋敷神」、特定の旧家だけが祀る「本家屋敷神」、それぞれの家が祀る「各戸屋敷
神」と類型化した［直江1966］。しかし、徳丸亜木はすべての屋敷神を同族によ
る祖先祭祀に一元化できず、祀られる対象の多様性を指摘している［徳丸2002］。

　そして、最近では直江が初めから祖霊的な性格をもつはずであるとして概念設
定をしていった方法に対する批判から、むしろ具体的な事実をもとに立論すべき
であるとして、関東地方の屋敷神について、呼称・祭祀・位置・祭日・供物・神
格という六つの構成要素の比較から、大別してウジガミ系とイナリ系があること、
そして、前者が古く後者が新しく後者には江戸の稲荷信仰の近郊農村への影響と

いう動向が推定できること、関東地方の屋敷神については先祖神としての性格を見出すことはできず、家の守り神であり農耕神としての性格が強いことなどが指摘されている［岸澤 2017；2018］。

（3） 軒先に祀られる神々

玄関など軒先に呪物が祀られていたり、御札が貼られているのを目にする機会が多い。野本寛一は軒先のさまざまな民俗に着目している［野本 1989］。京都市では鍾馗様という瓦製の人形を道路に向けて軒先に置く。向かいの家の鬼瓦からにらまれるのを嫌うという。これもまた悪霊避けである。

鍾馗様という瓦製の人形を道路に向けて軒先に置かれているのを京都では見かける。これは悪霊を避けるためであり、向かいの家の鬼瓦からにらまれるのを嫌うという。奈良市奈良町では、身代わり申と呼ばれる赤いぬいぐるみがぶら下げられている。これも悪霊避けで、庚申信仰に基づいた信仰である。家の中に侵入しようとする悪霊・災難を庚申の使いである申が身代わりになるというものである。

玄関に貼られている御札には、火難避け、盗難避け、疫病避けの祈禱札などがある。火難避けの御札は三峯様、古峰ヶ原様、秋葉様が多い。

また全国的に「蘇民将来子孫の宿」や「大福長者蘇民将来子孫人也」など「蘇民将来」と記された御札やしめ縄がある。この御札を祀る由来譚として、次のような説話が備後風土記に記されている。「二人の兄弟がいた。兄の名は蘇民将来といい貧しく、弟は巨旦将来といい裕福だった。武塔神が旅に出た際に二人の兄弟に一晩泊まらせてもらえないかと頼んだ。貧乏な兄の蘇民将来は喜んで泊まらせてあげたが、裕福な弟の巨旦将来は断った。武塔神は帰りに、蘇民将来の家に寄り宿泊の御礼に、茅の輪を腰の上に付けるように伝え、蘇民将来とその子孫まで、長く災厄から免れられることを約束し家は栄えた。それに対して、宿を貸さなかった弟の巨旦将来は滅びた」という話である。この話から、災厄避けとしての蘇民将来信仰が基となって、全国各地にその名を記した祈禱札が貼られるようになったと考えられる。

（4） 年中行事にみる呪物

こうした常設された御札や呪物ではないが、年中行事を見ていくと節目節目に何かしらの呪物を供えるという民俗がある。たとえば、正月に玄関にしめ縄を張ったり、門松を立てるというのもその代表的な例である。

　2月の節分では「鬼は外、福は内」と唱えながら豆を撒いて鬼を退散させるだけでなく、鰯の頭を柊に刺した呪物を戸口に刺して鬼が入ってこないようにする習俗である。かつては、事八日といって2月8日に竹竿の先に目籠をつけて、それを軒先に飾るという習俗があった。これはこの日に疫病神や妖怪が訪れるので、目籠の編み目を目に見立て、家の中に入ってこようとした時、たくさんの目がある妖怪がいると驚かせて、恐れをなして近づかないようにするというものである。

　5月5日の端午の節句に菖蒲湯に入り、無病息災を祈るという民俗は現代でも残っている。今日ではほとんど見られなくなったが、菖蒲湯に入るだけでなく、無病息災を祈り菖蒲と蓬を束ねたものを軒先に3か所に刺したり、あるいは軒先に吊すという習俗もあった。

　以上のように、屋外に祀られる神々には、①居住する屋敷地を守る、②同族集団を守る、③外部から侵入する悪霊・疫病を阻止するという性格がみられる。

（5）　祭祀空間としての住居

　住居空間は表の空間と裏の空間に大別することができる。前者は接客空間であり公的な空間である。それに対して後者は生活空間であり、日々の生活を営む私的な空間である。これらの空間にはさまざまな神々が祀られている。これらの神々は御札やご神体があり神棚などに常設された神々と、普段はご神体はないが年中行事の際に祭祀される神の2種類がある。また、表の空間に祭祀される神々と裏の空間に祭祀される神々は性格が異なる。

　この神々の性格の違いを最初に指摘したのは民家研究を牽引し、さらに考現学を創設した今和次郎である。今は『住居論』の中で、福島県会津地方の民家についてスケッチとともに次のように記している。「そして、その広間に祭られている神様たちは、内容的にみて、先の土間にいる神様たちとは明らかに性格が違う。それらは、どこそこに御本社があるという戸籍の明確なもののみで、すべて上から与えられた性格の神様たちである。大神宮、鎮守、その他いずれも、日本国民とか、何々殿様の領分の民とかいう意識を高潮させるような政治性を持っている神様たちである。」このように、家の中に祀られている神々には家屋の表側に祀られている戸籍の明瞭な神と、裏側に祀られている戸籍の不明瞭な神の二つがあるというのである。

（6）　戸籍の明瞭な神の特徴

　戸籍の明瞭な神々とは天照大神、八幡、天神など、その本社が明確なのである。

たとえば、天照大神は三重県の伊勢神宮、八幡は大分県宇佐市の宇佐八幡宮、天神は京都の北野天満宮が本籍となる。

　これらの神々は、座敷や茶の間など家の表側に設置された神棚に祀られる。神棚にはその地域の産土神の御札と天照大神（ダイジングウサマ）の御札が祀られているのを見かけることが多い。天皇や皇族が伊勢神宮を参拝することなどからも、伊勢神宮が神社の総社と思われている。

　ところが、國學院大學の全国神社調査によると、日本でもっとも多い神社は伊勢神宮ではなく、八幡神社なのである［國學院大學2007］。また、神社信仰には地域差があることも明らかにされた。それによれば、各地方の神社を多い順に記すと次のようになる。北海道・東北地方では八幡・伊勢・稲荷・熊野、関東地方も八幡・伊勢・稲荷・熊野、北陸・甲信地方では八幡・伊勢・諏訪・白山、東海地方では八幡・伊勢・白山、近畿地方では八幡・春日・稲荷、中国地方では八幡・天神・荒神、四国地方では八幡・天神・山神、九州地方では八幡・天神・熊野・貴船となる。

　伊勢信仰は地元の近畿ではなく、北海道・東北、関東、北陸甲信、東海など遠方の地域に分布しているのである。もう少し細かく検証すると、天神神社は九州が4割を占める。諏訪神社が多いのは北陸、南東北、関東地方、鹿島神社は茨城県が305社と圧倒的に多く、貴船神社は福岡県に140社、大分県に94社ある。このように、神社信仰には地域差が存するのである。天照太神の御札が普及しているが、これは戦前の国家神道の名残である。村上重良が明らかにしたように、伊勢神宮が国家鎮護の総社とされるのはフィクションであり、国家神道を確立する過程で創出されたものである［村上1981］。

　表の空間の神々を祭祀するのは、かつての家長に代表される男性が中心である。正月にしめ縄を張り替える、あるいは新しい御札を古い御札と取り替えるのは男性の仕事である。また、正月に神棚そして年徳棚に拝礼する際も、それを執行するのはその家の主人の仕事である。したがって、表の空間の神棚は男性祭祀の場と言える。

　また、神棚に祀られる神々は死のケガレを嫌う。葬式を執行する際には死のケガレを嫌って神棚に紙を貼り、四十九日が過ぎて喪が明けるまでそのままにしておく。

　神棚は神様がいる場所だから、神棚の上を人が足で踏み付けてはいけないとさ

れる。神棚の上には部屋を作ってはいけないのである。どうしても神棚の上に2階を設けなければならない場合は、神棚の上の天井に「雲」「空」と記した紙を貼るという習俗である。津山正幹は、新潟県南魚沼郡湯沢町と兵庫県加古川市の事例を紹介しており、徳島県阿南市、福井県越前市、福岡市などでも行われており、全国的にみられる習俗のようである［津山 2008］。

（7）　戸籍の不明な神々

　戸籍の不明な神々は家の裏側、台所などに祀られている。火の神様であるオカマサマや荒神は竈やガスコンロの脇や台所の片隅に祭祀されている。水の神様である水神様は水道の蛇口の脇、井戸がある家では井戸神様が祀られている。大黒様、恵比寿様は台所の片隅に祀られていることが多い。

　これらの神様は戸籍が明瞭な神々と異なり、特定の神社に所属していない。むろん、例外的に古峰ヶ原神社、秋葉神社の火伏せの御札を祀る場合もあるが、オカマサマや荒神はこれらの神社に属しているわけではない。

（8）　直接生存に関わる神々

　これらの神々は、直接生きていくために必要なものを司っている点が特筆される。オカマサマは炊事や暖を得るのに必要不可欠な火、水神様や井戸神様は生存するために絶対に欠かせない水、便所もまた排泄という生命維持に絶対に必要な場であり、排泄物は肥として田畑に播く肥料として欠かせないものである。飯島吉晴は便所神の両義性を指摘している［飯島 1985］。恵比寿大黒は農家にとっては五穀豊穣、商家では商売繁盛をもたらす神である。このように、戸籍の明瞭でない神々は、直接生存に関わることを司る神々なのである。

　そして、これらの神々は女性祭祀であり、死のケガレをいとわないのである。

　その後の屋内に祭祀される神々の研究では、「表の神」と「裏の神」という枠組みで論じられるようになった。すなわち、戸籍の明瞭な神が「表の神」、戸籍の明瞭でない神が「裏の神」である。そして「表の神」は何々神社とその由来は明らかであるものの、家に祀られる神としての性格が不詳である。それに対して、「裏の神」は、直接生存に関わることを司るという性格をもっている。

　宮田登は家空間は女性の空間であることを明らかにし、家屋空間内のジェンダーの存在を指摘した［宮田 1983］。それは次のようなものである。

　　男性：公・茶の間・座敷・神棚・床の間・天照大神
　　女性：私・納戸・台所・納戸神・かまど神・恵比寿大黒

　森隆男は従来の空間区分に加えて「クチ‐オク」という視座を提唱している［森2017］。南西諸島などの分棟型民家や複雑な動線の都市型の住まいの検証には有効であると述べている。

（9）　火伏せの呪い歌

　こうした屋内に祀られる神々以外で生活の安寧を祈る呪物として、室内に貼られた御札などがある。たとえば、福島県大沼郡昭和村のM家の台所には、「火の用心　十二月十二日　霜柱氷の梁に雪の桁　雨の垂木に露の葺き草」と記された紙が貼られていた。

　前半の「十二月十二日」は『日本俗信辞典』によると、栃木県では12月12日に12歳の子供がこの歌を書いて台所に貼ると火の用心になる、茨城県では火防のお守りとして柱か門口に貼る、山形県では就寝時か類焼の危険がある時に三唱すると火伏せになる、香川県では悪魔払いになると報告されている。

　後半の歌は「雨」かんむりと「氷」と水をモチーフにした漢字と、柱・梁・桁・垂木・葺き草と建築部材が組み合わされている。これは火難避けの歌である。

　同様の歌が呪物として貼られていたのを高知県室戸市吉良川町、山形県西置賜郡飯豊町、伊達市梁川町、茨城県つくば市で見たことがある。北海道、山形、福島、栃木、群馬、神奈川、長野、静岡、福岡、熊本にも分布する火難避けの呪い歌であることを花部英雄は報告している［花部1998］。神野善治によれば、類似する歌が静岡県裾野市須山では上棟式で歌われている［神野2000］。長野県北佐久郡立科町の土屋家文書、弘化4（1847）年の銘がある「上棟祝詞」にも記されている。グシ祭り（屋根祭り）で唱えるという例が福島県の南会津郡南会津町田島、石川郡平田村、岩瀬郡天栄村で報告されている。また、鹿児島県熊毛郡屋久島町栗生では家移り祝で棟梁が唱える歌に同じ文言が登場することが報告されている。このように、この歌は全国的に火難避けの歌として伝承されており、建築儀礼の節目で歌われていたのである。

（10）　仏　壇

　先祖の位牌や仏像を祀るのが仏壇である。茶の間や座敷に置かれている場合が多い。とくに、浄土真宗を信仰する地域の仏壇は非常に大きく、幅一間を超えるものも珍しくなく、座敷とは別に仏間を設けている家も多い。真宗地帯の家屋は他の地域よりも広いことが指摘されている。

　仏壇の引出には過去帳や系図、家相を判断してもらった時に作成された家相図

などの文書が収められている。その他には土地の権利書、賞状、子供の通信簿なども収められている。系図などは真偽が怪しいものもあるが、仏壇にはその家の「歴史」や「記憶」、大切なものが収納されている。

　仏壇では毎朝、水や炊いたご飯が供えられたりした。また、何かしらの贈答品を、まずは仏壇に供えるというのもよく目にする光景である。お盆や年末に実家に帰省した際に、まずは仏壇に灯明を付けて線香を供えて家族全員で、仏壇を拝む。そういう意味では仏壇は今日でも祖先祭祀の中心的な役割を果たしているといえる。

　柳田國男は『明治大正史世相編』「家永続の願い」のなかで、朝日新聞に掲載された次のような興味深い記事を紹介している。師走の寒い雨の日に九州の門司で95 歳の老人が警察に保護された。老人は傘すら持っておらず、風呂敷に 45 枚の位牌があるだけだった、という内容である。柳田はこの記事から、住処も仏壇も失ったホームレス状態のような境遇の老人ですら、どうしても祀らなければならない祖霊がいたこと、祖霊は子孫に供養されるのが当然であると期待していることを指摘し、民俗宗教の中における家永続の願い、すなわち祖先祭祀の重要性を指摘している。

　今和次郎の『考現学入門』には 1923 年の関東大震災で被災した家族が、地震の際に持ち出した物と地震後にもとの家の焼け跡からバラックに持ち帰った物のリストがある ［今 1958］。それによれば地震の際に「仏壇の内部のもの、大神宮」を持ち出し、家の焼け跡から「仏具」を持ち帰っている。

　祖先を祭祀する仏壇は家でもっとも大切な物とされ、火事や地震、洪水など家屋の危機の際には、まず一番に仏壇を外に出すものだという話を全国至る所で聞いた。また、茨城県牛久市、つくば市での民家調査の際に、一部が焼け焦げた仏壇を拝見したことがある。家人の話によれば、実際に火事に遭い命がけで外に持ち出されたそうである。

　今日ではマンションや団地などに住む人が増えるにつれ、狭い部屋で仏壇を置く場所がないなどの理由から、仏壇を持たない家も急増している。

　第一生命経済研究所・小谷みどりの「死者祭祀の実態」『Life Design REPORT』というレポートがある（http://group.dai-ichi-life.co.jp/dlri/ldi/note/notes1004a.pdf）。同レポートは第一生命経済研究所が 2009 年に 35 歳から 79 歳までの全国の男女 600 名を対象とした調査である。それによれば、子供の頃に仏壇があったと

いう回答が68.7%だったのに対して、現在仏壇を所有しているという回答は46.9％と20％も減少している。神棚は子供の頃あったという回答は65.1％、現在も所有しているという回答が37.0％であり，仏壇の所有率よりも低いという結果となった。

　1995年1月17日に発生した阪神淡路大震災では、仏壇は持ち出されたのだろうか。朝日新聞の記事には、管見では仏壇を持ち出したという記事はない。1月31日朝刊の「情報過疎 自前の住民広報欠落（過信：4 阪神大震災の検証）」では、簡易仏壇を配布という記事がある。簡易仏壇を配布するということは、自宅の仏壇が損壊あるいは焼失したと考えられる。また、2月3日朝刊兵庫版には、「仏具店に保管依頼殺到 阪神大震災で被害受けた仏壇」という記事がある。震災で被害を受けた寺や個人宅から、壊れた仏壇や仏具を無料で保管するサービスを始めたところ、5日間で200個を超えたという内容である。この記事からも震災後に持ち出されていないことがわかる。同日の大阪版朝刊「くらし再建情報コーナー・3日 阪神大震災」では、簡易仏壇の無料贈呈が報じられている。

　では、震災後のがれきの中から、人々は何を持ち出したのだろうか。それはアルバムである。地震発生後1週間目の1月25日夕刊「親の国（ルポ・避難所 東灘小から 阪神大震災：3）」には、避難先で、がれきの下から持ち出したアルバムをめくる妊婦が報じられている。また、2月3日朝刊「アルバム「小さな支援」見つけた（ボランティア・阪神大震災）」では、ボランティアが被災現場でアルバムを見つけて被災者に渡すことが報じられている。

　2011年3月11日に発生した東日本大震災の時はどうだったのだろうか。仏壇の初出記事は3月20日朝刊岩手全県版の「夫の遺影、がれきから発見 宮古の竹花さん『きれいな状態で』」である。夫の遺影が津波に流されることもなく、倒れていた仏壇にすっぽりと覆われた状態で見つかった、という内容である。阪神淡路大震災と違い東日本大震災は津波による被害が甚大だったため、仏壇を持ち出す余裕はなかったと推察される。しかし、この記事は仏壇よりも遺影に重点が置かれている点が特筆される。

　アルバムの初出記事は、3月17日朝刊の「（社説）津波被災地から 救援の物資を、人を」である。被災地で泣きながらアルバムを掘り起こす若い女性を報じる記事である。3月22日夕刊「思い出の写真、手元に帰った 津波で流出のアルバム 200冊 東日本大震災」では、岩手県山田町役場に津波で流された200冊ほどの

アルバムが展示されており、持ち主に返すという活動が報じられている。流出したアルバムが元の持ち主に返されたという記事は他にも多数ある。

　二つの大震災を通じて言えるのは、現代において人々は仏壇や位牌よりも、アルバムを重視している点である。このことから、今日では先祖祭祀の場である仏壇の役割は変質し、さらに祀る人々の意識も変化したと考えられる。今後、我々の生活のなかにおける仏壇の意味、人々の意識はどのように変化していくかを見据えるのも民俗学の一つのテーマであると考える。

【参 考 文 献】

阿南　透 1988「写真のフォークロア」『日本民俗学』175 号

飯島吉晴 1985『竈神と厠神—異界と此の世の境—』人文書院

大河直躬 1986『住まいの人類学—日本庶民住居再考—』平凡社

神野善治 2000『木霊論』白水社

國學院大學編 2007『現代・神社の信仰分布—その歴史的経緯を考えるために—』

今和次郎 1958「住居の変遷」『日本民俗学大系 第 6 巻』平凡社

津山正幹 2008『民家と日本人—家の神・風呂・便所・カマドの文化—』慶友社

徳丸亞木 2002『「森神信仰」の歴史民俗学的研究』東京堂出版

直江広治 1966『屋敷神の研究—日本信仰伝承論—』吉川弘文館

野本寛一 1989『軒端の民俗学』白水社

花部英雄 1998『呪歌と説話』三弥井書店

宮内貴久 1989「住居空間の創造とその維持—奥会津地方の建築儀礼の分析を通して—」『日本民俗学』179 号

宮内貴久 2006『家相の民俗学』吉川弘文館

宮内貴久 2018「奥会津地方の建築儀礼と信仰」『匠のふるさと会津 技と祈りの建築文化誌』福島県立博物館

宮田　登 1983『女の霊力と家の神—日本の民俗宗教—』人文書院

村上重良 1981『国家神道』岩波新書

村田あが 1999『江戸時代の家相説』雄山閣

森　隆男 2017『クチとオク 住まいの民俗学的研究の一視座』清文堂

渡邊欣雄 2001『風水の社会人類学—沖縄とその周辺比較—』風響社

2.2　山・海・里の生活にみる神々と祈願　　　　　　　〔徳丸亞木〕

　本節では、山、海、里における人々の生業活動や生活の場との関連と、その生活の中に現れる民俗的神々と神仏に対して実践される祈願行為を通じて、そこに示される民俗的思考[1] について考察を加える[2]。なお、本節では、祈願を、神仏に対する祈願に限らず、人がその生活において望む結果を得るために行う呪術的・信仰的行為の実践をも含んだものとして解説する。また、本節における具体的事例は、各民俗事象を支えるさまざまな背景や文脈を著者自身が理解した上で引用する必要から、可能な限り著者の今日までのフィールドワークで得られたものを用いた。

2.2.1　山の生活と山の神への祈願

（1）　自然領域としての山と山の神

　狩猟や林業を営む山村の生活者にとって山[3] は、樹林に覆われ獲物が棲息する場である。たとえ二次林であっても、植林など人の手によって樹相が単一に整序化されていない限り、基本的には自然の領域として把握できる。かつて山村では、焼畑耕作が行われ、自然の山野は火によって耕地に転換された[4]。また、狩猟者は、その自然の領域に棲息する獲物を追い、待ち伏せし鉄砲や罠を用いて獲物を狩った。山は、里のような日常の生活領域ではないが、伝承的・経験的な知識を用いて、一定の期間、そこで生きることも可能である。山には食用や薬用になる植物もあり、湧水で水を摂取し、枯れ枝を集めて火を起こし、調理し暖をとり得る。もちろん、雨天や降雪があれば、肉体的には厳しい状況に置かれる場合もあるが、それがただちに死に直結するわけではない。山で生きることは、自然の中で生きる知恵を得て、それを実践することでもある。また、山岳や巨木の圧倒的な偉容や、新緑の香り、沢を流れる水の冷気など、山での生活は人の身体にさまざまな感覚を生じせしめ、その場に聖なるものの現れ[5] を感得せしめる。その感覚は、山岳崇拝における神仏や山の神、あるいは山中の精霊的な存在[6] として具象化されるが、その本質は、山に対する畏怖や畏敬の念、人々の身体的な感覚にも深く関わる。

（2）　焼畑耕作における祈願

　山の神は、自然神としての性格を中心として、女性神、繁殖神、土地神、狩猟神、樹木神、農耕神など非常に複合的な性格を帯びており、山における生活のありかたに対応し、さまざまな姿で現れる[7]。焼畑耕作において、焼畑として利用される山林は、一定の周期で自然と耕地との間を揺れ動く領域である。九州山地に位置する熊本県球磨郡五木村や宮崎県東臼杵郡椎葉村でかつて行われていたコバ型の焼畑耕作では、焼畑とする山の樹木を伐採するヤボキリの際には、セミと称される頂部に葉つきの枝を残した樹木を1本残す。そこにこれからコバ（焼畑耕作地）として利用される土地の山の神が宿り、火入れを見守るとした[8]。この場合の山の神には自然の領域を占めている土地の神としての性格が強く現れている。また、宮崎県児湯郡西米良村ではコバキリの前に四方の何れかの方位に、コバに残る虫たちを追い出す呪文を唱えた［徳丸2006a］。

（3）　山の神に対する祈願と性的イメージ

　西米良村での焼畑耕作においては、コバの立木から枝を落とすキオロシの際に、経験の浅い若者が高い場所で恐怖に駆られた際には、そのまま樹上で小便をすると良いとされた[9]。また樹上で歌われる「木降ろし唄」には、性的な内容が多く含まれていた。これは、山の神は女性であり、男性器を見せると喜んで守ってくれる、あるいはそのような唄の内容を好むからとされた。女性としての山の神と若い男性とを、生殖を連想させる行為で結びつけ、山の神を喜ばせることで安全が守られるとする思考である。狩猟において獲物を得るための祈願の方法として、山の神にオコゼを見せると約束する伝承も一般的なものである[10]。これも山の神は女性であり、自分よりも容姿が劣るオコゼを見ると喜ぶとする伝承や、あるいはオコゼの形が男性生殖器を連想させるためとする伝承も聞かれる[11]。山の神は、女性の蕃殖神とされるが、夫婦神ではなく、男性の性につながるイメージを好むとされ、山を支配する自然神に、若い男性の性的な所作が影響を与えるとされている。西米良村では、オコゼを紙に包んで山の神に「猟を授けてくれればこれを開いて見せる」と約束した場合も、実際に猟があった場合はさらに1枚包んでしまうなど、山の神を騙す行為が行われた［徳丸2006a］。自然領域の強大な神を人が欺く行為を行うことになるが、これによって山の神が祟りや災いをなすという思考には結びついていない。どうしてもオコゼを見たいという山の神の気持ちを利用して、交換によって可能な限りの富（獲物）を山から引き出そうとする交渉

図 2.1　山の神に獲物の肝を供える場（宮崎県西米良村、2002 年 9 月撮影）

術を認めることができる。獲物が得られると、山の入り口などで山の神に対して、獲物の肝七つを串に刺して供える儀礼が行われた（図2.1）。また、獲物を捕って里に帰る際、山と里との境で鉄砲を空に向けて撃つが、これは獲物が捕れたことを里に知らせるとともに、山の神にお礼を告げるためとされた［徳丸2006a］。山から里への空間領域の移動に伴う儀礼的行為と考えられる。

（4）　山中での猟犬の死とコウザケ

　狩猟における祈願は山で死んだ犬の霊に対して行われることもある。西米良村では、猟犬が猪の牙などによって傷つけられ、山中で斃れた場合は、山中のその場所に木の枝や葛で棚を作り、その上に猟犬の遺体を安置し、草などを掛けて隠す。棚の下には、河原から拾ってきた青白い石を置く。やがて遺体は骨となり、棚の下の石も風雨にさらされて浄化される。猟師は、骨が綺麗な状態になると、在地の神職に頼み、祝詞を奏上してもらい、棚の下の丸石を里の屋敷まで運ぶ。この石は、コウザケの依り代とされ、コウザケは、狩猟の守護神となる［徳丸2006a］[12]。猟犬は、人によって飼い慣らされた使役動物である。生まれた時から人とともにあり、山の中で自然の中で育った獲物を追う。自然の中で傷つき死んだ猟犬は、死後、山に還されるのではなく、山中で遺体の穢れを祓う。その浄化された霊魂が、里において人との関係性を再び構築して祭祀され、利益を人へと

与えるとする。対して、里で死んだ犬は、コウザケとなることはなかった。山という自然領域での獲物との命をかけた闘争の場での猟犬の死という境界的な要素が、犬の死霊のコウザケへの転化には必要とされている。

2.2.2　漁業と祈願

(1)　自然領域としての海と人為的構築物としての船

　漁業において、技術の近代化は大きく進展した。たとえば、海上での網代への移動は、衛星航法で行い、魚群探知機で海中の状況を探るなど、かつての経験と勘だけがものをいう世界から今日の漁業は大きく変わっている。しかしながら、近代化されたとはいえ、漁業は、「板子一枚下は地獄」である船に乗って大海に出て、その生命を賭して行わなければならない生業である。また魚族という生き物を捕獲する生業であり、必然的に偶有性も高い。ゆえに航海の安全や、大漁を神仏に祈願する行為は、現在でも色濃く見られる。海において漁撈活動を行うためには、磯や干潟での貝類採取や、陸から網を曳く地引き網、あるいは陸から潜水する海女漁などを除いて、船という人の手に拠って構築された乗り物を必要とする。船は、海という領域に浮かび、海上での人の生命維持と生活、長距離の移動、そして、漁撈活動を可能にする人為的に構築された空間である。海上での漁民は山の狩猟者とは異なり、常に自然領域と自身の身体との間に船という構築物を置くことになる。

(2)　フナダマと船の安定

　海神や龍神は、海という自然領域の神であり、山形県の善宝寺や讃岐の金比羅神社など陸にあっても海に纏わる神仏を祀る社寺は、漁民の航海安全や大漁祈願の対象とされる。その一方で、船は人が構築した人為的空間であり、そこにはフナダマの存在が認識される。フナダマには、船霊・船魂などの字があてられるが、基本的には船に籠もる霊魂とされる。家屋も、風雨など自然の驚異から居住者を守る構築物としての役割をもつが、そこにも家屋の神の存在が認識される[13]。建築儀礼における棟上げの飾り物とフナダマのご神体が類似するのも家屋と船とが自然の脅威に対抗する閉じた空間としての意味を有するためであり、そこで生活する人々をその空間内で庇護する霊魂の存在が認識されるためと考えられる。

　船に籠もる神霊であるフナダマに対する信仰は、船という空間を構築する船大工に関わる側面と、その空間で実際に漁撈活動を営む漁民に関わる側面とが見ら

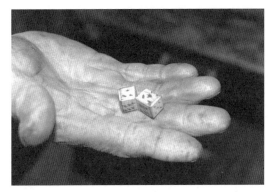

図 2.2　フナダマの賽子（山口県祝島、2007 年 12 月撮影）

れる。構造船の造船儀礼において、フナダマに御神体を込める例は、南西諸島と日本海側を除いてほぼ全国的に見られる[14]。ご神体には、毛髪、人形、賽子、銭12 文、五穀、化粧道具などを納めるが、地域によって何を納めるかには差異が見られる［徳丸 1993］。また、毛髪について言えば、女性の毛髪を納めるのが一般的であるが、月経が始まる前の少女の毛髪や、船頭や船主の妻の毛髪、妊娠している女性の毛髪、少女と男児の毛髪など、その選定方法には多様性が見られる。

　フナダマのご神体には、船を一つの世界としてその安定性を類感呪術的に求める思考、ツキやマンと称される豊漁に結びつく「漁運」を呼び込む思考、陸における夫妻関係の投影などが示されている。帆柱（現在では機関室や操舵室など）という船の空間の中心に、1 年間の周期性を表す銭や、その世界が豊かに満たされている状態を表す五穀、そこに生活する男性・女性の両性とその結びつきを示す人形などを納めることによって、船の安定と漁撈の豊穣とが祈願される。

　サイコロについては、ご神体を船に込める船霊込めの際に唱えられる船霊祭文に「天一地六（天に一、地に六）、面見合わせ（舳先側のオモテに三合わせ）、艫幸せ（船尾側のトモに四合わせ）、櫓櫂ごとごと（五と五と。櫓櫂を漕ぐ音を表す）中に荷を積む（二を積む）」の言葉が聞かれる。二つのサイコロを用いて船そのものを象徴的に表し、それを崩れないように納めることにより、その安定性をはかる祈願行為でもある（図 2.2）。

（3）　豊漁を呼び込むフナダマ

　豊漁を呼び込む手段として、初潮を迎える前の少女の毛髪や妊娠中の女性の毛

髪を、漁運を呼び込む力があるとしてご神体とする例を見ることができる。八丈島や三陸地方沿岸部、鹿児島県薩摩半島、与論島、沖縄県伊良部島などでは、初潮を迎える前の少女が毛髪を提供し、あるいは人形を作ってそれを船に納めることにより、豊漁となるとする例が見られる［徳丸 2014］。初潮前の少女は、女性であるが生殖に繋がる月経を迎えていない両義的存在であり[15]、海の世界と里（陸）[16] の世界を繋ぎ、海の世界から豊漁を呼び込む媒介となると考えられた。初漁の魚は、毛髪を提供した女性に捧げられる例も見られる。そこには、少女からの毛髪を媒介とした霊力の提供と、海から得られた漁獲の少女への奉納という里と海との間の循環の構造が示される。茨城県北茨城市大津町や福島県沿岸部の漁村では、フナダマに込める毛髪として、妊娠している女性の毛髪が選定されることがある［徳丸 2015］。これは、初潮前の少女の選定の場合と同じく、船主や船頭、あるいは乗組員の妻である必要はない。むしろ、その毛髪で不漁となった場合、別の妊婦の毛髪に取り替えることができるよう、妻以外の毛髪とする場合もある。胎内に新たな生命を宿している女性の状態が、漁獲で船が満たされる大漁を類感させることに関わると思われる。熊本県や山口県では、妊娠しているという女性の状況が、その夫の乗船する漁船の豊漁不漁に関連するとされる伝承が聞かれる。山口県下関市湯玉集落では、妻が妊娠して大漁になる場合をリョウバラ（漁腹）と称して、出産を遅らせようとするが、反対に妊娠して不漁になる場合もあり、その場合は早く生まれた方が良いなどともいわれる[17]。北茨城市大津町では、北海など遠海出漁する漁師の妻たちが、夫の出漁中に氏神社に集まり、それから集落内の小社や堂を巡って夫の無事と大漁を祈願した後、再び氏神社に戻って祈願し、その後女性だけの直会を開くことを3日間続ける「3日間の御信心」や、1日のみ妻だけで祈願を行うアヤナオシが行われた［徳丸 2015］。最後に行われる直会は、現在ではカラオケの場に変わっているが、この場では大騒ぎすればするほど良いとされる。出漁中の船の漁獲に、女性たちが里で行う祈願と集団で発散する混沌とした活力が影響を与えるとする思考を見ることができる。

　これらはいずれも、里に生活する女性の力が、海上での漁民の漁撈活動に影響するという思考である。フナダマに女性の毛髪を納める例は、里に生活する女性の霊力と海上の船とをその毛髪を通じて結びつけ、海からの豊穣を引きだそうとする思考ともいえる。このような思考のあり方は、山における狩猟では、夫と妊娠した妻との関係の中で類感的なものとして見られるが、漁撈におけるほど明確

には現れないように思われる。狩猟における祈願の対象は基本的には自然領域にある女性神としての山の神である。それは、たとえば家の女房を「山の神」と称するように［千葉1983］、男性にとって力を持った存在としての比喩的表現がなされるにせよ、山の神は、里で現実に生活する女性とは別の、あくまで伝承上の霊的存在として区別される。

（4）　漁撈の偶有性と競合性

　漁撈活動には、さまざまな側面で「運」が意識される。漁撈では、釣り針や網を落とす場所が魚道に当たるか否かで、漁獲が大きく変わる偶有性がある。農耕では、ある土地を占有してそこに1年の周期性のなかで一定の労力を注ぐことで、大きな気候の変動や災害がなければ、作物が育つ数か月の大きな周期で一定の収穫が約束される。しかしながら漁撈の場合は、出漁期間に断続的に行われる1回1回の漁で、漁師それぞれの技量や経験的知識に漁獲が大きく左右される。里での社会秩序が反映されやすい地先での大型定置網漁業［高桑1994］などを別にして、同じ集落の仲間であっても、別の船に乗って漁撈活動を行うのであれば、そこには競合性が意識され、自身の船や網に漁獲を呼び込むための俗信的、呪術的行為が行われる［高桑1994］。個人的な経験であるが、青森県津軽郡脇沢村（現むつ市）で、陸奥湾における鱈漁の場取りを調査した際に、場取りの前日に伺ったある漁師の家から、「娘の櫛がなくなったが知らないか」という真剣な問い合わせを受けたことがある。まもなく櫛はその家で見つかったので事なきを得たが、漁期に網を落とす場所を占有するための競合の場である場取りは、1年間の収入に直結する機会である。その前日に娘の髪に関わるものが失われることに、その年の漁を類感的に失うような大きな不安が生じたものと考えられた。漁撈に携わる漁師には、このような、「運」を左右するような切掛けとなる出来事や行為に敏感な傾向が見られる。

（5）　「運」を盗む

　先に説明した船霊のご神体や竈の灰、船具などを他の船から盗み出し、自身の船に籠めることで、その船の漁運を盗めるとする漁盗みの習俗は、かつて鰹船などで見られた［徳丸1993］。漁運は、ご神体や船具などモノに付託して、それを盗むことによって相手から引きはがし、自身の船に移すことができるとするこの思考は、神仏などへの信仰とはまた異なった、「運」という力に対する意識に基づくといえる。漁運を我が物として独占する今一つの方法が、漂流遺体を拾い上げ

る、あるいは、それを密かに埋葬する、自家の仏壇に位牌を祀る［徳丸 2006b］などという行為である。漂流遺体は、エビスとも呼ばれる。エビスは、記紀神話の中では、伊弉諾、伊弉冉二神の子として産み落とされた後、その不具性から海の世界に送られた神であり、漁民の信仰では自ら浅海に寄りつく海と陸を繋ぐ神である。漂流遺体も、生者として陸で生まれ育ちながらも死者として海を漂い、陸と海との狭間にある境界的な性格を帯びているゆえ、エビスと称されると考えられる［波平 1984］。漂流遺体には、当然、死の穢れが意識される。一般的に、親族など、身内に不幸があり死者となった場合、その忌みは漁師にも掛かり、乗船を忌むことになる。しかしながら、身内以外の忌みが掛からぬ漂流遺体の穢れは、むしろ、不漁という波風なく静まった漁の状況に刺激を与え、大漁に転換する力となると考えられた[18]。そこには、拾った遺体を人知れず埋葬して、独占するという意識も示される。遺体を引き上げる前に、面と艫とで船員が、漂流遺体と儀礼的な会話を交わす所作を行い、引き上げる代わりに大漁を約束させる例など、遺体の引き上げが、単に死者を哀悼する気持ちからのみではないことが示されている［徳丸 1993］。漂流遺体に対して示されるこのような思考は、いわば不漁の方向に固まってしまっている安定性を突き崩す力を求めているものと思われる。

　「運」に類する意識は狩猟においても現れるといえるが、漁民における漁盗みのような形では強く現れないように思われる。これは、巻狩りのような集団猟であっても、他の狩猟集団と同じ狩り場で競合的に狩猟を行わないことにもよる。農村においては、鹿児島県における田の神石像盗みや、お月見の夜の団子盗みのような形で儀礼的な盗みを見出すことができる［高桑 1994］。ただし、田の神石像盗みの場合は、盗まれた田の神は、いずれは元の集落に戻る、あるいは特定の集落間を巡回的に移動するなど定められた枠内での回帰性を示す儀礼的盗みであり、漁民におけるものほど競合性が示されない。先に述べたごとく農耕そのものが、長期間の恒常的・周期的な作業を必要とするゆえに、時々の「運」などにあまり意味を見出せないことや、農村生活の土地に根ざした共同性の重視、すなわち他者を出し抜いて独占的に富を獲得することへの忌避感も影響しているものと思われる。むしろそこに見られるのは、たとえば合同で行われる雨乞い祈願などの合力祈願である。対して、商業活動を行う商人や投機的世界では、やはり「運」は重視される要因であり、富を得るための商売繁盛の御利益が期待される稲荷や恵比須神、大黒神などへの個人的祈願も行われる。

図 2.3　岳参りの途中、里と山の境にあるノノヨケの神木に供
えられた海砂（屋久島前川集落、2018 年 9 月撮影）

（6）　海・山・里へ連続する祈願

　海、あるいは山は、いずれも自然の領域であり、そこでは、忌み言葉としての
海言葉と山言葉が用いられることがある。その空間的な特性は前述のごとく異な
るが、海と山は連続するものとしても捉えられている。先に述べた、狩猟者が山
で狩猟を行う際には、獲物を招く呪具として海魚のオコゼを持参するのも海と山
との交渉を示す例である。漁撈活動にとって山は海上での自船の位置を知るヤマ
アテの重要な指針であり、遠海を行く船にとっては、遠く海上から祈願を行う神
の住まう場所ともされた。
　鹿児島県屋久島では、「岳参り」と称される行事が現在でも行われている。この
岳参り行事では、海と里と山との空間的な連続性が示される。集落の氏神社の前
の海で海砂を採り、それを山の神が祀られる山頂に向かって登りつつ、聖地とさ
れる何か所かの屋久杉の巨樹に供物を捧げていく（図 2.3）。山頂に到着すると山
の神の石祠に供物と海砂を供え、集落の安寧と豊作、豊漁を祈願する。山でシャ
クナゲなどの植物が採取され、それが山の神のシンボルとして持ち帰られる。山
の世界からの帰還者は、そのまま里の領域に入るのではなく、里と山との境界に

図2.4 西の森の納骨塔（山形県鶴岡市清水、2006 年 10 月撮影）

設けられた聖地としての森で里人に迎えられ、僧侶の読経などの儀礼を経た後、集落に帰還する[19]。海と里と山とは、空間領域として明確に分けられながらも祈願のための移動により、一つの線で接合され、連続した意味を示す。

（7） 霊魂の行方としての山・海

　山と里、あるいは海と里との連続性は、死者霊の霊魂の行方、他界観としても示される。たとえば、山形県庄内地方では、死後その遺体は火葬に附され、遺骨を 49 日の間、家の仏壇の前に安置した後、家の女性が歯の骨を五輪塔型の木製の骨蔵器に入れ、それをモリノヤマと称される山の尾根に設けられた堂に納める（図2.4）[20]。死者霊魂を里に近い山に送るとする儀礼である。柳田国男の祖霊信仰論では、清められた霊魂が山中他界としての山に籠り、稲の収穫などに、里に迎えられその子孫一族に祀られたものが、日本の神観念の古態の一つであるとされた[21]。

　海は、盆の送りに際して、招かれた先祖の霊を送り出す場でもある。また、南西諸島では、海の彼方に神々と死者霊の世界をみる海上他界としてのニライカナイの信仰がある。伊良部島では、マウと称される個人の神を祭祀する例がみられ、マウを迎えるのは海からとされる［徳丸 2008a］。

　これらは、里における生活からみた山や海の認識である。山中や海上そのものを活動領域とする場合とはまた異なり、それらの領域を人の生活領域とは異なる霊魂や神々の世界とする認識である。里から見る景観としての山や海という領域は、人と完全に区別された自然領域ではない。人の死後にその霊魂が赴く場として、人の生前と死後、両方の時間をつなぐ循環的構造のなかに組み込まれる。

2.2.3　里の神と祈願

（1）　日常的生活領域としての里と神仏

　狩猟や林業、あるいは焼畑耕作で認識される山の神、あるいは海上で漁撈を営む漁民が認識する海の神（龍神）は、人の日常生活の外にある自然領域の神として認識され、崇敬と同時に、恐れの感情も抱かれる。一方で、里は、人が社会集団を形成して生活し、その生活を維持する耕作地や採取地をも含む日常的な生活領域である。そこでは、人々の生活上のさまざまな経験が集団性を持って蓄積され、伝承され、民俗が継承、あるいは創造される。ある集落での生活を想定した場合、個人は特定の家に帰属し、その家は、血縁あるいは養子縁組・婚姻などにより親族や姻族の繋がりが形成される。また、生産活動の単位によってさまざまな生業集団が形成される。里は、単なる空間的な概念ではなく、そこに居住し生活する人々の社会的結合や生活の起点となる場であり、そこに祀られる神仏は日常生活にさまざまな形で意識化される。

（2）　村の内と外

　人々が生活する集落や耕地の領域は、人の手に拠って開墾・整序化され、居住や生活に適した空間へ変えられている。平野部の村をイメージするならば人の生活の場である家屋と屋敷空間、耕作地や雑木林、河川や用水路、ため池、家々や耕地を繋ぐ道路など、いずれも人の手によって形作られ維持されている。神社や寺院などの常設の構造物には、神仏が祀られ、広場や辻など公共空間には、石塔石仏や小社小祠が祀られる。集落は、人為的に形作られ、かつ恒常的な安定が求められる空間であり、そこには生活者を守るさまざまな神仏が現れる。

　また、里の外から季節的に訪れる来訪神は、人々に幸福を与え、1年という時間を更新する存在である。その一方で、疫病を広め、作物に虫害を起こすなど人々に災いをなす御霊的存在の来訪も信じられた。里を一つの閉じた空間として認識し、人の生活領域としての内と、人による整序化や認知が及ばない世界としての

図2.5　大王を山へ送る（山口県玖珂郡美和町、2006年12月撮影）

外とを分け、その境界を越えて訪れる霊威が存在するという考え方である。

　山口県岩国市の奥山代では、旧暦11月に霜月神楽が行われるが、5年に一度、「大王」を鎮め山へ送り返す山鎮祭が行われる集落がある。舞殿の隅にとぐろを巻く藁蛇の大王を、憑霊状態になった舞い手が引き落とした直後、舞い手は四方から太鼓の上に押さえられ、天蓋を被せられて鎮められる。鎮められた大王は、神社拝殿裏の樹木に巻かれ、送られる（図2.5）[徳丸2008b]。この行事は、山の領域のさまざまな霊が里に災いをなさないように、式年で鎮める行事であると考えられる。同様の思考は、九州山地の霜月神楽における綱荒神にも見出し得る[22]。開墾により自然領域としての山が、人が生活する領域へと転換する過程で現れる自然神に対する鎮めと、守護神への転換が演じられている。

（3）　去来する神

　里とその外部とを去来する神としては、水稲耕作に関わる田の神もその一つであるが、そこには、稲の種子に内在される穀霊である稲魂の存在も意識される。稲魂は、種子に内在される成長の力であるとも捉え得るが、その内在する力は、外的環境との関わりで発現し、稲の成長を促し、再び種籾に集約され、冬に籠るものである。水稲耕作に関わる神の去来は、家と家との間を巡回する当屋祭祀の形態でも見られる。山口県防府市大道地区では、11月末から12月中旬にかけて大歳講という稲作農耕に関わる大歳神の祭祀が行われる。集落内で当屋を輪番で務め、当屋の家では床の間に大歳神の宮形を祀り、一升餅や新穀を供え、御供（新

図 2.6 モリマツリ（山口県下関市、2018 年 3 月撮影）

穀のご飯）と餅を共食し、講員は稲の力をその身体に内在させる。大歳神のご神体を水稲耕作に用いるため池で採取した鮒 2 尾の素焼きとする例や、生きた鮒を祭礼の間、掛け魚として、終わると池に放す例なども見られる［徳丸 2016］。水稲耕作は水と深く関わるゆえに、淡水の魚族を用いるものと考えられる。同様の事例は、水田に開墾された谷地の水源に祀られる森神にも見られる。下関市宇賀大河内の森様では、これから苗代への播種が始まる 3 月初旬に行うモリマツリで、ドジョウを船形に納めて供える（図 2.6）[23]。また、茨城県土浦市大畑で 11 月に行われる香取神社の祭礼でも、神田で収穫された稲藁を用いて作成した藁神輿に生きた鮒を納める[24]。稲作は、人が管理する苗代田に水が満たされ、そこに種が撒かれることから始まるが、淡水魚族をご神体や供物とすることにより、稲作と水との関わりが認識されているものと思われる[25]。また、防府市小俣では、大歳講で行われるトウワタシの儀礼で、儀礼的な笑いや大食の強要などが行われる「お笑い講」が行われている。大声での笑いで、1 年の厄を祓い、新たな年へと転換することを祈願する意味も示されているものと考えられる［徳丸 2016］。

（4） 先祖と同族神

里に祀られる神仏は、特定の家あるいは同族と結びつく場合も見られる。家は、現実に生活する家族員、そして、その生活空間としての屋敷空間を指すが、それは、先祖から子孫へと連続し、永続性を希求する系譜体としても認識される。高取止男は、空間としての家に祀られる神々を、先祖や神棚に祀られる氏神の御札

など、家のオオヤケの側面に繋がる神々と、納戸神や火の神、便所神など、家の
ワタクシの側面により深く関連する精霊的性格を秘めた神々とに類別した［高取
1972］。また、石塚尊俊は、火の神としての竈神を最も古い家の神とし、ついで納
戸神を穀霊信仰とつながる古い家の神として理解した［石塚 1982］。ワタクシの
神々は、生命の誕生や死など、境界領域に深く関わる両義的な性格を有する。仏
壇や御霊棚で祀られる家々の先祖は、その家の家族員にとっては最も近しい死者
霊であり日々の安寧を祈願する対象である。桜井徳太郎による先祖の類型［桜井
1977］を参照するならば、特に直近の上位世代の死者は、生活経験をも共有して
おり、さまざまな実感を伴って記憶されている存在であり、懐かしさや悲しみな
ど情緒を伴って想起される存在でもある。より上位の先祖になると、その印象は
言葉で伝えられた事績や人となり、あるいは遺影や写真などの映像で呼び起こさ
れる間接的なものとなる。一族の始祖などさらに上位の先祖になると、そこから
の直接的な系譜の連続性を具体的に証明できずとも、家の始まりを物語る神話的
存在として、そこに連なると意識される本分家の統合のシンボルとして位置づけ
られる。東日本など、同族結合が強く示される地域の場合、本家を中心に分家が
結合して一族の先祖、あるいは先祖に関わる神仏の祭祀を行う同族神祭祀が顕著
に見られる。同族神として祀られる神仏は、必ずしも家の系譜に連なる始祖でな
い場合も認められる。ある土地を開墾し、自然の状態を整序化して人が生活可能
な領域に転換した者を開拓始祖として、その土地に居住する人々で祀る例や、あ
るいは一族の系譜のどこかで、何かの関わりを持った死者霊を同族で祭祀する例
も認められる［徳丸 2002］。

（5）　屋敷地と屋敷神

　屋敷地[26]は人の生活拠点であり、その生活に関わる記憶が累積する場でもある。
屋敷地は、ある個人、あるいは家族の居住空間であると同時に、屋外の屋敷地内
や屋敷附属地に藁宮（図 2.7）や木製の小社により屋敷神[27]が祀られ、あるいは、
家屋内に恒常的に設けられた神棚の神札や竈の内荒神や井戸の水神、便所の厠神
など、屋内神としてさまざまな神仏が祭祀される空間でもある。特に屋敷神や屋
内神は、人々の日常生活に最も近しい存在であり、そこで生活する者やその家族
の生活時間、あるいは先祖の生活時間が、直接的・間接的な経験として累積され、
記憶され、受け継がれていく。静岡県引佐郡気賀町では、家代々の死者は 33 回忌
を迎えるとホトケから地の神になるとされ、先祖霊の屋敷地への接合が示される

図 2.7　屋敷神の藁宮（茨城県土浦市、2016 年 3 月撮影）

［徳丸 1990］。一方で、現居住者の先祖ではなく、前居住者の内、その屋敷で生活し死亡したとされる死者霊が「屋敷先祖」として祭祀される場合もある［伊藤1984］。これは、屋敷という空間を媒介とした現居住者への前居住者死者霊の接合であり、いわば、前居住者がそこで紡いだ日常の生活時間が現居住者の生活時間へと結びつけられ、さらには居住の場である屋敷地に強く結びつけられることを示している[28]。特に屋敷神は、ある家に帰属する家族員が生活を営み、その生活経験を蓄積していく屋敷地に祭祀される神であるがゆえに、家筋や屋敷筋の観念と接合し、伝承の再構成が行われる傾向にある。

　このような空間に関する生活経験を通じた生活時間の蓄積は、山や海における生活では生じにくい。特定の聖地や信仰的表象物に対するものとしてはあり得るが、そこは人の日常の生活領域とは異なるため、恒常的に意識の表層に現れるものではない。また日常の中のさまざまな出来事が屋敷空間や家筋の枠組の中で回帰的に過去の出来事に結びつけられ、意味を形作り、そこに空間と時間を含み込んだ祈願行為が行われるような方向性は生じにくい。家を中心とする時間認識と神仏の接合による伝承の再編、そこに関わる祈願も、里の神の特徴の一つであるといえよう。

（6）　村の氏神と国民としての祈願

　氏神社は、生活共同や互助の基本的な単位の一つである村落に恒久的な祭場を有する神であり、その維持や管理のために集落住民によって氏子組織が構築され、仏教寺院や檀家・門徒組織と並んで集落の結衆の要ともなる宗教的表象である。

その折々の祭礼は、その準備の過程や、祭礼に伴う協業の場で氏子たちの繋がり
を確認する機会でもあった。日本の近代化過程において、氏神社は集落を単位と
した人心統合の象徴的な場ともされた。明治政府は一時、氏子札の配布を通じて
氏神社神職に住民管理の役割を負わせることを模索している。また、明治36年に
生活改善運動の一環として施行された神社整理は、集落神社に、その境内規模や、
保持している財産、神社を崇敬する信者数などを基準として、それ以下の神社に
ついては、郷社や村社へ合祀を促し、皇祖神である天照大神を主神とする行政村
単位の氏神社への民心の統合を図ろうとするものであった。氏神社はまた戦時体
制下で戦勝祈願や出征兵士の武運長久を祈願するオオヤケの場ともされた［徳丸
2005］。

（7）「森」と死後安心

　集落神社を住民の精神的統合の場として把握し、その世界を統制することによ
り民心の統合を図ろうとする考えは、すでに幕藩体制下において見出し得る。た
とえば、萩藩では、天保13年寅年に天保改革の一環として、「淫祀解除」（または
「淫祠解除」をあてる）が施行された。津和野藩の復古神道国学者、岡熊臣は、平
田篤胤の影響を強く受け、復古神道における幽冥観との関わりから「森」を死後
霊魂の安らぐ「安心」の場として捉え、「死後安心」論を骨子として、耕作への弊
害や、民心の惑乱などを論拠にして、死後の「安心」の場を破壊しようとする「淫
祀解除」政策に反論した。熊臣は、聖地としての「森」や「森神」を生者の世界
（顕世）と霊の世界（幽冥世）を繋ぎ、一つの円環を形作る場とみなした。さら
に、そこに詣り墓的な性格を認め、子孫との交歓の場と位置づけることにより、
その信仰的世界を神々の意思を超えて人が破壊する行為として「淫祀解除」を批
判した［徳丸2002］。

　幕末や明治期の神社統制は、神々が人を支配すると考えるのではなく、為政者
の手によって神々の世界を意図的に再編することにより、人の世界を統制できる
とする思考に基づく。里の神を人の手によって統制できるとする思考は、それが
自然領域の神として畏怖されるのではなく、人の生活領域の中で、人により一定
の整序化がなされた境内に神殿、社殿、神体を有し、あるいは樹木や聖地として
の「森」など、人の管理下に置くことが可能な状態であることにも関わるであろ
う。里の世界にある神仏は、そこに生活する人を統制する装置としても認識され、
「活用」される存在でもあった。そこにおける祈願は、個人や集落の祈願の場とい

う枠組みを超えて、政治性を帯びた藩や国家単位の合力祈願の場へと拡大・再編されるものでもあった。

おわりに

　本節では、山、海、里という領域に現れる神仏への信仰とそれに対する人々の祈願について、それぞれの空間領域の特性との関わりからくる性質の違いに着目して説明を試みた。現代の生活のなかで、農業や漁業、あるいは林業など、第一次産業のあり方は、生産技術の発達により、旧来のものとは大きく変化しつつある。農業機械やコンピュータによる管理技術を用いた新しい農法、新しい漁業技術や漁獲の保存・流通技術を学び、それを生産、流通の場に生かすことが生産者には必要とされる。そのような状況において、生業に関わる神々への祈願がどれほどの意味をもつのかという疑問は当然生まれてくる。しかしながら、現代の農・山・漁村においても、人の力ではいかんともしがたい生活への不安は、常に現実のものとしてあり、神仏に対するさまざまな祭礼や儀礼は、変化しつつも継続されている。そこには、神仏にまつわる新たな人々の経験が生まれ、祭祀する人々に主体的な思いを生じせしめている。また、現代でも宗教的感性に優れた者は、その眼前に神々の姿やその気配を感得することもある。また、神像や仏像・小社・小祠・聖地などの形意、神仏の由緒や縁起などの文字文化、儀礼の過程とそれに関わる行為、生活の中での神々に関わるさまざまな伝承や生活経験の蓄積、人と人との繋がりに基づく統合的な認知は、それら神仏への祈願の実践を伴いつつ維持されているといえよう。

【注】

1)　本節では、「伝承的世界観に支えられ、生きた、あるいは生きられた時間における経験の蓄積とその共有を基盤として示される思考のありかた」を民俗的思考として論ずる。

2)　里の生活では、檀那寺や祈祷系寺院への信仰や、地蔵菩薩や薬師如来など仏尊に関わる民俗信仰もきわめて重要なものであるが、紙数の都合から本節では論述を控えた。

3)　ここでは、山林、岳、水場、荒地などを含む環境全体を山として表記した。

4)　坪井洋文はこれを火による「転換の原理」として論じた［坪井1982］。

5)　ミルチャ・エリアーデは、空間的、時間的に広く分岐し、多くの文化を覆う宗教的全体に支えられたハイエロファニー（神的なもの、祭られるもの）の分析を通じて、聖なるもの多様な現れを論じる中で、聖のもつ反対感情の併存をも含んだ力の表象をクラトファニーとして論じている［エリアーデ・堀1968］。

6)　自然と人との関係は、山に現れる精霊的存在にも示される。九州山地には、カリコボウス（狩子坊主）、セコ（勢子）などと呼ばれる山中の妖怪の存在が信じられている。西米良村では、カリコボウズは山中に棲息し、尾根道がその通路でありそこに仮小屋を建てると家を揺するなど人を脅かすという。春と秋の彼岸には、川と山との間を去来すると伝えられ、実際に尾根道の空を移動して行く甲高い鳴き声を聞いたとする話者もいる。去来の方向は山と川の間であり、夏は川でガラッパ（河童）となり、冬は山でカリコボウズとなると伝える［徳丸 2006a］。その移動の方向は、山と川という自然領域の間であり、人はその移動を何らかの経験を伴って知る場合もある。カリコボウズの移動は、里に向かうことはなく、人の生活領域には侵入しない。河童の場合は、便所で女性の尻を撫でるなど悪戯しようとして切断された手を取り返すために、膏薬の製法を人に教えるなど、里への侵入とそこでの人との交渉を示す伝承なども聞かれる。これは、山が里とは弁別される面としての空間領域であるのに対して、川は山と里とを繋ぐ通路としての意味ももっているためと考えられる。

7)　山の神信仰については、柳田の祖霊信仰論を基盤として、祖霊信仰から山の神信仰が成立したとする堀田吉雄の研究がある［堀田 1966］。対して、ネリー・ナウマンは、狩猟民における山の神信仰が古態であり、後に去来する農耕神としての山の神信仰が成立したと論じた［ナウマン 1994］。また、狩猟伝承については、千葉徳爾による詳細な研究がある［千葉 1971］。

8)　1981 年 5 月熊本県五木村平沢津にて明治 27 年生まれの話者より聞き書き。同様の伝承は、西米良村でも聞かれる［徳丸 2006a］。

9)　西米良村では、狩猟で猟がない場合も小便をすると山の神が喜んで獲物をくれるとされた。女性がキオロシについて行くと山の神が悋気を妬くともされる［徳丸 2006a］。

10)　西米良村では、沢に棲息する足様のものがついた淡水魚や、鹿の耳をオコゼとして猟に持参した［徳丸 2006a］。

11)　熊本県熊本市河内町葛山村では、山の神は女性神で海魚のオコゼを好むとされ、祭場に生息する巻き貝は夜泣き貝として、子供の夜泣きを鎮める呪いに用いられた［徳丸 1987］。

12)　コウザケについては、山口保明による報告があり、タナガケは、猟犬の魂であるイヌコウザケを猟神であるトコロノコウザケへと遷移するためのものとされる［山口 1998］

13)　住居空間に祀られる神々については、森隆男『住居空間の祭祀と儀礼』［1996］に詳しい。

14)　南西諸島では、船神に対する信仰がみられ、日本海側では、船にはフナダマの御神体を納めず陸の社寺の御札を祀る傾向がみられる［徳丸 1993］。

15)　無経女性の祭祀的役割については、村武精一『家と女性の民俗誌』［1992］に詳しい。

16)　漁村において、海の領域と対比される言葉としては「陸」がある。山口県下関市矢玉浦では、漁撈従事者をリョウド（漁人）と総称し、集落や町での生業に従事する者をオカオレ（陸居れ）と称する［湯川 2006、徳丸 2006b］。本節では、本講座における山・海・里という空間領域の設定に基づき、「海」に対置される空間領域としての「陸」のうち、人々が集住し、生活を営む集落およびそこに附属する耕地や雑木林を「里」として表記した。

17)　2006 年 6 月山口県下関市湯玉浦にて、昭和初期生まれの話者から、妻の妊娠に伴う「男の悪阻」の関連で聞き書きした。同様の伝承は、北茨城市大津町でも聞かれる。

18)　山口県下関市湯玉浦では、漁師の妻が出産する日をワカビと呼び、身内以外の葬式が浦で

出る時をクロビと呼ぶ。ワカビは漁がなく、クロビは大漁になるという（2006 年 2 月、昭和 2 年生まれの話者より聞き書き）。

19) 2018 年 9 月に行われた屋久島前川集落の岳参りに参与観察調査。

20) 2010 年 10 月にモリ供養を行う地域の寺院にて聞き書き調査、ならびにモリノヤマの現地調査による。モリノヤマについては、山形県教育委員会編『庄内のモリ供養の習俗：「庄内のモリ供養の習俗」調査報告書』［山形県教育委員会編 2009］に詳しい。

21) 柳田國男の祖霊信仰論については、福田アジオ『柳田國男の民俗学』［1992］にその基本的な枠組みが解説されている。

22) 西米良村小川神楽では、山野を拓いた際に現れる土地神としての荒神は、四神の手によって切断され、白い布で包まれて鎮められる（2002 年 12 月観察調査）。山口保明は『宮崎の神楽 祈りの原質・その伝承と継承』で、岩戸系の特色ある番付の一つに「蛇切り」があり、素戔嗚尊が大蛇退治をする場面を形象した番付であると述べている［山口 2000］。

23) 1994 年より 2018 年まで継続的に聞き書きおよび観察調査［徳丸 2002］。

24) 2016 年 11 月調査。

25) 水田漁撈の儀礼化については、安室知『水田漁撈の研究』［2005］に詳しい。

26) 「屋敷」とは、人が現に居住している、あるいはかつて居住していた屋敷地そのものを指す。この場合、屋敷地という空間には、建物としての家屋空間が包摂される。

27) 屋敷神については直江廣治による屋敷神の概念規定に基づき論じた［直江 1966］。直江は屋敷神信仰を柳田国男の祖霊信仰論との関連から理解し、屋敷地外の耕作地などに祀られる「広義の屋敷神」としての森神を一門（同族）の祖霊を迎え祀る場として位置づけた［直江 1966］。最上孝敬は森神を両墓制における詣り墓として理解した［最上 1980］。金田久璋は福井県若狭のニソの杜を同族祭祀の祖霊の祭場とし［金田 1980］、鹿児島のモイドンや森山など各地の森神の研究も小野重朗や下野敏見などにより進められた［谷川編 1995］。一方で、ニソの杜を土地所有関係に祭祀集団が規定される農耕神とする佐々木勝の見解［佐々木 1983］や、自然領域の神や地の精霊が占めていた土地を開拓したという意識が開拓始祖を祀る聖地を生み出したとする和田正洲の見解［和田 1982］、あるいは、奈良県下の森神を個別墓地成立以前の共同体による共同の霊魂祭場であったと位置づける高田照世の研究［高田 2012］なども示されている。屋敷神についても、関東地方のウジガミ系統とイナリ系統の屋敷神調査から、先祖神ではなく農耕神、家の守護神としての性格が見られるとする岸澤美希の指摘［岸澤 2018］がなされている。森神信仰や屋敷神信仰には、開拓始祖、集合的祖霊、御霊、動物霊、憑霊、土地神、水神、農耕神などに対する信仰が多重に複合しており、伝承論の立場からの研究も必要とされる［徳丸 2002］。近年では、ニソの杜の文化的価値を再評価し、日本各地の森神信仰を改めて総合的に捉え直し、文化資源化する方向性も見られる［おおい町立郷土資料館編 2019］。

28) 現居住者が直接的に経験していない過去の時間領域が、屋敷を通じて現居住者の生活時間に結びつく例は、実態のある死者のみならず、屋敷地で殺害された落人など伝承上の死者霊を通しての場合もある［徳丸 2013］。

【参考文献】

石塚尊俊 1982「民間の神—とくに納戸神と竈神」日本民俗研究体系編集委員会編『日本民俗研

究体系第2巻　信仰伝承』國學院大學

伊藤唯真 1984「屋敷先祖の祭祀」『仏教と民俗宗教　日本仏教民俗論』国書刊行会

おおい町立郷土資料館編 2019『大島半島のニソの杜の習俗調査報告書刊行記念公開シンポジウ
　　ム記録集　ニソの杜と先祖祭り』おおい町教育委員会

金田久璋 1980「同族神の試論的考察―若狭におけるダイジョウコ・地荒神・杜神をめぐって―」
　　『民俗学論叢2』相模民俗学会

岸澤美希 2018「関東地方の屋敷神―ウジガミとイナリ―」『民俗伝承学の視点と方法　新しい
　　歴史学への招待』吉川弘文館

桜井徳太郎 1977『霊魂観の系譜―歴史民俗学の視点―』筑摩書房

佐々木勝 1983『屋敷神の世界―民俗信仰と祖霊―』名著出版

高桑守史 1994『日本漁民社会論考　民俗学的研究』未來社

高取正男 1972『民俗のこころ』朝日新聞社

谷川健一編 1995『日本民俗文化資料集成 21　森の神の民俗誌』三一書房

千葉徳爾 1971『狩猟伝承研究』風間書房

千葉徳爾 1983『女房と山の神』堺屋図書

坪井洋文 1982『稲を選んだ日本人民俗的思考の世界』未來社

徳丸亞木 1987「山ノ神」『河内町史』河内町教育委員会

徳丸亞木 1990「屋敷神と先祖―屋敷神研究の予備的考察」『日本文化研究』2号

徳丸亞木 1993「漁民信仰論序説―フナダマ信仰を中心にして―」『歴史人類』21号、筑波大学
　　歴史・人類学研究科

徳丸亞木 2002『「森神信仰」の歴史民俗学的研究』東京堂出版

徳丸亞木 2005「神社合祀政策における氏神・祖先・「森」の認識―『全国神職会会報』を中心と
　　して」『歴史人類』33号

徳丸亞木 2006a「村所民俗記―宮崎県児湯郡西米良村の生活と伝承」『歴史人類』34号、筑波大
　　学歴史・人類学専攻

徳丸亞木 2006b「リョウドの人生」『山口県史　民俗編』山口県

徳丸亞木 2008a「家と神々の祀り」『日本の民俗5　家の民俗文化誌』吉川弘文館

徳丸亞木 2008b「山代白羽神社の山鎮祭〔岩国市美和町〕」『山口県の祭り・行事』山口県教育委
　　員会

徳丸亞木 2013「口頭伝承の動態的把握についての試論」『現代民俗学研究5』現代民俗学会

徳丸亞木 2014「豊漁を呼ぶフナダマ―〈漁運〉の獲得と御神体―」『歴史人類』42号、筑波大
　　学歴史・人類学専攻

徳丸亞木 2015「漁労活動と信仰」『常陸大津の御船祭』北茨城教育委員会

徳丸亞木 2016「現代の祭礼行事にみる民俗文化の内面化と儀礼の分節化―山口県下の祭礼行事
　　を事例として―」『歴史人類』44号、筑波大学歴史・人類学専攻

直江廣治 1966『屋敷神の研究』名著出版

波平恵美子 1984「水死体をエビスとして祀る信仰―その意味と解釈」『ケガレの構造』青土社

ネリー・ナウマン 1994『山の神』（野村伸一・檜枝陽一郎訳）言叢社

福田アジオ 1992『柳田國男の民俗学』吉川弘文館

堀田吉雄 1966『山の神信仰の研究』伊勢民俗学会

ミルチャ・エリアーデ 1968『大地・農耕・女性―比較宗教類型論―』（堀一郎訳）未來社

村武精一 1992『家と女性の民俗誌』新曜社

最上孝敬 1980『詣り墓〔増補版〕』名著出版

森　隆男 1996『住居空間の祭祀と儀礼』岩田書院

山形県教育委員会編 2009『庄内のモリ供養の習俗：「庄内のモリ供養の習俗」調査報告書』山形県教育委員会

安室　知 2005『水田漁撈の研究』慶友社

山口保明 1998「女猪狩りと猟犬の葬送儀礼」『自然と文化』60 号

山口保明 2000『宮崎の神楽　祈りの原質・その伝承と継承』

湯川洋司 2006「リョウドと海」『山口県史　民俗編』山口県

和田正洲 1982「聖地観」日本民俗研究体系編集委員会編『日本民俗研究体系第 2 巻　信仰伝承』國學院大學

2.3 諸職と神々 〔黒田迪子〕

2.3.1 職人の信仰

　職人の信仰についての総論としては、堀一郎と二田村佳子のものがある［堀1959；三田村 2008］。堀は、職人の神には職能祖神と技術守護神があるとしている。堀は、特殊な職業に固定した守護神として、酒造業にとっての京都の松尾神社、奈良県の大神神社、船乗りや漁業者にとっての香川県の金刀比羅宮や宮城県の塩釜神社の例をあげている。また、特殊な職業によって営まれる講として、炭焼、漁師、樵夫などの山神講、大工、左官、屋根屋、鍛冶屋、桶屋、樵夫、杣などの太子講をあげている。しかし、その一方で特定神が固定せずに一つの神の機能がいくつかに分化、あるいは転用されていろいろな職業神として信仰され、祀られる場合も生じてきたとして、山村民にも農村民にも信仰される山の神、インドから伝わり台所の守護神から福神や田の神、漁業の神、商業の神などとされたエビス神をあげている。これらには、職業の分化に伴って信者の側から職能神を選択して固定化させてきた場合と、神の方から職業にあわせて新しい機能を付加し、信者獲得に向かった場合の二つがあるという。

　三田村は、職人の神はその業種の始祖であったり、大切な道具の発明者であったりするとして、石工・大工・左官・鳶・建具師・瓦屋などの建築関係の職人、桶屋・棒屋・下駄屋・曲物師・箪笥屋などの木工関係の職人によって信仰されている聖徳太子の信仰、また、紺屋などの染物業に従事する職人に信仰されている愛染明王、そして、金属を扱う金工関係の職人とくに鋳物師や鍛冶屋に信仰されている金山神・稲荷神・荒神、さらに、木地屋に信仰されている惟喬親王と山の神について、それぞれの概要を紹介している。聖徳太子の信仰は、太子が法隆寺や四天王寺を建設したことから、曲尺を発明したからなどという伝承があるといい、聖徳太子像の中には曲尺をもったもの、手斧や鐋をもったものも存在しているという。講は聖徳太子の忌日である22日に寺や職人の家を宿にして集まって聖徳太子を祀るほか、2月か3月、または正五九（1月、5月、9月）、さらには籠屋のように材料の竹を切り始める前の10月に行っている例があるという。愛染明王の信仰は、一つは、音による語呂合わせで愛染のアイが藍に通じ、藍染と字の置き換えがされること、もう一つは、台座の宝瓶を藍甕に見立てたことによること

をその理由としてあげている。愛染明王の祭日は26日で、毎月のこの日を「二十六
夜様」あるいは「六夜様」というが、とくに正五九を大切に考えていたという。
この日は床の間に愛染明王の掛軸を掛け、御神酒・尾頭付き・水菓子などを供え、
仕事を早めに切りあげて風呂に入り、親方は職人にお膳をつけて一杯飲ませたと
いう。

　また、これらの総論でふれられていない職人の信仰について、たとえば長沢利
明は、東京の神田明神の境内に祀られている竹細工を生業とする籠屋職人の祭神
である塩土老翁と猿田彦大神を祀る籠祖神社についての調査を行っている［長沢
1987］。

（1）　大工の信仰―太子講

　職人の信仰の代表的なものとして、まず、大工を中心とした聖徳太子信仰があ
げられる。柳田國男は、今日、大工や杣人や木挽や石工などの団体となっている
太子講は、かつては他の職業にも広く行われていた痕跡があると述べている。ま
た、太子講の太子とは、聖徳太子のことであると今では考えられているが、実際
は神の王子という意味で、冬至はその降誕会だとするクリスマスと同じような信
仰があったらしいとも述べている［柳田 1963］。

　和歌森太郎は、太子講には3種類あるとして、次の三つをあげている。

　①関東北部から中部地方、山陰方面、南九州に伝えられている民間の年中行事
として小豆粥や団子に長短のある不揃いの箸を並べる講

　②四国を中心に中国地方にも及ぶ、戸主たちが集会して弘法大師をまつり飲食
をともにする講

　③大工、左官、鍛冶職、桶屋などの職人が聖徳太子をまつり飲食しながら賃金
勘定などの申し合わせをする講

　和歌森は、茨城、神奈川、静岡、長野、石川の太子講の事例をあげた上で、こ
れらの特徴は、ものさしをたずさえた女体に近い聖徳太子の姿を稚拙に描いた掛
物を掛けて飲食する点であると指摘した。また、職人の太子講は、木材関係のも
のが太子信仰をもち太子講をなしている場合が多いとして、この背景には法隆寺
に所属した大工仲間が太子信仰をもって活躍していたことが他の職人にも影響を
及ぼしたのではないかと推察している。また、①と②の講と③の講の起源は別で、
それが混線して今日のようにタイシコウとダイシコウがあるのではないかとも述
べている［和歌森 1950］。

　また、吉原健一郎は、江戸時代の職人による太子講の記録を中心に、太子講にもバリエーションがあることを指摘している。本所・深川地域の木挽組の太子講について記した天保12年（1841）の「太子講之帳」には、正月22日に大寄合を行った後、同26日に中組・北組・南組がそれぞれ会合を行い、大寄合で仲間全体の基本的な方針を定めた後、ついで3か所それぞれの集会でそれを確認し、材木屋に挨拶が行われたとあるという。特に正月と7月には挽賃などの取り決めがなされ、材木仲間と交渉する必要があったため、太子講は材木屋仲間に対する要求組織という側面があった。他方では仲間内部の不満を抑えつける組織という側面があり、その双方から理解されるべきであろうという。また、安永2年（1773）の天王寺の聖徳太子像の出開帳や、文政5年（1822）の聖徳太子に関連した3か所の開帳の際の記録を参照すると、その奉納品が豪華なものであったことから、職人たちの対応は非常に熱烈で、派手なものであったことも紹介している。その他に、愛知や千葉、神奈川などいくつかの民俗事例をあげた上で、職業や地域によってその特色があることを指摘し、「全体として太子講とは職人集団が仲間の結束を強めるための信仰組織、信仰行事であった」としながらも、「太子講の組織内部は時代によって種々の変化をみせるのであり、こうした点を信仰集団の変容の問題として、より具体的に検討していく必要があると思われる」として、時間軸、地域軸の両方から太子講について検討していく必要性を述べている［吉原1992］。

　なお、職人に限らない太子講については、林幹彌『太子信仰―その発生と発展―』［1972］が南都西大寺中興の祖叡尊（1201-1290）の事績を中心に歴史的な追跡を行っている。

　兵藤裕己は、今日伝承されている職人の聖徳太子信仰は、中世の各種の職人「道々の者」たちの太子信仰のなごりといえるものであるとしており、真宗門徒と太子信仰、山の狩猟民、ワタリの民、真言系修験などとの関連に言及している。すなわち、聖徳太子を信仰的（神話的）紐帯とする卑僧の集団、それをとりまく各種職人や賤民の集団を配下におくことは寺院経営上の重要な課題であり、支配のための寺方の優位、政治的支配の正当性の主張を説くために聖徳太子伝記や注釈書類の作成が行われたという。そして、柳田の「史料としての伝説」に惟喬親王信仰以前に聖徳太子信仰があったという記述にふれた上で、惟喬親王縁起が太子信仰を駆逐する形で流布する過程とは「中世的な「諸職諸道」が分断、解体される過程であり、それは、近世権力による一向宗寺内―その中核となった太子講

衆一の解体という政治史的事件とも表裏する問題であった」と述べている［兵藤 1989］。

（2）　木地屋の信仰―惟喬親王

　木地屋の信仰する惟喬親王とは、文徳天皇の第一皇子で実在の人物である。第一皇子でありながら第四皇子の惟仁親王に皇位を奪われ、山城国の小野に隠遁したといい、轆轤の発明や椀の製作方法を発想したために木地屋の信仰を集めたという伝説がある［須藤 1999］。

　柳田國男は、木地屋の苗字である小椋姓の分布から、木地屋の移住史について説明できるのではないかと考えていた。もとは、木地屋は移住する必要はなかったが、さまざまな場所に居住したことには何かの理由があったはずであると考えたのである。柳田によれば木地屋が惟喬親王を祖神とするようになったのは次の3点を経てのことであるという。

　①小野宮または小野明神という神が広く祀られていた。

　②小倉庄でも①に基づいて小野宮が起こった。

　③惟喬親王は山城国の小野に住居し、小野宮といったのでそれと混同された。

　しかし、惟喬親王が轆轤の発明と結びついたのは意外なことだと柳田は述べている。惟喬親王の伝説が諸国で発生した理由は、伝説を持ち歩いた者がいたからだという。柳田は、惟喬親王信仰の聖地である蛭谷、君ヶ畑でも、惟喬親王の伝説が固定する以前は木地屋のあいだに聖徳太子信仰があったと考えている。柳田は『史料としての伝説』［1957］刊行の際に、君ヶ畑と蛭谷への採訪経験のある者たちによる座談会を行ったが、その中でこの伝説の成立を江戸時代初期よりも前のものだろうとしている。それは「本朝物語」の中に君ヶ畑のほか、伊勢の別の地にも同様の伝承があることが書かれているからだという。惟喬親王は小野宮と称されるが、もとは滋賀県に小野氏という立派な貴族があったのが、猿女氏と縁組ばかりして乗っ取られてしまい、冒険心の強い何処へでも出掛けていくという風になってきたということ、能登の方に近い小野から、移住しやすい人種がいてそれが入ってきたということが、直接ではないにしろ影響したのではないかと述べている。柳田は惟喬親王伝説に関する今後の研究の展望を「単に技術の問題とか、山村のひどい生活の特異性を解くだけでなくて、なぜ日本にこんなに大きな影響を与えておるかと言うことを研究すると言う位に、大きく成長させる様にして貰いたいと思う」と述べ、「木地屋だけでなく、記録に少しずつ現われている民

族の国内移動というものを、すこし調べると言う風に持つて行つたらどうだろうと思つてるわけです」としている。

　野村純一が徳島県那賀郡木頭村北川部落の木地屋を訪れた時、5点の文書が伝わっていた。それらは惟喬親王や小野宮、そして筒井八幡宮との結びつきを説いたものや、轆轤師の商売を保証するという内容のものであった。なかでも、筒井八幡宮の銘が入っていない一つが最も古いもので、それは筒井八幡宮の支配が行われる以前のものと推定している［野村1961］。こうした文書について、網野善彦は次のように述べている。「職人が諸国を自由に通行・交易する特権は鎌倉期から平安期にまでさかのぼることは史実とみてよいが、室町期に入ると多少とも伝説的になり、職人たちはその特権の由来、職能の起源を特定の権威ある人物と結びつけて語る由緒書を作り、所持するようになる。そして、西国の場合、その人物は神話・伝説上の人を含む天皇・皇后・皇子などであり、その具体例のひとつとして惟喬親王があげられている」［網野1998］。

　橋本鉄男は、惟喬親王信仰の聖地である近江の小椋谷に伝わる旧記「親王縁起」「御縁記」をもとに、その成立に関して、それぞれがより古い年代・出来事をあげて正当性を誇示していることを指摘している。現在蛭谷に残っている『氏子駈帳』と呼ばれる記録は正保4年（1647）が一番古いものだというが、それよりも古い年代の事柄が語られているという。これらの旧記には惟喬親王が法華経の橋軸から思いついたのがろくろで、付近の山民に使い方を指導して生業の資としたのが木地業の初めだと書かれてあるという。そのために惟喬親王は木地屋の祖神やろくろの神様だとして崇められることになった。このような伝承には、惟喬親王以外の人物を主人公としたものが数多く分布しているとして、杉本寿の『木地制度研究序説』をもとにして下野国から日向国までの人名をあげている。そして、橋本は、柳田の「史料としての伝説」の中での宮城県の木地屋に伝わる縁起と小椋谷に伝わる縁起の出所が必ずしも一致していないという指摘に対して、小椋谷の両村の「御縁起」と「親王縁起」の「ろくろ」についての記述を検討している。それによると、どちらにも「ろくろ」という言葉は見当たらないという。しかし、『愛智太山草』の注釈や小椋谷の頭領筋であった大岩氏家伝の秘言にろくろは惟喬親王が掛軸の軸を見て発想した旨が出てくるので、柳田の、もとは惟喬親王とろくろの発明は結びついていなかったという指摘は誤りであろうと述べている［橋本1979］。

　今日においても、惟喬親王信仰に関する研究は続けられている。木村裕樹は、明治時代に編纂された山中漆器の由緒が漆器産地に対して果たした役割について考察した。木村によれば、山中漆器を作る木地屋の由緒がみられるのは明治 44 年（1911）の『石川県山林誌』で、その中で惟喬親王を木地屋の祖とする説、平兵衛という工人を木地屋の祖とする説、そして真砂村で木地屋の技術が発展したとする記述、が確認できるという。そして、ここ山中では、もとは木地屋のものであった惟喬親王が漆器業に関わるすべての業者で共有され、「祖先」として読み替えられていったことを指摘している［木村 2007］。また、木村は、現代の山中漆器産地（石川県加賀市）において、親王にまつわる由緒がどのように認識されているのかを調査した。山中漆器の起源は当地の各所に設置された記念碑や看板には、惟喬親王によって伝来したもの、20 km ほど離れた真砂村の木地師から伝来したもの、椀貸伝説と関連があるかもしれないと説いたものなど、いくつかの種類があるという。なかでも山中漆器の産地に居住する人たちの間では真砂村が起源だとする内容は、共通して記載されているという。しかし、真砂村の住人にとって、木地屋と惟喬親王の結びつきは彼らのアイデンティティの拠り所ではないという。だがその一方で、現在、当地で惟喬親王を祀る東山神社において行われている秋季例祭のうち、漆器感謝祭と塗師屋祭は、山中漆器連合協同組合の祭事となっており、そこで宮司や住職によって惟喬親王や虚空蔵菩薩にまつわる由緒が語られており、惟喬親王の由緒は、東山神社を中心に現代の山中漆器生産地にとって不可欠の、「伝統性」の一要素として機能していると指摘している［木村 2008］。

（3）　鍛冶屋の信仰

■鍛冶屋の祭神

　鍛冶の神はいくつかあるが、これまでは神ごとの研究が主で、石塚尊俊や牛尾三千夫のそれが代表例である。それらを参考にしながらここでは筆者の作業例の一部を紹介してみる。筆者は、青森県から鹿児島県までの市町村市史誌類から、鍛冶屋の祭であるふいご祭りについての情報を収集整理し検討してみた［黒田2015a］。

　その結果、どの神を信仰しているかには関係なく、祭日は旧暦 11 月 8 日の冬至とするものがもっとも多く、ふいごが天から降りてきて木に引っかかったとする伝承が多く存在すること、その木をみかんの木とするものが多く存在することが確認できた。そして、その冬至という祭日とみかんという要素について、それは

鍛冶の火に対する強い信仰を伝えてきたところに由来するもので、記紀神話の非時香木実（トキジクノカグノコノミ）、万葉集巻六の歌（1009）、清涼殿の右近の橘・左近の桜（もとは梅）、『類聚雑要抄』に収める崇徳天皇の正月御膳の鏡餅と柑橘、などをはじめとする歴史情報と、ふいご祭りでのみかんの供物や子どもたちへのみかんまきの民俗情報とから、冬至の一陽来復の信仰にもつながっているということを論じた。そして、鍛冶屋の祭神についても追跡して、それは一つだけでなく次の五つの系統があることがわかった。

　①金屋子：金屋子神を鍛冶の神とする信仰は、鳥取県、島根県、広島県など古くからたたら製鉄がさかんであった中国地方に濃密な分布をみせる。この神名の初見は、広島県北広島町の「井上家文書」のうち「金山の祭文」（1541年）の「かなやこの神」と考えられている［岩田1990］。その内容は鍛冶屋をはじめとする金工の徒の金屋子のわざを成就する祈願で、金山太郎という名称もみえる。一方、伯耆国の下原重仲が記した『鉄山必要記事』（1784年）の金屋子神は、陰陽道的な世界観も冒頭に少し描かれるが、近世的な日本書紀神話の影響を受けて、金山彦や天目一箇神という神名もみられる。これについて柳田は、鍛冶屋の移動生活の末、留まった地の神社に金山彦命という神名が充てられたものと考えている［柳田1925］。牛尾三千夫も金屋子社がなかなかその鎮座をみなかったのは鍛冶屋の移動生活にあったものと捉えている［牛尾1941］。

　②金山：金山は、関東地方の栃木、茨城、埼玉の各県から中部地方の静岡県まで広く、また奈良県と中国、四国、九州の各地方に少しずつみられる鍛冶の神の名前である。金山は金屋子とは別の神名であると考えられる。金山は、「金山の祭文」（1541年）にみられる金山太郎と、高知県下でみられる金山次郎［高木1989］とも通じるものと考えられ、中世からの古い信仰である。この金山という神名は、今日では金山彦を連想しがちであるが、それとは別である。現在、岐阜県の南宮大社の金山彦命が鍛冶屋のほか、金属加工者の祭神として信仰を集めているが、そこで行われている11月8日の鍛錬式は近世の記録類には全く見られず、近世までさかのぼれるほど古いものとは言えない。柳田の言うように祭神が日本書紀の神話に登場する神名へと読み替えられてのことと考えられる。

　③稲荷神：稲荷神を鍛冶の神とする信仰は、関東地方と中国・四国・九州の各地方にみられる。稲荷を祭神とするのは、謡曲「小鍛冶」（16世紀）にみえるように、京都の伏見稲荷大社を中心に広まった信仰であると考えられる。謡曲「小

鍛冶」は、三条小鍛冶宗近のために稲荷の化身が天下って、向こう槌を打ってくれ、天皇に献上するための立派な刀剣ができたため祭神とするという話である。しかし、近世の「本朝諸社一覧」(1685年) には稲荷神が天下ったとする伝承を否定する記述が見られる。鍛冶の神の天下りの伝承はもともと金屋子神に付随していたもので、天からふいごが下りてきてみかんの木に引っかかったという伝承を伴っている。稲荷神の伝承の中に、謡曲「小鍛冶」では天下りの話があり「本朝諸社一覧」(1685年) ではそれを否定しているというのは、稲荷神が鍛冶の神とされていく過程で、もともと鍛冶の神の金屋子神がもっていた神の天下りという話が謡曲「小鍛冶」の中に取り込まれたことに対する異議の表明でもあったと考えられる。鍛冶と稲荷神についてはほかに、「本朝諸社一覧」(1685年) に見られる埴土を用いるとよい刀ができるとする伝承があるが、それは具体的な埴土という物質を伴っており、独自の伝承であったために、18世紀後半の「牛馬問」まで根強く伝承されたものと考えられる。

④天目一箇神：天目一箇神を祭神としているのは、徳島県、愛媛県、山口県、福岡県に限られている。なかでも徳島県には濃厚な分布を見せる。天目一箇神は、日本書紀では作金者として登場する神であり、そのために鍛冶屋の祭神とされたと考えられる。その名が表すように一つ目の神であり、日本書紀の時代からの古いものと考えられやすいが、地域的にも事例数の上でも一部に限られているという伝承の実態からみればその可能性は少ない。柳田國男はこの神について、多度大社の例を挙げて鍛冶の神とされたのは比較的新しいことであるという見解を示している [柳田 1931]。

⑤荒神：鍛冶の神として荒神が信仰されているその分布は、東北地方の岩手、秋田、宮城にみることができる。単なる荒神と、三宝荒神という二つがあるのが民俗伝承の実態であるが、文献上で早い例は、平安時代11世紀の『水左記』の荒神祓という形であった。その次が鎌倉期12世紀の『真俗雑記問答鈔』の荒神供という形であった。13世紀から14世紀の中世の多様な神仏信仰が混沌としていた状態のもとで、天台密教の十禅師や宇賀神に比定される形で荒神の信仰が生まれてきたと考えられる。それに陰陽五行の信仰も混淆して、土公神との習合により、竈神としての荒神や三宝荒神の形が展開してきたものと考えられる。その三宝荒神については、『神道雑々集』の記事が早い例である。そして、その由来については、『簠簋内伝』の「三神」、『仏説大荒神施与福徳円満陀羅尼経』の「三鬼」、「竈

神祭文」の「三マヤキャゥ（三昧耶形）」などからきている可能性が高い。そのために、竈の神から火の神へ、そして火の神から鍛冶の神へ、という連想から、荒神や三宝荒神が鍛冶の祭神へとなったものと考えられる［黒田2017］。

■ふいご祭りの現在

　今日、こうした鍛冶の神を祀っているのは鍛冶屋だけではない。鉄工関係者以外の人々も金屋子神を祀っている。それは、一つはかつてたたら製鉄で財をなした家の人々である。中国地方では明治40年（1907）の神社合祀の指令以降、神社の集約がなされた。たとえば島根県邑南町矢上の椙尾八幡宮に合祀された金屋子神の社などがそれである。この金屋子神社は椙尾八幡宮の例大祭の中においてではなく、数軒の氏子のみで9月28日に祀っている。それはふいご祭りという名称で行われておらず、例祭として行われている。神社の名称は金屋子神社となっているものの、祭神は金山彦神、金山姫神となっている。また、邑南町麦尾の5軒の氏子のうち、佐々木家では、たたら製鉄の遺跡を保存しており、また金屋子神のご神体として鉄の残滓を祀っている。

　そして、近代的な鉄工関係者も鍛冶屋の祭りであるふいご祭りを執り行っている［黒田2015b］。その一例は群馬県太田市で鍛冶屋から鉄工業へと転身した今井秀一郎氏の会社である。今井氏の会社では自分の会社だけで先祖が伝承してきたカナヤマサマを信仰し、今でも先祖伝来のカネヤマサマの図像を掲げてふいご祭りを行っている。カネヤマサマの様相は刀剣や弓を持った3面6臂の憤怒の神である。もう一つの例は、もと織物業から転業して自動車部品などを製作している会社が中心の栃木県足利市の足利鉄工団地協同組合である。足利鉄工団地協同組合では、金属加工業の祖神として金山神社を敷地内に祀り、周囲の人の見学やマスメディアの取材も受け入れながら、岐阜県の南宮大社の影響を受けて形を整えたふいご祭りを今日も伝承している。ここではみかんが今も重要な供物となっている。

2.3.2　商人の信仰

　商人の信仰について、堀一郎によれば、商家の家訓や店則の類は、神仏に信心深くあるべきことを教えているが、特定の神仏を規定したものは少ないという。それは、商業にまい進すべきことが中心で、商家の祖神や職業技術の祖神の伝承や信仰を特に強調する必要がなかったからだという［堀1959］。

(1) 市 神

　堀一郎によれば、市はすでに『魏志』倭人伝の中に求められる。市の神の文献上の初出は延暦14年（798）に藤原冬嗣によって宗像の三女神が祀られたという記述が最も早いものであるという。この宗像の三女神を祀ることは、江戸中期の『類聚名物考』にも見られる。また、同書には住吉の神や道祖神などを市神として祀るのは僻事であるとも記してある［堀1959］。

　長井政太郎は、長野県と山形県の市神の調査を行い、山形県には68か所に市神が祀られており、そのほとんどは城下町に祀られているが、中には市が立つような場所ではない福原村諏訪神社や慈恩寺といった場所でも発見できたと報告している。山形県内の市神は楕円型の自然石が多く、市神と彫られているものは小松慈恩寺、長井、鮎貝の限定されたものであった。ほかにも、板塀や傘石が乗せられた六角系のもの、繭形のもの、木像といった変わった形状の市神もあったという。市神の祭りの多くは正月の初市に行われることにも触れ、その具体例をいくつかあげた上で、市神研究は市の分布を知る手がかりになると述べている［長井1947］。加えて山形県内の市神について、その形状や祭日を調査し、次のような指摘もしている［長井1982］。

　①市神はもともと市場の印石として設けた石神であり、記紀に見える神名がつけられたのは後世である。

　②市神はもともと道路の真ん中に半埋めになっていたのが、交通に伴って神社へ移転されたものが少なくない。

　③市神は山形県内では村山に一番多く、庄内には一つもないのは、酒井藩が回収したためであろう。

　北見俊夫は、「市神の残存は、その前代の市場の分布を知る重要な手がかりを与えることがしばしばある」として、往時の市の場所とは違う場所に追いやられている場合もあるが、市神と呼ばれる自然石は「ある時代に市立ちのあったことを物語る記念碑ともいうべきもの」だとしている。典拠は明示していないものの、市神の残存は「主として東北、北陸、中部地方は信州に見られ、九州南部や関東にも若干認められる」としている。市神の具体的な神名についても、「厳島神社の祭神である市杵島姫とされるものが圧倒的に多数をしめている」としている。また、エビス神と称する例も多く、その他にも大国主神、事代主神、市女姫、大市姫、弁財天、絹笠大明神といった神名が見られるという。しかし、その一方で名

前の与えられていない自然石が市神とされているものも多数あるという。これらの傾向は、「関西方面に古くから市杵島姫や事代主命、宗像神、夷などを祀っている例が多」く、「市・市神の残存の多い山形県下には、いろいろの神名が複雑に分布している」という。北見も長井と同様に「今日見られる市神の所在、その環境、その市の開市の時代や神体そのものなどから判断して、神名が刻まれていない素朴な自然石の方が古いと考えてよいであろう」としている。市神に女性神名が多いことは、イチがイタコ、イチコ系統の言葉、性格に結びつく可能性があること、市に立つものが女性である場合が圧倒的に多いことと結びつくのではないかと北見は述べている。そして、恵比寿・大黒を祭神とするようになったのは、商業的利益追求に重点がおかれるようになってからのこととしている［北見1970］。

　市神の全国分布に注目した中村義一は、市神について全国的な事例の比較検討を行い、以下の5点を指摘している［中村2004］。

　①市神の規模様式には、自然石を市神にするものから、神職の常勤する神社まで種々のものがあり、自然石などの石の市神、小祠、常勤の神職のいない小規模な神社、常勤の神職のいる本格的な神社、の4者に分類できる。自然石などの（素朴な）石の市神は東北に多く、（社殿があったり、神職がいたりする）充実した神社は主として関西に立地する。

　②市神として何を祀るかは、かなりの地域差があり、祭神を特定しない場合の多い東北、各種の祭神が混在する関東と中部、恵比寿が多いが大市姫命もある関西、全面的に恵比寿である西日本、というふうに4者に地域区分できる。

　③市神の現況という面から、今でも市場の神である、市がなくなったので、商業の神・地域の神として祀られる、祀る人がなく放置されている、の3者に分類できる。

　④市神を祀る位置として小祠の場合、路傍や広場に祀ることが多い。近世には道路中央に祀ることが多かったが、交通量の増加で神社境内に移された。

　⑤市神が多く分布する地域と、全く存在しない地域がある。市を立てるには、市神を祀ることが必要という意識があるか、ないかに基づくと考えている。

■市神とエビス神

　加藤幸治は、市神を「市において様々な目的のために祀られる祭祀対象一般」と定義して、近世の市神の性格の変化と、近代における市神祭祀の意義を検討した。具体的な事例として、旧熊本藩域でのエビス神祭祀と近世の定期市、近世か

ら近代に継続する年市を取り上げている。市神祭と市神の性格について「中世においては地域は若干異なるが、市立てに際してエビス神が祀られ、祀られた神は市の場を保証するための祭祀と、市の統括権を明確にする儀礼としての意味の、二つの意義があった。すなわち市神祭は市に関わる異なる集団のコミュニケーションを媒介する場であったと考えられる」と述べている。また、近世中期までの熊本藩の諸資料から、市神祭としてエビス神祭祀がハツイチ（初市）で行われていたことを指摘し、「近世の町場でのエビス神祭祀は、すでに市神としての性格から商売繁盛の祈願対象に変化していると考えられ、それが初市という賑わいの場と不可分であった」とも述べている。その後エビス神祭祀はハツイチから独立し、エベッサンあるいは恵比須祭として別に行われるようになった。その経緯は不明としつつも、「市のない町でエビス神が祀られるのは、エビス神を「商業繁盛の神」としての性格で祈願することが通例になってからであろう」とした。また、「エビス神の祭祀は、市に関わる複数の集団を結びつける市神祭から、個別共同体の共同祭祀の場であるいわゆるエビス講に変化することで、地域の共同体に定着していったと考えられる」としている［加藤 2000］。

　以上のように、先行研究では市神の配置や形状に言及したものが多く、祭りについて触れられているものはわずかだが、市神の祭りについても興味深い事例があり、今後詳細な比較調査が必要と考えらえることも言い添えておきたい。秋田県大仙市の刈和野では市神の大綱引きが行われており、その内容は旧暦 1 月 15 日の夜に町内を二分して綱引きを行い、上町が勝てば米の値段が上がり、下町が勝てば豊作になるというものである。また、福井県敦賀市西町では、市神ではなく、エビスと大黒による大綱引きが行われている。これもまた市神の大綱引きと同様に、小正月に行われ、エビス方が勝てば豊漁、大黒方が勝てば豊作になるというものである。

■稲荷神・エビス神・厳島神

　商売の神として信仰を集めているものには、稲荷神、エビス神、厳島神などが多いが、それぞれ、稲荷神については、柳田國男［1949、1962］、宮田 登他［1999］など、エビス神については柳田國男［1949］、宮田 登［1972］、長沢利明［1989］、田中宣一［2007］など、厳島神については宮原 彩［2004］などの研究があるのでぜひ参照されたい。

（2）　近江商人の信仰

　蔵並省自は、近世商人が仏教信仰に対してどのような態度をもって生活していたかを考察した。近世における商人は封建制度のために生活を脅かされる立場にあり、不安があったため、それを払拭するために神仏に頼り信仰を深くし、商業繁栄などを求めるなどの信仰が盛んになったという。なかでも、近江商人は「始末を本旨とし、無益の出費を嫌うものが、神仏に対し喜捨を惜しまない所以は、その動機を信仰に帰せざるを得ない」として、名古屋の伊藤家の『家訓録』の「毎日暫時成共神仏に可致礼拝候、人々思い寄りの仏菩薩の名号一遍なり共唱可有候」、そのような心がなければ人間の皮を着た畜生同然である、という記述を紹介している。このように商人が現世利益を追求した背景には、商業—営利行為を人生活動の中心においていたことがあったためだという。それを表した一文として、『町人考見録』の「誰もみな家を富し、眷属をよく撫育して、長命を得て、天然にまかせ臨終を得ば、是則即身成仏ともいはむ」という記事をあげている。また、井原西鶴の『日本永代蔵』の「世は皆富貴の神仏を祭る事人のならはせなり」とあるのは、商人の信仰の実情であり、商売には運・仕合が連関する可能性も出て来、ここに商人の間に福神の信仰が流行した理由があるといい、「若恵比寿・大黒殿・毘沙門・弁財天」の名が見えるという。だが、その一方で信仰には功利的な面も見え、同じく『日本永代蔵』には、菊屋の善蔵という今まで一度も社寺に参詣したことのない人物が、寺への新しい戸帳の寄進と引き換えに得た古い戸帳を売って多額の利益を得たという、信仰が営利の手段となっているという記述もあるという。商人の戎講は同業者の親睦と共同という面が強いとも述べ、商人の信仰には実生活と結びついて行われているところが多く、それは「商行為が商人の中心を占める立場であるから、これを疎かにし、これを無視しての信仰は、商人の立場を危うくするものとして戒められた」からだとした［蔵並 1958］。社会学の内藤莞爾も、マックス・ウェーバーの『プロテスタンティズムの倫理と資本主義の精神』をもとに、近江商人の経済倫理には、自利利他円満の理想という浄土真宗の影響がみられると論じている［内藤 1978］。

　なお、近年の研究には、窪田和実の「盛岡の近江商人—村井市左衛門家にみる家業継承と仏教信仰」［2007］と「近江商人と仏教信仰—塚本四郎の企業家精神—」［2010］がある。紙幅の都合でその内容はここに記すことができないが、ぜひ参照すべき論考である。また、飯田友子「近世上方商人の仏教信仰」［2006］も参照さ

れるべき論考である。

【参 考 文 献】

網野善彦 1998『東と西の語る日本の歴史』講談社（『網野善彦著作集』15 巻、岩波書店 2007）

飯田友子 2006「近世上方商人の仏教信仰」『密教學』42 号、種智院大学密教学会

石塚尊俊 1941「金屋子神の研究—特に鑪を中心に—」『國學院雑誌』47 巻 10 号、國學院大學

岩田　勝 1990『中国地方神楽祭文集』三弥井書店

牛尾三千夫 1941「金屋神の信仰—伯備線以西の地方をその資料として—」『國學院雑誌』47 巻
　10 号、國學院大學

加藤幸治 2000「市神祭と市神の性格の変化—市神から商業繁栄の神へ—」『帝塚山大学大学院
　人文科学研究科紀要』創刊号、帝塚山大学大学院人文科学研究科

北見俊夫 1970『市と交易の民俗』岩崎美術社

木村裕樹 2007「近代における山中漆器の沿革と惟喬親王像の創出」『京都民俗』24 号、京都民俗
　学会

木村裕樹 2008「復活する伝承—現代における山中漆器の沿革をめぐる新しい動き」『京都民俗』
　25 号、京都民俗学会

窪田和美 2007「盛岡の近江商人—村井市左衛門家にみる家業継承と仏教信仰」『佛教文化研究所
　紀要』46 集、龍谷大学

窪田和美 2010「近江商人と仏教信仰—塚本四郎の企業家精神—」『経済社会学会年報 XXXII 宗
　教と経済社会』現代書館

蔵並省自 1958「近世近江商人における仏教信仰について」『立正文学』21、22 号、立正大学史学
　会

黒田迪子 2015a「ふいご祭りの伝承とその重層性について—祭日・祭神・供物を中心に—」『國
　學院雑誌』116 巻 8 号、國學院大學

黒田迪子 2015b「鍛冶屋・鉄工所・鉄工団地への変化とふいご祭りの伝承—足利鉄工団地協同組
　合、大田西武金属協同組合の事例から—」『國學院大學大学院紀要』47 輯、國學院大學大学院

黒田迪子 2017「荒神—障礙神から竈神へ—」『東アジア文化研究』2 号、國學院大學大学院文学
　研究科

須藤　護 1999「惟喬親王」『日本民俗大辞典』上、吉川弘文館

高木啓夫 1989「金山・鍛冶神の系譜—土佐天神鍛冶祭文と備前福岡鍛冶と—」『土佐民俗』53
　号、土佐民俗学会

田中宣一 2007「松平のエビス信仰（下）—西宮恵比寿神社の神札頒布にかかわらせて—」『日本
　常民文化紀要』第 26 輯、成城大学大学院文学研究科

内藤莞爾 1978「宗教と経済倫理—浄土真宗と近江商人—」『日本の宗教と社会』御茶の水書房

長井政太郎 1947「市神と市神祭」『民間伝承』11 巻 6 号、7 号

長井政太郎 1982「市神」『山形の市の研究』国書刊行会

長沢利明 1989「籠屋の神」『東京の民間信仰』三弥井書店（初出は『日本民俗学』171 号、日本
　民俗学会 1987）

長沢利明 1989「商人のエビス講とベッタラ市—東京都中央区大伝馬町—」『東京の民間信仰』三

弥井書店

中村義一 2004「市神考」『駒沢地理』40 号

野村純一 1961「惟喬親王ノート―阿波の木地屋の消息とその文書」『日本文學論究』20 号、國學院大學國文學會

橋本哲夫 1979「「ろくろ」の神様」『ろくろ』法政大学出版局

林　幹彌 1972『太子信仰―その発生と発展―』評論社

兵藤裕己 1989「神話と諸職―中世太子伝・職人由緒書など―」『日本文学』38 巻 2 号、日本文学協会

堀　一郎 1959「職業の神」『日本民俗学大系 8　信仰と民俗』平凡社

三田村佳子 2008「職人の生き方―技と信仰に支えられる職人気質―」『日本の民俗 11　物づくりと技』吉川弘文館

宮田　登 1972『近世の流行神』評論社

宮田　登他 1999『稲荷信仰事典』戎光祥出版

宮原　彩 2004「下関の伊崎のカネリ（頭上運搬業商者）と厳島信仰」『民俗宗教の生成と変容』岩田書院

柳田國男 1962「狐飛脚の話」『定本柳田國男集』22 巻、筑摩書房（初出は『狐猿随筆』創元社 1939）

柳田國男 1963「一つ目小僧その他」『定本柳田國男集』5 巻、筑摩書房（初出は「一つ目小僧」東京日日新聞 1931）

柳田國男 1963「田の神の祭り方」『定本柳田國男集』13 巻、筑摩書房（初出は『民間伝承』13 巻 3-5 号、1949）

柳田國男 1963「百姓恵比須講」『定本柳田國男集』13 巻、筑摩書房（初出は『年中行事』日東出版社 1949）

柳田國男 1963「明治大正史 世相篇」『定本柳田國男集』24 巻（初出は朝日新聞社編『明治大正史 Ⅳ 世相篇』朝日新聞社 1931）

柳田國男 1968「炭焼き小五郎が事」『定本柳田國男集』1 巻、筑摩書房（初出は『海南小記』大岡山書店 1925）

柳田國男 1998「史料としての伝説」『定本柳田國男全集』14 巻、筑摩書房（初出は『史料としての伝説』村山書店 1957）

柳田國男・関　敬吾・西角井正慶・池田弥三郎・加藤守男 1998「木地屋の話（座談会）」『定本柳田國男集』14 巻、筑摩書房（初出は『史料としての伝説』村山書店 1957）

吉原健一郎 1992「聖徳太子と職人」『仏教民俗学大系 8　俗信と仏教』名著出版

和歌森太郎 1957『はだしの庶民』有信堂（初出は『博物館ニュース』35 号、1950。原題：「古代の履物」）

2.4 石の神仏

2.4.1 『石神問答』と『郷土』石特輯

　路傍や寺社境内などに建立されている石造物には、多種多様なものがある。いくつかを具体的にあげるなら、寺社の玉垣、寺社号塔、鳥居、燈籠、手水鉢、何らかの目的をもって建てられた宝篋印塔や層塔、五輪塔、像容や文字によって表現された神や仏など多種があり、また同一種のものも、その形態などを見ていくと多様な姿をもっている。

　一方石材は、城郭や棚田・段々畑の石垣、猪垣、建物の礎石、さまざまな記念碑にも使われ、また、死者の埋葬や供養を表象する墓塔にも使われている。日本列島での石材利用は旧石器時代から確認でき、それは現在も続いており、長い歴史をもっているが、民俗信仰[1] の対象として、あるいはその表象として存在する多くは江戸時代以降に建立された石神や石仏である。

　こうした石神・石仏についての民俗研究は、明治43年（1910）に出版された柳田國男の『石神問答』がその初期のものということができる。この書冊は、よく知られているように明治42年（1909）9月15日から翌年の4月9日までの山中笑（共古）、白鳥庫吉、佐々木繁（喜善）、伊能嘉矩、喜田貞吉、緒方小太郎らと柳田との往復書簡によって構成されたものである。ここではシャグジに端を発し、柳田は山中に「シャグジの起原は石の神なりとする御考証には未だ心服仕る能はず候に付試に疑点を申し述べ候」（[柳田1910]、ちくま文庫全集15、35頁、1990）というように、次々に疑問、論証、反証を繰り返しながら論点を展開させている。シャグジは石神か、という疑問が書名にもなるのであり、おもに文献記録にある神々の伝承や地名などをもとに、岐神、道祖神、猿田彦、荒神、姥神など、境界の神々を見出している。

　柳田が山中に出した明治43年1月15日付けの書簡では、道祖神はクナドノサヘノカミという『日本書紀』の名称からも、これは「邪悪神の侵入を防止せんとする受動的の意味」であり、またこの神を山の中などにも祀るのは「山に居り山より降り来たる邪悪神を阻塞して、邑落の平穏を期するが為の神事」（[柳田1910]、ちくま文庫全集15、94頁、1990）というように、道祖神は境界鎮守、防境神であるというのであり、現在も定説となっている道祖神の境界神としての意

味づけは、『石神問答』によって行われている。

　『石神問答』は、大きな社や堂宇をもつ神や仏ではなく、各地で石や小祠として祀られる神仏に着目し、その考証を試みたものである。こうした意味においては、民俗学における石神・石仏研究の開始はここにあるといえるが、『石神問答』における石神・石仏の考証は、その信仰内容、来歴などの由来伝承、祀られ方に主眼がおかれており、石を素材として表現された神仏の形状とか、石を用いることの意味などは論じられていない。民俗学における石神や石仏の研究、たとえば道祖神や庚申、地蔵信仰などの研究が、それぞれの信仰内容、由来伝承、祭祀実態を中心とし、石造物としての神仏の形状や像容などへの関心が薄かったのは、『石神問答』など柳田の関心のありようからの影響と考えられよう。

　「石」をめぐる民俗信仰の研究として、最初に取り上げておくべきもう一つは、昭和7年（1932）7月に雑誌『郷土』第2巻1〜3号合冊として発刊された「石」特輯号である。これは池上隆祐を編集・発行者として郷土発行所より出版されたもので、同一内容のものが、雑誌とは別に『石』という書名を付して岡書院から発売されている。370頁余のもので、その扉には「柳田國男先生の旧著『石神問答』を機縁として此の一巻を編む」とある。『郷土』で石特輯を企画したのは、池上隆祐の「後記」によれば、柳田の最初の著作が『石神問答』で、これが日本の「民間伝承の学」の最初の本であることから、柳田の学恩への報謝のためだという。

　明治42年（1909）の『後狩詞記』は私家版であったためか、池上は『石神問答』を民間伝承学の最初の著書とするのである。これには喜田貞吉「石と人生」、折口信夫「石に出で入るもの」、中山太郎「要石考」、金田一京助「アイヌと石」、佐々木喜善「山の石」や早川孝太郎「石を拾ふ民俗を対象として」、橋浦泰雄「出産と石と」、伊波普猷「生長する石」、宇野圓空・古野清人「蕃族の石」というような論考から、小野武雄「鬼石（青森県）」、高橋文太郎「伊豆の積石（静岡県田方郡）」、山下久夫「イシナガンサマ（石川県）」、能田太郎「北肥後石神雑記（熊本県）」のような各地の石をめぐる民俗、さらには「信州の石」として有賀恭一「諏訪の石」、箱山貴太郎「雷岩とねじといふ事（小県郡）」、胡桃沢勘内「東筑摩の石」、向山雅重「駒つぶれ其他（上伊那郡）」、有賀喜左衛門「屋根石」など、長野県内の石の民俗についての報文が並んでおり、執筆者は池上を含めて80名に及んでいる。そのいちいちをここで取り上げることはしないが、石に関するさまざ

まな民俗が具体的な伝承をあげて論じられ、また紹介されている。この時点では、石の民俗研究についての論点整理などは行われておらず、それぞれの関心に従って論考・資料報告を寄せ、それを編んだものであるが、これによって石をめぐる民俗の多岐にわたる問題が提示されたことは確かである。

2.4.2　石神・石仏研究の展開と石仏研究の組織化

　戦前までの石をめぐる文化・歴史研究には、民俗学以外の分野では、昭和5年（1930）に川勝政太郎によって史迹美術同攷会が組織され、石造美術の専門誌である『史迹と美術』が発刊されている。昭和6年（1931）には石田茂作編『日本考古図録大成　第10輯　塔』、昭和8年（1933）には服部清五郎（清道）『板碑概説』が出版され、『郷土』の石特輯とほぼ同じ時期に、歴史学においても関心が高まっている。板碑研究は、その後千々和実なども加わって進展し、川勝の史迹美術同攷会による研究集積はめざましく、『史迹と美術』は現在も発刊が続いている。川勝自身の研究は昭和32年（1957）に『日本石材工藝史』としてまとめられている。また、昭和10年（1935）には三輪善之助『庚申待と庚申塔』、戦中の昭和16年（1941）には、写真を多用した武田久吉の『道祖神』が出版されるなど、昭和10年代には個別の石神・石仏信仰についての実態紹介や論述が行われている。武田久吉は、ここで石造の道祖神の形態を自然石、丸石、文字塔、双体の四つに分類しており、これは現在も道祖神の形態区分として使われている。

　民俗学における石神や石仏に関する研究史を概観した時、まずあげることができる成果は「4.1」項にあげた2著であるが、その後の戦後以降の研究は、道祖神、庚申、地蔵など個別の民俗信仰の研究は活発に行われているものの、これらを表象する石造物への関心は必ずしも高くはなかった。それは前述したように、柳田が『石神問答』で示した、信仰内容や由来伝承、祭祀実態などを中心とした、いわば心意重視の研究を引き継いだからで、民俗学では石神・石仏の形象などを取り上げることは少なかった。

　しかし、歴史学など民俗学以外の分野においては、その形態や形象も対象にした研究が昭和初期から10年代には進んでおり、戦後の昭和30年代には、さらにこれが進展している。また、これとは別に若杉慧[2]の『野の仏』（昭和33年）、『石仏巡礼』（昭和35年）、谷口鉄雄　文・片山摂三　写真の『日本の石仏』（昭和33年）など、カメラの普及とともに石神・石仏の写真集が出版され、路傍や寺社境

内などに建立されている石造の神仏や信仰的表象物が「石仏」の名で親しまれるようになっていく。

　石神・石仏の研究団体としては、昭和31年（1956）に『庚申信仰』[3]を著していた窪徳忠を顧問にして、昭和33年（1958）には小花波平六を中心に庚申懇話会が組織され、会誌『庚申』を発刊し、庚申塔も含めた庚申信仰の研究を進めている。この会は昭和51年（1976）には『日本石仏事典』、昭和56年（1981）には『石仏調査ハンドブック』、昭和60年（1985）には『石仏研究ハンドブック』[4]を編集・出版するほどの研究成果をあげている。一方では、昭和52年（1977）1月には、980頁を超える大冊の『石神信仰』を出版する大護八郎を中心に日本石仏協会が発足し、同年2月には『日本の石仏』創刊号を刊行している。日本石仏協会は、昭和61年（1986）には『日本石仏図典』、平成7年（1995）には『続日本石仏図典』をまとめており、季刊の会誌『日本の石仏』は、令和2年（2020）4月時点では170号を出している。

　昭和30年代から次第に人口に膾炙した「石仏」の名辞は、このような庚申懇話会の出版物と日本石仏協会の発足などによって、昭和50年代にはより一般化して現在に至っている。

2.4.3　石をめぐる民俗信仰

　石神や石仏からの庶民信仰研究は、昭和50年代にその対象が「石仏」という名辞で一般化することで、これへの関心者層は格段に広がった。しかし、「石仏」という総称が一般化したために研究対象が像容をもつ石造物が主体となり、石をめぐる民俗信仰の研究ということでは、研究課題が狭まった感がある。具体的には、像容をもたない自然石による神々とか、儀礼や呪術に用いられる石については、『日本の石仏』誌上で取り上げられることが少なく、いわゆる石仏研究者のこれへの関心度は低いといわざるを得ない。

　石による信仰表象物としては、神像や仏像のような像容をもたないものも多く、石による民俗信仰の全体像をとらえるためには、こうしたものも対象とすることが必須である。総称を「石仏」とするのではなく、せめて「石神・石仏」と総称した上で、石による多様な神霊表現を把握する必要がある。それは、たとえば石によって表現された神霊を見ていくと、自然石を用いたもの、丸石や尖石のような特別な形状をもったもの、石棒・陽石のように特定の形に成形したもの、大日

如来・地蔵菩薩・青面金剛などのように像容をもったものに大別でき、これらの関係性を明らかにすることが日本人の神霊観の解明につながるからである。

この問題については、すでに折口信夫が大正3年（1914）「髯籠の話」の中で、神霊が依り憑く依代は、「直観的象徴風」のものから具象的なものへと変化しているが、それは「仏像の輸入に刺戟」された。ただし仏像のような儀軌がない場合には、具象化はかえってその形に疑問が起こりやすいので象徴的なものに進んだという[5]。日本人の神霊観に関する、この折口の図像論的あるいは造形論的な分析は、神霊表現の変遷も提示しており、現在も文化研究上の課題として色褪せていない。

石をめぐる民俗信仰研究としては、その形象は重要な論点の一つであることはいうまでもなく、折口がいう神霊の直観的象徴的な石について野本寛一は、磐座信仰には磐座、磐境、石神があること、海からの寄り神と石の関係をみていくと、そこには神が石として寄り着く「寄り石型信仰」と、神が石に依り憑く「磐座型信仰」とがあること、病と石との関係をみていくと、これには夜泣石・疣石・耳石などの祈願対象としての石、願果たしの石、祈願の手向け石があることなどを具体的に論じることで民俗信仰としての石の体系化を試みている［野本1975］。

また新谷尚紀は、産育習俗として存在する子授け石、安産石（図2.8）、出産直

図2.8　福岡市・紅葉八幡神社の「安産石」
円盤形の石をあげて安産を祈願する。

後の産飯の石、お七夜の膳の石、食い初めの膳の石、さらに葬送習俗に見られる
死者の枕石、棺と一緒に埋葬する石について全国から事例を集めて比較分析して
いる。そして、誕生と死という生命の境界的時空において、水界という境界領域
からもたらされる石を置くことで安定状況が得られるという心意と儀礼のしくみ
が存在することなどを明らかにしている［新谷 1986］。

　野本や新谷が具体例をあげて論じているこれら磐座や石への信仰は、文明化さ
れた現代においても継続されている。たとえば霊石へのパワースポット巡りによ
る不安解消や、医療技術の進展による不妊治療高度化の中での子宝石祈願などで
あり、こうした民俗は根強く持続している。庶民信仰の中に現存する地蔵や観音
などの石仏は、室町時代から戦国期のものもあるが圧倒的多数は江戸時代以降の
建立である。石仏としてはこうした歴史的実態をもつが、上にあげたような民俗
信仰としての石は仏教的教義によるものではなく、石仏以前から存在していたと
考えられよう。このことからは、民俗信仰による石の表現は、直観的象徴的な神
霊表象を基盤にして、仏教の庶民化の一つとして石仏建立が展開したといえよう。

　そして、ここにあげた石の民俗信仰の端的な表れが、折口信夫らが説く「石誕
生」の信仰である。先にあげた『郷土』石特輯に収められた折口の「石に出で入
るもの」[6] では、柳田の『石神問答』の内容を次のようにまとめている。

　　此「石神問答」に現れて居る話の、代表的なものを分けて見ると、今の考へ
　　方からかも知れませんが、略三つに分れると思ひます。一つは道祖神の話。一
　　つは石誕生、石が子を産むといふ話。或は石が大きくなるといふ話。引つくる
　　めて石誕生と言うておきます。今一つは、日本の従来の信仰と思はれるもの以
　　外の要素が、石に附随してゐる話。此に就いては、石に附いて現れた外来の信
　　仰といふものが、日本旧来の信仰と妥協してゐる事を、明かにされたと思ひま
　　す。で、一口に申しますと、此は、先生が境の神の研究といふ事に興味を持つ
　　て、お書きになつたのではないか、と思ひます。

このようにまとめ、折口は「石に出で入るもの」では石誕生、「石が現れること、
石が成長すること」をいうとしている。これを発表した昭和 7 年（1932）は、昭
和 4 年（1929）、5 年（1930）に『古代研究』国文学篇、民俗学篇 1、2 を刊行し
た後で、所謂折口学といわれる体系のおおよそのできていた時で、『古代研究』で
も取り上げている諸事例をあげながら、密閉された空間である石に外来魂が入る
ことで石が成長し、また力をもって出現することを説いている。このことを端的

に示しているのが「うつ・かひ・まゆは、平凡に言ふと、魂の籠り場所とも言へます。それで、卵がだん〳〵大きくなり、かひを割つて鳥が出て来るやうに、石もだん〳〵大きくなり、膨脹して来ます。処が、石の場合、割れるとは言はないで、寧、石が成長する、子どもを産む、といふ風に考へて来たのです」という説明であり、論文の最後に、「いし」「いは」ともに「魂の籠る所の物といふ意味」をもち、「魂が籠つてゐる場合、いしをいはと言ふ」［折口 1932］と説明している。

　長野市松代町の玉依比賣命神社の「児玉石神事」など、ここに折口がいう論理を表す事象は現在でも継承されているのであり、『郷土』石特輯では、早川孝太郎も「石を拾ふ民俗を対象として」の中で、神像石を取り上げて、石に神や動物の霊魂が宿るという民俗があることをいい、成長の伝説をもつ石を具体的にあげている［早川 1932］。また伊波普猷も「生長する石」を書き、石が生長する伝承について沖縄の例をいくつもあげ、こうした考え方は『おもろさうし』の歌にもあることを指摘している［伊波 1932］。折口との交流が深かった早川、伊波が同様なテーマを取り上げているのである。

　先にあげた野本や新谷が論じた石の民俗信仰は、前述のように現在も持続しているのであり、民俗学という学問を、伝承文化の変遷や、伝承文化の相互の関連性を明らかにしながらその形成の論理を明らかにする伝承文化学であるとするなら、現在も持続する石の民俗信仰は、折口信夫や早川孝太郎、伊波普猷がいう石誕生や石生長の伝承と密接に結びつくことで成立していると考えられる。

2.4.4　石神・石仏建立と民俗信仰の推移──神奈川県秦野市の場合

　像容をもたない石の民俗信仰の一端を述べてきたが、路傍や寺社境内などには神像や仏像を彫刻、あるいは祀る神仏名を文字によって表記している石神や石仏が多くある。石仏研究者たちの関心の中心は、こうした神仏にあるといえるが、民俗研究においてもこれらは重要な研究対象である。それは伝承文化の変化・変容、ここでは庶民の民俗信仰の変化・変容を歴史的な時間軸の上で明らかにしようとした時に、信仰表象物である石神・石仏から読み取れる多くの情報が重要な指標となり得るからである。

　この場合には、ある地域社会の民俗信仰全般の推移を捉えることを目的とする場合と、たとえば地蔵信仰とか道祖神信仰のように特定信仰の推移を捉えようとする場合とがあるが、いずれもこれは地域社会における石神・石仏の悉皆調査が

必要となる。前項で記した石をめぐる民俗信仰とは課題も研究方法も異なるのは、石によって表現される信仰は一様ではないからである。石神・石仏については、各地で悉皆的調査が進みつつあるが、ここでは一例として筆者が神奈川県秦野市で行った悉皆調査から読み取れることを記していく。

秦野市は、丹沢山地の南麓と秦野盆地に立地し、庶民信仰にかかる石造物としては、2548基（対）が確認できている[7]。この中には神社の鳥居や手洗石、寺社号塔など信仰にかかる石造物のすべてを含んでいる。秦野市域には江戸時代の村でいえば33か村が含まれているので、単純計算すると1か村あたりの建立石神・石仏は約77基（対）となる。

秦野市域で確認できる石神・石仏は、種別としては227種がある。この種別は、たとえば観音は馬頭観音、牛頭観音、正観音、百番観音など、地蔵は六地蔵、水子地蔵、延命地蔵、厄除地蔵などと細かく分類した数である。227種2548基を数の多いものから順にあげると、馬頭観音420基、道祖神316基、地蔵290基、灯籠138基（対）、庚申塔・庚申石祠141基、石祠110社、地神塔・石祠102基となっている。馬頭観音は、基本的には馬1頭に1基ずつを建立して供養が行われてきた。なお、馬頭観音以外の観音信仰を示す石仏は142基があり、観音信仰系の石仏は全体では562基となる。馬頭観音は馬ごとの建立であったが、道祖神は大字（旧村）内の村組あるいは近隣組ごとに祀っており、この組を単位として現在も正月14日前後にセエトバライが盛んに行われている。

悉皆調査に基づいて、年代別に石神・石仏の建立推移を見ていくと、2548基（対）のうち、刻銘によって年次がわかるものが1686基（対）ある。すべてのものに建立年が刻まれているわけではないが、これを10年単位に数を見ると図2.9のようになる。秦野市域には、1444年の六地蔵が1対あるが、石神・石仏が連続的に建立されているのは1620年代以降である。寛永3年（1627）大日如来真言塔、寛永12年（1635）朝盛上人塔、正保2年（1645）山王庚申石祠などが初期のもので、寛政年間から文化年間前半の1790年代から1810年代が最初の建立活況期となる。その後建立はやや衰えるが、明治時代末から昭和初期までの1900年代から1930年代にかけて大きな活況期を迎え、再び衰えて昭和40年代後半から平成元年にかけての1970～1980年代にまた活況期を迎えている。全体としては1660年代から次第に石神・石仏の建立が活発化し、歴史的には三つの活況期があるのがわかる。

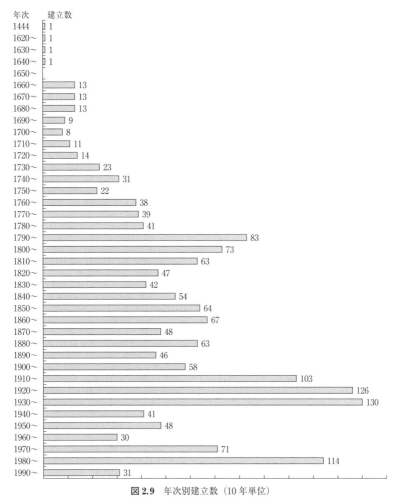

図 2.9 年次別建立数（10 年単位）
建立年次のわかる 1686 基〈対〉のうち、年号は判明しても年次のわからない 5 基は除いた。

　像容と一定の碑型をもった石神・石仏の建立が 1600 年代前半から多くなるのは、秦野市だけではなく、ほぼ全国的な傾向であり、何故この年代に石を材料に神や仏が造形されるようになるのかが問題となる。このことは石を用いた信仰表象が、仏教の庶民化とともに地域の特権層から庶民へと広がったことを表し、一方ではこれを造る石工の動向が結びついていると考えられよう。建立活況期の出

図 2.10 庚申塔年次別建立数（10 年単位）
庚申塔 141 基のうち、建立年次がわかるもの
123 基。

図 2.11 念仏系石塔年次別建立数（10 年単位）
六字名号塔・念仏供養塔・寒念仏供養塔・念
仏読誦塔・百万遍念仏供養塔・観音寒念仏塔・
徳本上人塔・木食観正塔・木食普性六字名号
塔・唯念六字名号塔、合計 33 基のうち、建立
年次がわかるもの 29 基。

現は、これを勧める宗教者の動きや地域社会の経済状況などによると思われるが、
必要となるのは各地で石神・石仏の悉皆調査を行い、全体の建立動向を把握し、
その比較を行っていくことである。

　石神・石仏全体の建立動向から一歩踏み込んで、個別信仰との関連を見ていく
と、図 2.10〜2.19 のようになる。これらの石神・石仏について先にあげた全体の
三つの活況期における石神・石仏の建立動向を見ていくと、第 1 期の 1790 年から
1819 年にかけては、建立年の刻銘があるものが合計で 220 基ある。主だったもの
には観音信仰に関するものが 34 基、道祖神 31 基、庚申塔 20 基、地神塔 19 基、
馬頭観音 16 基などがある。ただし庚申塔はこの期にはすでに建立活況期を過ぎ終

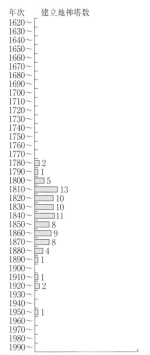

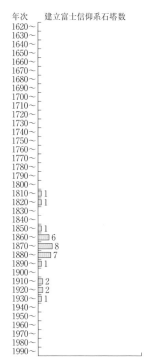

図 2.12 地神塔年次別建立数（10 年単位）
地神塔 102 基のうち、建立年次がわかるもの
86 基。

図 2.13 富士信仰系石塔年次別建立数（10 年
単位）
富士講浅間大神塔・富士講浅間社石祠・富士
講塔・浅間社石祠・浅間大神塔 30 基のうち、
建立年次がわかるもの 30 基。

末に近づいているのに対し、地神塔や馬頭観音はこの期から次第に建立が活発化
しようとしている。つまり、石神・石仏建立の活況期がこれについての民俗信仰
とその講行事などの活況化に基づくと考えるなら、この地域ではたとえば夜明け
を待つ日待によって具現化される民俗信仰は、18 世紀末から 19 世紀初めに庚申
信仰から地神信仰にその主力を移行させていると解せる。

　活況第 2 期の 1900 年から 1939 年までには、建立年の刻銘があるものが 417 基
ある。第 1 期の倍近くとなっており、最も多いのが馬頭観音の 160 基、次いで道
祖神 29 基、稲荷石祠 21 基、水神 18 基などが主なものである。この期には馬頭観
音を中心に、道祖神や稲荷石祠など民俗信仰に関わる石神・石仏が多く、ほかに

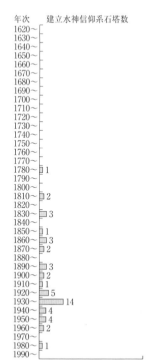

図2.14　水神信仰系石塔年次別建立数（10年単位）
水神石祠・水神塔・弁財天石祠・水神社再建碑・市杵島姫命塔・弁財天の合計65基のうち、建立年次がわかるもの48基。

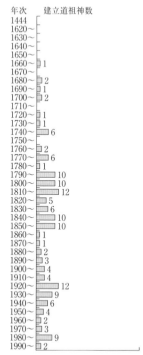

図2.15　道祖神年次別建立数（10年単位）
道祖神316基のうち、建立年次がわかるもの148基。

手洗石・鳥居など神社に関わるものが多く建立されている。1900年から1939年の間には日露戦争、第二次世界大戦があって、戦争の時代であり、馬頭観音の建立は軍馬徴用などとの関連が考えられる（図2.18）。また、手洗石・鳥居などの建立は、皇国思想に基づく国家神道の地域的受容の姿ということもできる。

　活況第3期は1970年から1989年の20年間で、紀年銘があるものが185基ある。その内訳は灯籠32基（対）、寺社号塔31基、六地蔵13基、鳥居12基、水子供養塔10基、手洗石8基などで、民俗信仰系の石神・石仏の建立は低調になり、寺社への奉納を目的とした灯籠、寺社号塔などの建立が目立っている。この期は1991年のいわゆるバブル崩壊前の日本経済の安定成長期であり、家や地域の経済

図 2.16　地蔵年次別建立数（10 年単位）
地蔵 290 基〈対〉のうち、建立年次がわかる
もの 120 基〈対〉。

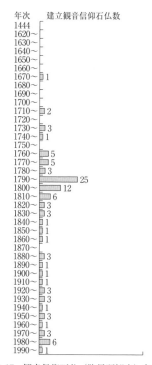

図 2.17　観音信仰石仏（除馬頭観音）年次別
建立数（10 年単位）
観音信仰石仏 142 基のうち、建立年次がわか
るもの 99 基。

的富裕化が建立にも反映され、石造物の奉納が積極的に行われ、寺社の整備が進んだと解釈できる。

　石神・石仏など信仰に関係する石造物の建立動向を紀年銘に従って見ていくと、秦野市域では以上の 3 期の活況期があり、各活況期における石神・石仏などの建立傾向には、時代状況を反映するような明らかな差異が存在する。

　石神・石仏などの全体的な建立動向からは、庶民信仰のあり方は平板的な推移をしたのではなく、さまざまな社会状況と関連しながら展開しているのがわかる。さらに信仰別の建立を見ていくと、信仰ごとにも変化が存在している。図 2.10〜2.19 に示したものから、いくつかを取り上げて建立推移を略記していく。

　庚申塔は 1600 年代後半から造塔活動が始まり、1800 年代後半にその活動が衰

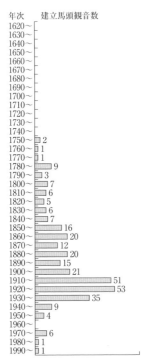

年次　　建立馬頭観音数

図 2.18　馬頭観音年次別建立数（10 年単位）
馬頭観音塔 420 基のうち、建立年次がわかる
もの 311 基。

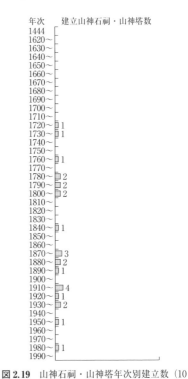

年次　　建立山神石祠・山神塔数

図 2.19　山神石祠・山神塔年次別建立数（10
年単位）
山神石祠・山神塔 30 基のうち、建立年次がわ
かるもの 25 基。

退している（図 2.10）。庚申塔 137 基と庚申石祠 2 社、山王庚申石祠 2 社の合計
で 141 基（社）となる。このうち建立年次のわかるものが 123 基あり、紀年銘の
あるものが全体の約 87% と高率を示している。道祖神の場合は、316 基のうち建
立年次がわかるものは 148 基で約 47% であるのに比べると大きな差がある。この
差は、庚申信仰そのものが「庚申」という干支に基づき、本来的に暦と密接に結
びついているのに対し、道祖神の場合は、セエトバライの期日が決まっているだ
けで、信仰自体に暦との関連が薄いためだと考えられよう。石神・石仏の銘文で
は、このように年紀の刻銘にも研究課題があり、このことも悉皆調査を行わない
と明確にならない。

　庚申塔・庚申石祠は、特に建立初期の江戸時代前期のものは山王信仰との習合

が多く見られ、また道祖神や三界万霊塔、道標を兼ねている場合がある。1 基の石神・石仏が複数の神を表現したり、複数の目的をもって建立されたりという兼用石造物ということでは、秦野市域では庚申塔・庚申石祠に顕著で、庚申信仰自体がほかとの習合的な性格を内在しながら受容され、造塔活動が展開したという仮説が立てられる。

　庚申塔・庚申石祠と同様な建立推移をもっているのが図 2.11 の念仏系石塔である。これには多種が含まれているが、1600 年代後半に建立が始まり、1800 年代前半にやや低い活況期があって、後半には衰退していく。一方地神塔は、庚申塔や念仏系石塔と入れ替わるように 1700 年代末から造塔が始まり、1800 年代に活況期を迎えて、1900 年代前半に衰退期を迎えている。つまり、地神の造塔活動は 170 年ほど続くが、活況期は 100 年間ということになる（図 2.12）。地神塔は全体では 102 基が確認され、建立年次がわかるのは 86 基あって紀年の刻銘が高率である。地神塔は、秦野市を含む相模地方では春秋の「社日」に行われる地神講と結びついていて、やはり祭日は暦に基づいている。

　秦野市に隣接する平塚市域でも、同様に社日に地神講を行うことが活発であったが、平塚市域で確認できる地神塔は 14 基と少ない。隣接地域などとの比較によって地域的な特色も抽出でき、秦野市域では地神塔の建立を伴う地神信仰が活発であったのがわかる。秦野市域の地神には石祠型も 2 基あるが、基本的には自然石に「地神」「堅牢地神」「天社神」「后土神」の何れかを彫った神名塔の形式をとり、「后土神」塔は市域南部の大磯丘陵地域にのみに存在する。平塚市の大磯丘陵地域にもこの名の塔があり、この神名の地神信仰は特定の範囲にあり、この地域で活動した宗教者の関与を窺わせている。

　さらに地神塔と地神講との関連で注目されるのは、地神講は多くの場合、地神像図をもった掛軸を掛けて行われているのに対し、この講によって建立された地神塔は、市域ではすべてが神名塔となっていることである。秦野市堀山下には地神像図を発給していた本山修験の城入院（金曜山大泉寺）もあり、この地神像が石塔に彫られてもよいはずだが、像容塔は存在しないのである。つまり、地神の表象は、掛軸と石塔という素材・方法によって区分されていたのであり、ある神仏を表現するにあたって、こうした区分が地域に受容され続けてきたこと自体も民俗信仰の様態といえよう。

　富士信仰系の石塔は建立年代が限定的である。図 2.13 のように 1800 年代前半

図2.20　秦野市堀山下・双体道祖神
五輪塔などもここに集めて祀る。小正月にはお飾り類を集めて小屋をつくる。

に造塔は始まるが、その活況期は1800年代後半で、その後1900年代前半には衰退していく。1800年代後半の活況は丸瀧講と丸岩講の活動によるもので、丸岩講は秦野市に近い山北町に住んでいた冨士玉産という行者と結びついていた。造塔活動は1920年代に終焉を迎えるが、富士講自体はいくつかが現在も存在している。このことは地神講も同様で、造塔活動はなくなっても講自体はその後も続いている場合が多く、造塔の終焉が即、信仰や行事の終焉とはなっていない。先に平塚市と秦野市の地神講・地神塔の比較のところで述べたように、民俗信仰においては石神・石仏の造塔活動が伴っている場合と、こうした活動が低調あるいは伴っていない場合とがあることには留意しなければならない。

　特定年代に建立が盛んになる石神・石仏では、図2.14の水神信仰系石塔もある。これは1700年代末に建立が始まって1980年代まで続いている。しかし、多くの建立は1920年代から1950年代の40年ほどの間で、水神信仰系石塔は近代の上水道（簡易水道）敷設と結びついている場合が多い。水道水源地に水神を祀ったものであり、上水道という文明が自然神祭祀を伴って展開しているといえる。

　以上の庚申から水神までの石神・石仏は、いずれも造塔活動が幅をもちながら年代的に限定されているものである。これらに対し、道祖神は、建立年次がわかるものでは図2.15のように1600年代後半の寛文9年（1669）に建立が始まり、現在も新しい道祖神の建立が行われている。ただし、造塔の活況期は1770年代から1850年代にかけてと、1920年代から1940年代かけての2期である。前期の活況

図 2.21　秦野市堀山下「悪魔っぱらい」
子どもたちが道祖神の祭りとして小正月に家々を祓ってまわる。

期は双体道祖神が中心であり、後期の活況期は秦野市の中心街である本町地区の
住宅増加に伴うもので、それは文字によって道祖神を示す神名塔が中心になって
いる。中心地区の住宅増加によって町内の細分化が行われ、道祖神が増えたので
あり、新町内の成立に伴い、住民が町内の結束の核に道祖神を求めたのが窺える。
　地蔵の場合も、290 基（対）のうち建立年次がわかるのは 120 基（対）だけだ
が、文安元年（1444）の六地蔵を除くと、1660 年代から現在まで建立が続き、1740
年から 1809 年までと 1980 年代に建立がやや活発化している（図 2.16）。馬頭観
音を除く観音信仰系石仏も、1700 年代の前半からほぼ現在まで継続的な造塔活動
がある。1790 年代と 1800 年代に突出した建立があるのは、この時に観音霊場塔
として一気に観音石仏が建立されたからで、これを除くと低調ながらも造塔活動
が続いている（図 2.17）。山神石祠・山神塔もほぼ同様な建立動向をもっている
（図 2.19）。

2.4.5　石仏にみる地蔵信仰の展開
　神奈川県秦野市での石神・石仏の悉皆調査に基づいて、その民俗信仰について
歴史的動向をみてきた。石神・石仏からの民俗信仰の研究においては、個別の石
神・石仏の全国的な比較研究も不可能ではないが、まず行わなければならないの
は、地域での悉皆調査とここに示したような石神・石仏からみた民俗信仰の全体

的な動向把握であり、これを広範囲に比較することによって民俗信仰の歴史的な
展開を明らかにしていくことである。

　こうした考え方の一環で、次には秦野市に隣接する神奈川県平塚市を例にして、
石仏地蔵から地蔵信仰の様相をみていく[8]。筆者の行った平塚市域における石神・
石仏の悉皆調査の結果によれば、同市域には石仏地蔵が312基（対）建立されて
いる。このうち「地蔵尊」などの仏名だけの塔が6基で、306基は地蔵菩薩像を
彫った像容塔で、地蔵尊はその像容で理解されていたのがわかる。塔の像容は尊
像を丸彫りしたものが209基ともっとも多く、舟型塔に尊像を浮き彫りにしたも
のが75基、ほかには櫛型、石幢型、角柱型、兜巾型、笠付型、板碑型の塔に浮き
彫り、宝塔に浮き彫りにしたものが合計で22基ある。

　つまり、地蔵菩薩の建立は、尊像の丸彫型と舟型塔に浮き彫りにするのが一般
的で、その尊像は立像が173基、座像が58基で立像が圧倒的に多い。像容につい
ては六地蔵を除き、右手に錫杖、左手に宝珠を持つのが106基、合掌像が50基、
胸元に宝珠が19基であり、右手に錫杖、左手に宝珠を持つものが多い。地蔵の姿
がどのようにイメージされているのかが、こうした石仏地蔵の像容からうかがえ
るのである。

　建立の歴史的推移については、312基のうち建立年の刻銘があるものが164基
で、年代のわかるものが約半数である。平塚市域では承応3年（1654）から建立
が確認でき、造塔は実地調査を行った平成3年（1991）まで続いていた。建立活
動の動向は、1700年から1849年までの150年間と1950年から1991年までが活
発で、1850年から1949年までの100年間は建立活動が衰えている。この地蔵建
立の衰退期は明治期から太平洋戦争期までで、数をあげると明治期のものは9基、
大正期は1基、昭和の太平洋戦争終戦までは5基で、地蔵建立の歴史的推移から
は、明治期から太平洋戦争終結までの間は、むしろ異常な時代であったといえる。

　このような動向をもつ地蔵建立の意図、つまり信仰内容を銘文から見ていくと、
江戸時代前期の承応（1652～1655）から寛文期（1661～1673）のものは「～菩提」
「～禅定門」などがあって、死者供養としての建立がうかがえる。寛文年間には
「南無阿弥陀仏」の六字名号と念仏講中の刻銘をもつ地蔵の建立も始まっており、
死者供養と冥界救済の意図がうかがえる。

　「念仏供養」「念仏講中」など「念仏」の銘を刻んだ地蔵は、寛文期から天明期
（1781～1789）までに17基、その後の安政期（1854～1860）のものにもあって、

17世紀半ばから19世紀半ばにかけては、地蔵建立が念仏回向と結びついていたのがわかる。

　また、江戸時代前期の寛文から元禄、享保期（1716〜1736）には「庚申供養」の銘をもつ地蔵があり、さらに享保期から明和期の地蔵建立は、庚申講中が行っている場合もあって、17世紀半ばから18世紀半ばまでは地蔵と庚申の信仰に習合があったといえる。

　元禄期（1688〜1704）には六地蔵の建立も始まっていて、その建立は調査最終年の平成3年（1991）まで連続しているのであるが、六地蔵についても明治期のものは2基、大正期にはなく、昭和の終戦前までのものも1基で、明治から太平洋戦争終結までの間は低調である。六地蔵に戒名を刻んで死者供養を目的とするものは享保期からみられ、その後の文化期（1804〜1818）になると「先祖代々」など先祖供養の信仰が加わっている。

　享保年間の地蔵には、石船の上に地蔵を乗せた岩船地蔵の建立があって、これらは享保4年（1719）、同5年（1720）と年代が限定されている。また、享保年間には「寒念仏」銘をもつ地蔵があって、寒念仏の流行があったのがうかがえる。1800年代になると「延命地蔵」の銘をもつものが出てきて、明治初期まで続き、その後の昭和50年代には各寺院で水子地蔵の建立が始まっている。

　地蔵建立を銘文からみていくと、その目的については以上のような動向をもっていて、地蔵信仰が1600年代半ばから近年まで変化なく推移したのではないのがわかる。1600年代半ばの死者供養から始まり、念仏回向との一体化、庚申信仰との習合、岩船地蔵や寒念仏の流行、そして江戸時代後期からの先祖供養、延命祈願、昭和50年頃からの水子供養の展開という推移をもっているのである。

2.4.6　石神・石仏建立動向の比較研究

　神奈川県の秦野市と平塚市での石神・石仏調査をもとにして、その建立の歴史的な動向をみてきた。隣接する両市での調査からは、ここに述べてきたように石神・石仏の建立動向や銘文などに見る建立目的からは、地域の民俗信仰の推移や展開について、いくつもの事実が指摘できる。石神・石仏として表象される民俗信仰は、一方には石神・石仏に現れてこない面もあり、石神・石仏だけを捉えれば事足りるわけではないが、地域の民俗信仰の動向を把握し分析するには、石神・石仏は重要な指標となり得る。伝承されている信仰の存在と内容は、その歴史情

報が石神・石仏に刻み込まれているのであり、民俗信仰の解析には、石神・石仏が有効な資料となることは明らかである。

　ここでは神奈川県秦野市と平塚市での石神・石仏の悉皆調査をもとに、これらから読み取れる民俗信仰の解析を行ったが、その結果はさらに各地での解析と比較することによって、より広域にわたる民俗信仰の推移や展開が明らかになってくる。筆者の秦野市と平塚市での石神・石仏の悉皆調査は、いずれも 10 年以上がかかっており、短期間に行い得るものではないが、たとえば新潟県津南町では石神・石仏などの 5 年にわたる石造物の悉皆調査によって 1700 基ほどが確認され、550 頁ほどの報告書が刊行されている（つまり石仏の会編『津南学叢書第 10 輯野仏の里つなん』2009 年 12 月、津南町教育委員会刊）。

　こうした調査は神奈川県大和市（大和市庶務課編刊『大和市史資料叢書 1 大和市の石造物』1982 年 3 月）、群馬県伊勢崎市（伊勢崎市編刊『伊勢崎の近世石造物』1985 年 3 月）が早くに手がけている。悉皆調査とその結果の刊行は、その後、静岡県伊東市（伊東市史編さん委員会編『伊東市史調査報告第 2 集　伊東市の石造文化財』2005 年 3 月、伊東市教育委員会）、兵庫県赤穂市（赤穂市教育委員会生涯学習課編刊『赤穂の石仏』2007 年 3 月）などでも行われている。

　全国的にはまだ多くないが、悉皆調査結果の比較研究は民俗信仰などの研究を大きく進展させることは明らかで、今後の調査研究を期したい。また、本節で述べたように、石によって表象される民俗信仰には、自然石や一定の形態をもった石などによって表現されるものと、像容や文字によって神仏を表しているものとがあって、その関係性も視野に入れながら両者を捉えていくことが重要であることを重ねて述べておく。

【注】

1)　「民俗信仰」というのは、歴史的には変容や変化がありながらも、それぞれの時点において、たとえば祭祀の講集団が存在したり、一定の形式をもって祭りを行ったり、祈願などの形式ができていたりなど、そのあり方が個人によって個別化されていない信仰をいう。石をもって神仏などを表現するというのも、一つの様式であり、これ自体を民俗信仰ということができる。

2)　若杉は小説家で、晩年になって石仏に関する著書を出すようになる。

3)　窪の庚申信仰研究は、『窪徳忠著作集』1〜3 巻、5 巻に「庚申信仰の研究：日中宗教文化交渉史」（平成 8 年、第一書房）としてまとめられている。

4)　こうしたハンドブックの出版は、昭和 50 年代後半からの石仏愛好者の増加、石仏ブームを

迎えたことによる。

5) 「髯籠の話」は、大正4年（1915）4月『郷土研究』第3巻2号、同年5月『郷土研究』第3巻3号に分割して掲載される。後大正5年12月には『郷土研究』第4巻9号に続編が載る。これらを合わせて『古代研究』民俗学篇1に「髯籠の話」として収録される。「標山」「依代」「招代」という術語は、これが初出である。『折口信夫全集』2巻、179頁、中央公論社。

6) 折口信夫「石に出で入るもの」は、『折口信夫全集』19巻に収録されている。これは折口の口述を袖山富吉、鈴木金太郎、藤井春洋が筆記したもの。

7) 秦野市の悉皆調査の結果は、秦野市教育委員会『秦野の石仏』（一）（平成10年3月）～『秦野の石仏』（四）（平成13年3月）の4冊にまとめた。

8) ここに概要を記す平塚市の地蔵信仰の詳細は、拙稿「地蔵信仰の諸相」（原泰根編『民俗のこころを探る』平成6年12月、初芝文庫）を参照願いたい。

【参 考 文 献】

池上隆祐編 1932『石』郷土発行所、岡書院発売

石田茂作編 1931『日本考古図録大成第10輯　塔』日東書院

伊波普猷 1932「生長する石」『郷土』第2巻第1・2・3号合冊

折口信夫 1932「石に出で入るもの」『折口信夫全集』19巻、中央公論社（初出は『郷土』第2巻第1・2・3号合冊）

川勝政太郎 1957『日本石材工藝史』綜芸舎

窪　徳忠 1956『庚申信仰』山川出版社

庚申懇話会編 1976『日本石仏事典』雄山閣

庚申懇話会編 1981『石仏調査ハンドブック』雄山閣

庚申懇話会編 1985『石仏研究ハンドブック』雄山閣

社会思想研究会出版部 1960『石仏巡礼』現代教養文庫

新谷尚紀 1986『生と死の民俗史』木耳社

大護八郎 1977『石神信仰』木耳社

武田久吉 1941『道祖神』アルス文化叢書12、アルス

谷口鉄雄 文・片山摂三 写真 1958『日本の石仏』朝日新聞社

日本石仏協会編 1986『日本石仏図典』国書刊行会

日本石仏協会編 1995『続日本石仏図典』国書刊行会

野本寛一 1975『石の民俗』雄山閣

服部清五郎（清道）1933『板碑概説』鳳鳴書院（再刊　角川書店、昭和47年）

早川孝太郎 1932「石を拾ふ民俗を対象として」『郷土』第2巻第1・2・3号合冊

三輪善之助 1935『庚申待と庚申塔』不二書房

柳田國男 1910『石神問答』聚精堂（再刊　創元社、昭和16年）

若杉　慧 1958『野の仏』東京創元社（再刊　創元新社、昭和38年）

第3章 社 寺 と 講

3.1 神社と氏子 〔新谷尚紀〕

3.1.1 柳田國男と折口信夫の日本の神と神社についての見解
（1） 柳田國男

　柳田國男の日本の神と神社についての見解がよく示されているのは、戦前の『日本の祭り』［1942］と『神道と民俗学』［1943］、戦後の『先祖の話』［1946］と『新国学談〈第1冊〉』［1946］、『新国学談〈第2冊〉』［1947］、『新国学談〈第3冊〉』［1947］などである［柳田 1962］。それらを通して柳田が説いているのは、「日本の神とは先祖の霊魂が神と祭られたものである、氏人や氏子が祭る氏神が基本である」という見解である。そして、次のような3点を指摘している。

　①日本の神社には大別して、特定の氏人や氏子がいる氏神の神社と、それがなくて不特定の大勢の崇敬者がいる勧請神社との2種類がある。前者は、たとえば賀茂社や春日社で初めは氏人が氏神として祭った氏神社であったが、朝廷の尊崇や氏族の勢力の盛衰によりその後の変遷があった。後者は、たとえば石清水八幡や北野天神で、初めから氏人をもたなかった勧請神社であった。ただそれら勧請神社の場合でも、後に八幡は鎌倉時代以降は源氏の氏神と考えられるようになるなど、氏神の意味にも変化があった。氏人の意味にも変化があり、新たに氏子という語が生まれてきた。

　②現在では氏神といえば、村の氏神が一般的である。しかし、日本各地の民俗伝承からみると、そのような「村氏神」とともに、「屋敷氏神」や「一門氏神」と呼べる氏神のタイプがある。それら三つを比較してみると、氏神としては「一門氏神」の形態がもっとも古く、「屋敷氏神」や「村氏神」の形態はそれよりも後に変化した新しいものということがわかる。

　③家と子孫の繁栄を願うのが先祖であり、その霊的な集合体が氏神である。それは何よりも稲の実りを守ってくれる田の神や山の神でもあり、1年の安泰を守ってくれる正月の年神でもある。つまり、氏神は先祖であり、田の神、山の神、

正月にやってくる年神でもある。

　柳田の氏神論の特徴は、「先祖―氏神―田の神―山の神―年神」という連結論という点にあった。

（2）　折口信夫

　折口信夫の日本の神と神社についての見解がよく示されているのは、『妣が国へ・常世へ―異郷意識の起伏』［1920］、『鬼の話』［1926］、『氏神及び「やしろ」』［1928］、『霊魂の話』［1929］、『国文学の発生（第三稿）まれびとの意義』［1929］、『民間信仰と神社』［1929］、『神々と民俗』［1950］などである［折口 1954；1955；1956］。それらを通して折口が説いているのは、「日本の神とは海の彼方の常世から時を定めて来訪するまれびとである」という見解である。「てっとりばやく、私の考えるまれびとの原（もと）の姿を言えば、神であった。第一義においては古代の村々に、海のあなたから時あって来り臨んで、その村人どもの生活を幸福にして還る霊物を意味していた」という文言がよく知られている。そして、次のような3点を指摘している。

　①日本の古代の信仰にあっては、かみ（神）、おに（鬼）、たま（霊）、もの（物）という四つが代表的なものであった。たま（霊）は輝くもので形は丸い。おに（鬼）は怖いもの。かみ（神）も畏（おそろ）しいもので、もとは低級な土地の精霊の類であったがそれが向上してきた。もの（物）は抽象的で姿は見えない。たま（霊）への信仰から人間にとって善い部分がかみ（神）に、邪悪な方面がもの（物）となった。

　②日本古代の民衆が神に対して考えていたのは、「大きな神」と「小さな神」という二つであった。神道でいえば、天つ神と国つ神というのに似ている。「大きな神」、天つ神というのは非常に遠い所、高い所から来られる神であり、「小さな神」、国つ神というのは非常に我々に近い所にいる精霊の類の低級な神である。我々が避けているにもかかわらず、あちらから近寄ってきて災いをする、そういう迷惑な存在である。「大きな神」は、周期的にやってきて我々を苦しめるその「小さな神」を押さえ却け降伏させて、再びこの神が来訪するまでは、人間たちに禍をしないことを誓わせて去っていく。

　③神を祀っているところには、やしろ（社・屋代）とみや（宮・御屋）の二つがある。やしろ（屋代）は、屋が建つ場所のことで、「小さな神」つまり土地土地の精霊が、祭りの時に限って迎へられる郊外の処である。やしろの神というの

は「小さな神」であり、もとは山野に充ち満ちた精霊の類を斎（いは）ったものが多く、それが時代の信仰の変遷に従い、社会的に向上してきたのである。みや（御屋）は、常在される神の居られる建物のことである。信州の諏訪社のように、7年目ごとの御柱の祭りで建てられる4本の柱は、神聖な建物を想定する最小限度の地割を示すものである。それは同時に神聖な宮がそこに建ったという原点を思わせるものであり、その名残りだろう。常は何もなくただ屋の代だけのある場所に、祭りに先だって柱が建てられることが、日本の神の祭りでは行なわれていたのである。

　古い神社の場合、奥宮があり里宮がある例も多い。その場合、奥宮を神の常在所と考えるのはむずかしい。常在所がある神だと「小さな神」ということになる。「大きな神」は、さらに上の山際を離れた空の奥から、来られるものと考えられていた。初めて地上に降り立たれた曾ての場所を、その後も常に降臨の場所として祀り、その奥宮から里宮へと降りて来られるものと考えていたのである。

　神社と神々の歴史は昔から止まってはおらず、始終変化してきている。「大きな神」が社に常在しておられるという考え方は中世には広まってきていたが、民俗伝承の中の部分部分には、それより以前の古代的な考え方が宮々社々によっては残っている。そのような部分部分を補い合せていくと、古代の神と宮殿との関係をうかがうことができる。

　つまり、折口の、日本の神々についての論考の特徴は、一つには、「まれびと・常世神・大きな神・天つ神」と、もう一つには、「かみ・土地の精霊・小さな神・国つ神」という、この二元的な対比構造にあったという点にあった。そして、もっとも大事だったのは、それを基本としながらも、神社と神々の歴史は始終変化の中にある、という伝承分析学的な視点であった。

3.1.2　氏神と氏子

　現在、一般的に氏神と呼ばれているのは、それぞれの地域社会における村や町の人たちが氏子として祭っている神社のことである。それに通じるような歴史記録の早い例といえば、室町時代の相国寺の記録『臥雲日件録』の文安4年（1447）8月13日の記事であろう。そこで瑞渓周鳳は、世人はみな出生地を主る神明をもって氏神というが、自分は泉州堺南（つかさど）に生まれたので、住吉社が自分の氏神である、と記している。

　この氏神について民俗学の立場から本格的に論じたのは、前述のように柳田國男であった。そこで、それに学びながらあらためて文献記録と民俗伝承の両面からの追跡を試みて、氏神や鎮守について古代から現代までの歴史展開のパースペクティブの中に情報整理を試みたのが、新谷『氏神さまと鎮守さま』であった[2018]。そこで指摘されたのは、以下のような諸点であった。

（1）　氏神には三つのタイプ

　古代から現代までの歴史記録から整理すると、氏神には三つのタイプがある。氏族の祖神（A）、氏族が本貫地で祭る神（B）、氏族の守り神（C）、である。Aは実例は少なく万葉集の大伴坂上郎女の歌から推定される神話上の大伴氏の祖神天忍日命である。ただし、Cの典型例である藤原氏の鹿島社と香取神の場合にも、平城京の春日社の時代にはまだ氏族の守り神という意味だったのが、桓武朝以降の平安京の時代になると、奈良の春日社、河内の枚岡社、平安京の大原野神社の3社となり、旧来の守り神である建御賀豆智命と伊波比主命の2神に加えて、新たに祖神としての天之子八根命と比売神を加えて4神としていった。つまり、氏神が氏族の先祖神だと考えられるように変化していく傾向性が歴史のなかにはあり、石清水八幡の場合でも同様で、国家鎮護と武勇の守護神として信仰されていた段階から、八幡三所として応神天皇を清和源氏の先祖と位置づけて、一族の祖神という性格が付加されていったのであった。つまり、歴史のなかにCからAへの変化という志向性があったのである。

　次のBの例は、正倉院文書に見える写経生たちの氏神祭祀のための休暇申請の例や、続日本後紀や三代実録や類聚三代格に見える小野氏の例をはじめ多くの氏族がその本貫地で祭る氏神の祭祀のための旅行申請や旅費支給の申請をしている記事からわかるところの、春季2月か4月と秋季9月か11月の春秋2季の氏神祭祀の事例群である。柳田國男は、その氏族たちの春秋2季の本貫地での氏神祭祀こそ稲作の祈念と新嘗の祭りであり、それは同時に氏族の先祖をまつる氏神祭祀であったと考えていた。その柳田の解釈によれば、Bのタイプも、Aの祖神としての氏神だったことになる。前述のCからAへの動きのように、氏神を祖神と考えようとする傾向性が歴史のなかにはあった。しかし、氏神とは何か、という問いに対しては、このA、B、Cの三つのタイプがある、という事実を確認しておくことがまずは肝要であろう。

（2）　荘園鎮守社から武士の氏神へ、村人の氏神へ

　紀州和歌山の隅田八幡宮を対象とする事例研究からは、平安時代中期に石清水
八幡宮から隅田荘の荘園鎮守社として勧請されてきて以降の鎮守社としての第1
段階、その後、鎌倉時代から室町時代にかけての在地武士の隅田一族の氏神の神
社へという第2段階、そして、織豊期から江戸時代にかけての中小農民層の成長
による、隅田荘の庄中16か村の氏神の神社へという第3段階、という、荘園鎮守
社から武士の氏神へ、さらには村人の氏神へ、という歴史的な3段階の変遷があ
ったことが明らかになった。そして、現在は、祭日の変化や祭礼の変化を含みな
がら、その近世以来の第3段階の延長線上にある。

■重層的な歴史を刻んでいる地域社会の神社

　芸州広島の吉川氏や毛利氏はじめ国人層の領域支配をめぐる抗争が、中世社会
で続いた地域を対象とする事例研究からは、古く山の神、田の神、川や水の神な
どへの自然的で土着的な神々への信仰という第1段階、大歳神や黄幡神など古代
から中世に浸透してきた外来の神々への信仰という第2段階、中世後期の戦乱の
時代に在地支配の権力抗争の中で中小武士層が勧請した熊野新宮や八幡宮などへ
の信仰という第3段階、戦国大名化していった吉川氏や毛利氏が大檀那として村
落農民層との一定の呼応関係で改築造営していった氏神社としての八幡宮の一般
化という第4段階、という波状的で重層的な歴史展開があったことが、文献記録
と民俗伝承によって明らかとなった。そして、現在のような村人の氏神となった
のは、吉川氏や毛利氏が山口へと転封された後の近世社会においてであったこと
が追跡できた。

■氏子の意味に4段階

　氏子という語についてその意味が歴史的に4段階を経てきていることを指摘し
たのは、萩原龍夫である［萩原 2013；1979］。鎌倉時代の文永8年（1271）の「山
城国多賀郷大梵天王社再建流記」に「我等又依前世之結縁生天王之氏子」とあり、
日蓮の「諫暁八幡抄」弘安3年（1280）に「氏子なれば、愛子の失のやうに、捨
てずして守護し給ひぬる」とある記事などに注目して、一定の神社の神が守護す
る者としての氏子という意味があった、それがまず第1段階である。このころは、
古い氏人という語と新しい氏子という語が同じ文章で何度も用いられており、氏
人の中でもとくに守り育てる対象としての氏子という言い方が現れてきたことが
うかがえる。次に、『太平記』や『難太平記』でも、氏子という語が用いられてい

るが、室町時代の文書や棟札の類には「氏子等」「氏子衆」「氏子共」という記事がしきりと現れており、それぞれの神社の祭祀圏の構成者としての氏子という意味となっている、これが第2段階である。次に、近世の郷村制の展開に伴い村落という地域的単位が従来よりもはるかに重視されてくる中で、地域社会の守護神としての氏神とそれを祭る地域的祭祀圏の住民としての氏子という関係が形成されてくる、その段階の氏子が第3段階である。次は、明治初年から昭和20年までの国家神道の体制下における、氏神の郷社や村社の祭祀を担う地域社会の住民としての氏子という意味が第4段階である。明治政府がめざした氏子制は、1871年から1873年にかけて氏子調、氏子改といって全国民に対してどこの神社の氏子かを届け出て、氏子札を受けて所持すべきとしたものを中心とするものであったが、近代的な戸籍制度と矛盾するなど問題点が多く、まもなく廃された。しかし、国民統合の装置としての神社とその祭祀を支える氏子の慣行は、その後も政策的に重視された。ただし、この第4段階の氏子の意味は、1945年（昭和20）の戦争終結によって消滅した。

　そこで、国家神道から離れた現在の神社の氏子の意味は、新たな第5段階に入っているということになる。高度経済成長期（1955〜1973）以降の農村地域から都市部への大量の人口移動、そして、21世紀初頭の現在のような高度情報化と高速大量輸送交通の社会にあって、生活者1人ひとりにとってその誕生の地と就労の地とその転勤移動の地とまた定年後の生活の地とが異なることの多い、いわば移動移住型社会へという展開の中で、氏神とは、氏子とはという問いも答えも、その意味は複雑に流動化している。古代・中世・近世・近現代へと通じて伝承されてきている、基本的に自分の生誕地の神社を氏神と考える個々人が、これからも歴史的にどれだけ存在し続けるのか、しないのか、その観察と分析も民俗伝承学の研究対象の一つであろう。

（3）　氏子にとって氏神とは

　近世から近代そして現代にかけての、氏神や鎮守と氏子の関係を考える上で参考になるのは具体的な民俗伝承であろう。1年間の行事では、正月の初詣で、春の祈年祭と秋の収穫祭が基本的に共通している。都市部の神社では夏季の夏越の祓えや夏祭りなども参拝者で賑わう。人の一生の儀礼では、生後33日目頃の初宮参り、七五三の宮参り、還暦や古稀の記念の石灯籠の奉納なども行なわれる。また、国家神道の時代、戦時中の出征兵士を送る壮行会も氏神の神社で行なわれる

ことが多く、武運長久や戦勝祈願が込められた。ただし、その武運長久の願いとは戦闘での手柄という意味を含みながらも、何より現実的な兵士の家族の願いは、運よく死なないで生きて帰ってほしいというものであった。それは多くの体験者から聞かれている。

近畿地方の村落では、宮座といって氏子の中の長老が順送りで当屋と呼ばれる1年神主をつとめるしきたりがある。それについて研究した関沢まゆみによれば、氏神を祭る宮座の長老衆の長寿とは、1年ごとに年玉を重ねた生命力の強さであり、それは氏神を祭り氏神から授けられた年玉を意味しているという。だから、長寿の長老衆はもっとも氏神に近づいている存在として、神事祭礼に奉仕するのにふさわしいと考えられているのである。そして、それだけでなく、毎年その1年間に生まれた新生児に、たとえば奈良市奈良阪の「相撲の餅」、滋賀県弓削の「花びら餅」のように、新米飯で搗かれた餅が長老衆から新生児へと授けられるのである。それを関沢は、長寿の生命力が新生児へ伝えられていく循環のしくみとして、「年齢の輪」と呼んでいる〔関沢2000〕。

つまり、氏子にとって、氏神とは、この世に生まれて年齢を重ねて成長し、やがて多くの年玉をいただいたあとで、ついにはあの世へと旅立って行く一生の、その生命力を守り続けている神さまだという考え方が基本にあることがわかる。そして、それは氏子1人ひとりの生命力だけでなく、「年齢の輪」として循環しているという考え方が民俗伝承の中からはわかるのである。

3.1.3 神社研究の動向

(1) 民俗学の神社研究

柳田や折口が日本の神々や神社について、その民俗学の視点から独自の分析視点と研究展望とを提示していったのに対して、戦後の民俗学では民間信仰への関心がより大きく、正面から神社や氏子について研究する論考は少なかった。雑誌『日本民俗学』では、1975年の創刊100号記念として最初に「研究動向特集号」を組み、その後、断続的に2年間隔で特集号を刊行してきているが、その「民間伝承」「宗教」「信仰」などの分野での研究活動紹介でも、神社を正面から取り上げた論考はない[1]。そうした中で、文献史学・考古学・民俗学・分析科学などの学際研究の拠点として1981年に創設された（1983年一般公開）国立歴史民俗博物館における共同研究の成果として、2008年に「神仏信仰に関する通史的研究」『国

立歴史民俗博物館研究報告』第148集が刊行されている。そのなかでは、鎮守の森をめぐる植生史、神社建築をめぐる建築史、古代・中世・近世の神社関係史、神仏分離をめぐる宗教社会学、神社祭祀や神宮創祀をめぐる民俗学、などの諸論考が収録されている［国立歴史民俗博物館研究報告 2008］。その共同研究の期間に、2006年3月～5月には企画展示「日本の神々と祭り―神社とは何か？」が開催され、図録『日本の神々と祭り―神社とは何か？』［2006］も刊行されている。そこでは、たとえば一例をあげるなら、神社と森と植生景観の変遷に焦点が当てられ、祇園八坂神社の境内の鎌倉時代から江戸時代へ、そして明治以降の植生変化が詳細に追跡されている。そして、江戸期には美しい松林が優越していた祇園社も、明治以降の神社行政のもとでクスノキやアラカシなどの常緑広葉樹が繁茂する状態になっていることが判明した。そうした神社の植生変遷は北野天満宮はじめその他の京都市内のほとんどの神社の近代以降の状況であることが、共同研究の参加者の小椋純一の研究で明らかになっている。また、この共同研究に参加した新谷は、その後『伊勢神宮と出雲大社―「日本」と「天皇」の誕生―』［新谷 2009］、『伊勢神宮と三種の神器』［新谷 2013］、『神道入門』［新谷 2018］などで、民俗学の神社研究の視点と方法と成果を公開している。

（2） 歴史学の神社研究

　歴史学の分野で神社の研究をリードしてきたのは、やはり神道や神社の研究の中心である國學院大學や皇學館大学の研究者の論考である。國學院の西田長男『神社の歴史的研究』［1966］、岡田荘司『平安時代の国家と祭祀』［1994］、皇學館の真弓常忠『日本古代祭祀の研究』［1976］、桜井治男『蘇るムラの神々』［1992］をはじめ、その他、近代以降の神社研究の専門家の研究蓄積の層は厚い。たとえば、岡田荘司は、古代の神祇官中心の幣帛班給制に基づく律令祭祀制から、新たな有力神社への幣帛奉幣制へと移行して中世の二十二社一宮制へと転換したことを明らかにしている。また、宗教社会学が専門の桜井治男は、近代の神社合祀と神社復祀の動向を丹念に追跡し分析を加えている。

　ただし、基本的に日本史学の分野では、戦前の国家神道体制がもたらした負の影響により、神社や神道に対する反発感が強く、戦後も1960年代半ばまでは冷静な神社史の学術研究が進められにくい状態であった。そうしたなかで、中世史や近世史の分野では、たとえば小倉豊文編『地域社会の宗教の史的研究』［1963］に、河合正治の中世武士団の氏神氏寺について（1963）、畑中誠治の近世村落における

神社祭祀の慣行について（1963）などの論考が収められているのは注目される。しかし、それらとは別に日本史学の中にも一つの変化が現れる。伝統的な実証主義アカデミズムと戦後のマルクス主義歴史学という二つの潮流の中に、1970年代後半から1980年代にかけて、フランスのアナール学派の影響とそれによる新しい社会史の潮流が生まれたのである。はじめフランス史の二宮宏之「フランス絶対王政の統治構造」［1979］などが注目されたが、ドイツ中世史の阿部勤也『ハーメルンの笛吹き男』［1974］や、日本中世史の網野善彦『無縁・公界・楽』［1978］たちの研究が社会的に大きな注目を集めた。網野は、基本的にマルクス主義歴史学の立場であったが、若き日に渋沢敬三の主宰する日本常民文化研究所の月島分室で進められていた日本各地から収集された漁業関係資料の古文書類などの整理の作業に従事して、民俗学への理解も得てきており、後年は民俗学の宮田登との交友関係も深いものがあった。

　一方、日本史学の中にも神社研究の活性化がみられるようになったが、それは社会史の流行からではなく、むしろマルクス主義歴史学の自己内省のなかからであった。たとえば、中世諸国一宮研究会の主要メンバーであり、『日本の神社と「神道」』［2006］の著者井上寛司の恩師は、戦後マルクス主義歴史学の立場から権門体制論や顕密体制論を提起していた黒田俊雄であった。黒田は、歴史学の立場から初めて正面から神道の概念や理解をめぐる検討を加えた研究者であったが、その主要な論点の一つは、中世の顕密体制の中で神道は仏法の世俗的な一形態であり、仏教と並立する独立した宗教ではなかったという点にあった。井上は、それを評価しながらも黒田の研究では具体的な神社史の研究が欠落していたなどの点を補うとして、神道と神社史の研究に進んだという。井上は、和歌山県の隅田八幡宮と隅田党の関係についてなど斬新で画期的な論考を提示しており（ヒストリア64号1973）、神社史の整理の上では、中世には大別して次の三つのタイプの神社があったという。

　①二十二社一宮など公的・国家的な性格をもつ有力神社

　②荘郷鎮守などの中小神社

　③民衆の素朴な信仰対象となっていた零細な神社や小祠

そして、①、②をおもな場とする国家権力による神社の編成とその機能の利用がなされてきた歴史を追跡しながら、③の場での民衆の側のさまざまな知恵と対応があったことをも評価している。また、近世史の中で神社と神道と神職について

の研究が、井上智勝『近世の神社と朝廷権威』[2007] などによって進められてきている。そこでは、寛文5年（1665）の諸社禰宜神主法度によって神道管領長上としての吉田家による在地神職の統制とその展開、また、それを相対化していった神祇伯白川家の活動などが追跡され、それらを契機として在地神職や神社が朝廷権威とより深い関係をもっていくことなどが論じられている。また、高埜俊彦編『民間に生きる宗教者』[2000] では、近世社会において神道者というのは門付けの祈禱者の類であり多くが貧民層の出身だったこと、在地神社の祭祀には神子という微妙な存在が記録には現れにくいが重要な役目を果たしていたこと、などが井上智勝 [2007] や西田かほる「神子」[2000] によって指摘されている。

■神社建築

　神社建築は、伊勢神宮の神明造りや出雲大社の大社造りをはじめ非常に多様性に富んでおり画一的でないという点がその特徴である。屋根の形は伊勢神宮が平入形式で、流造りの賀茂上下両社も平入形式である。出雲大社が妻入形式で、春日造りの春日社や住吉造りの住吉大社も妻入形式である。そこで、分類案としては稲垣栄三の「土台・心の御柱・二室」という点に注目したものがよく知られている [稲垣 2006；2008]。

　①土台を本殿の柱下にもつ春日社や賀茂上下両社のタイプは移動させる構造で、年に一度の神の降臨に際しての神の宿舎という性格をもつ。

　②心の御柱をもつ伊勢神宮や出雲大社のタイプは、心の御柱は構造的にはほとんど無用なもので神秘性を帯びたもので、いずれも本殿は掘立柱の古代の宮殿の手法で造られており神が常在する宮殿として造られている。

　③本殿形式が2室に分かれている住吉大社や宇佐八幡宮のタイプに注目しているが、その起源や意味は互いに異なるという。

　それに対して、近年の三浦正幸『神社の本殿』[2013] の見解は以下の通りである。

　①規模の小さい春日社の土台は移動のためではなく細い柱の本殿の安定性確保のためであり、規模の大きい賀茂上社の土台は遷宮に際して引き家工法で移動させるためである。

　②出雲大社の心の御柱は巨大神殿を支える機能を果たしており建築構造上とくに神秘性は認められない。それに対して伊勢神宮の心の御柱は建築構造とは完全に遊離しており、神秘性を考えることができる。両者を同列に考えるわけにはい

かない。

　③本殿の2室の構成については、住吉と宇佐八幡の二つのタイプに相違はない
とし、いずれも古代の宮殿の間取りに倣ったもので常在する神の昼と夜の御座で
ある。そのようにのべた上で、三浦は、出雲大社のような本殿の中に内殿がある
タイプと伊勢神宮のように内殿がないタイプとに注目して、前者を神主たち祭員
の参入タイプ、後者を非参入タイプと分類しており、前者の参入タイプの本殿は
古代の宮殿と類似して左右非対称の形式となり、後者の非参入タイプの本殿は左
右対称の形式となる。そこで、後者の左右対称という造形は仏教建築からの強い
影響によって新たに創始されたものと言うほかないという。これは、仏教建築と
の比較において、神社建築の由来を考える上で今後議論を呼ぶ問題提起といえよ
う。なお、三浦の指導した山田岳晴『神をまつる神社建築』（2018）は、安芸国厳
島神社の本殿の内部に鎮座する玉殿に注目して、安芸国一帯の各地の神社建築の
個別調査を行ない、中世から近世への神座としての玉殿の形式変化を追い、そこ
から祭祀形式の変化も想定しようとしている。

3.1.4　地域社会と神社
（1）　ニソの杜の研究史から学ぶこと

　福井県大飯郡の若狭大島地区の氏神は島山明神であるが、その大島地区にはニ
ソの杜と呼ばれるタブノキの巨木や椿の老木や竹林に小祠などからなる聖地がお
よそ30か所祭られている。柳田國男が、霜月23日未明が祭日であることなどか
ら新嘗の祭りでありそれは先祖の霊を祭る杜であろうと述べたことにより、戦前
戦後を通じて民俗学研究者の注目を集めてきた。しかし、これまでの研究史を振
り返ってみると、日本民俗学の方法論上の弱点が浮かび上がってくる。研究史に
問題があり事実確認にも問題がありながら解説的な文章が流通しているのであ
る。詳細は、2019年3月の「ニソの杜とは何か」という小文にまとめておいた
［新谷2019］が、重要な問題なのでここに要点を記しておき、民俗学の氏神や氏
子に関連する調査研究のあり方についての小さな提言を行なっておくことにした
い。

　①ニソの杜が先祖を祭るものという情報発信は、もともと地元の大谷信雄によ
るものであった。大谷は、青年期に小浜市の八幡神社神宮奉斎所祀官の浦谷勗と
親交し、神道や国学の影響を受けて地元の人たちから「宮爺」と称されるほど神

社仕えに熱心だった人物で、島山明神の神主や村長をも務めた人物であった。大谷の家は大島の氏神の島山明神のネギ株4戸のうちの1戸であり、約30か所あるニソの杜の内の一つスズノマイ（清水前）の杜の祭りの担い手6戸のうちの1戸でもあった。昭和30年代までの民俗学関係者の現地調査報告は、いずれもその大谷の解説を中心に紹介したものであった。

　②昭和40年代以降平成20年代後半の最近に至るまで、その調査と研究は具体的な約30か所のニソの杜の事例調査に基づくものではなく、そのなかのいくつかの事例を選んだ調査であり、かつその調査と研究の関心は、ニソの杜の神とは何かという問題に集中しており、小祠の中の神札や地元の記録類などから先祖神だとかいや地の神だとかというような議論に終始していた。事実を根拠とするよりも研究者による解釈が先行していた。

　③平成27年（2015）〜29年（2017）年に実現した共同調査で、約30か所のニソの杜に関する具体的な事実情報が初めて収集整理された。そこで再確認されたのは、ニソの杜だけに対象を絞った調査では不十分ということであった。大島地区全体の集落立地と家並配置の把握をもとに、信仰的な装置としての、神社、小祠、杜、寺院、堂宇、墓（サンマイとハカ）のすべてを地理的に把握して、それぞれの立地とその意味、祭日や祭り手や祭り方や供物などについて総体的にかつ相対的に把握する必要があるということであった。

　④そうした全体的な把握の中で、立地の上では、神社と小社や小祠の立地は集落から外れた地点、寺院と堂宇の立地は集落内もしくは集落内外の隣接地点、サンマイ（埋葬墓地）は集落から遠く離れた地点、ハカ（石塔墓地）は比較的集落に近い地点、ということが指摘できた。ニソの杜の立地については、他の信仰装置とは関係なく独自に集落内外の隣接地点の例と集落から離れた耕作地と山林との境目の例という二つのタイプが確認された。そして、その後の調査によって、いずれも耕作用水や生活用水の水源の近くであったことが指摘された［関沢2020］。祭り手や供物については、氏神の島山明神や、今は島山神社に合祀されている八幡宮や、その他の諏訪社や白山社のような小社の場合も含めて共通する部分が多く、寺社ともにもとは付属の耕作田があり輪番制によるその耕作と祭り手の選出という方式が伝承されていた。供物はアカメシ（小豆飯）にシロモチ（粢）が中心でそれに餅が加わるなどしており、カラスグチと呼ばれる鳥居や境内の一角にカラスに対する供物がなされるという点も共通していた。つまり、ニソの杜

だけに特異な祭りの方式があるのではなく、この地区の神仏の祭り方には基本的に共通する方式があったことが判明した。

　⑤そうしたなかでの、ニソの杜の祭りの特徴について整理すると、以下のとおりであった。

　a）祭りについては、単独の家で祭っている杜でも、複数の家が祭っている杜でも、決して共同祭祀ではなく、輪番制でその年にニソ田を耕作した家の夫婦がそれぞれ単独で自律的に、収穫した稲米から炊いたアカメシ（小豆飯）とシロモチ（粢）を、霜月22日深夜から23日未明にかけての暗闇の中で人知れずひそやかに供えてまつる、というのが基本であった。つまり、それはいわば民間の新嘗、折口信夫のいう「贄の忌み」を特徴とする祭りであった。それが次第に省略化へという変遷をたどってきているのが現状である。

　b）形状と立地については、人間の住む集落と自然界の山林との境界的な場所に立つタブノキなどの巨木が自然の霊威力を表象するものとして、人びとが侵してはならない畏怖と祈念の対象とされてきたというのが基本であった。そして、それは耕作用水や生活用水の水源の近くであった。

　c）ニソの杜の神とは何かについては、それは畏敬の対象としての自然の霊威力である、というのが基本であった。そこに、地の神とか先祖神とかいう新しい解釈が歴史の中で次々と上書きされてきたという状況があった。

　以上のことから、民俗学の弱点を克服する方法としてまとめておくならば、以下のとおりである。上記の、①と②からは、確かな研究史の追跡確認が必要不可欠であるということである。③と④からは、一定の地域社会を調査対象として、社寺をはじめ大小含めてすべての信仰装置を対象に全体的に調査と分析を行ない、事実だけを根拠として分析し論じていくのが何よりも有効だということである。部分だけの事実確認では分析的な論究はむずかしく恣意的な解釈に陥りやすいということである。

■現場調査で見えてくるもの

　日本各地の郷村社会では多く氏神や鎮守の神社が祭られている。しかし、それだけでなく同時に中小の社や祠や森神や野神や石神などさまざまな神々が並行して祭られているのが普通である。しかし、これまでの民俗学では、そのような現実と事実に対して、神社の研究、寺院の研究、それ以外の民間信仰についての研究、というふうに個々人の研究関心をもとに調査と研究の対象を現場で便宜的に

選り分け切り取ってきたのではなかったか、その点がいま強く反省されるところである。一定の地域社会を対象として、その現場の信仰世界の構造的な事例分析を可能とする方法として、そのような一定地域社会の信仰装置をワンセットとして調査し、それぞれの信仰装置の役割とそのあり方を位置づけていく、という方法が有効である。現場情報として、部分だけでなく全体から見ていく、という方法である。

　そこでもう一つ、具体的な作業例として紹介しておくのは、前述の芸州広島の吉川氏や毛利氏はじめ国人層の領域支配をめぐる抗争が続いた旧千代田町域と旧大朝町域における各村落における地域ごとの、神社から小祠までの悉皆調査によって明らかになった成果についてである。氏神や鎮守はその他の小社や小祠と併存しながら、それぞれの地域社会で祭られているが、それらの存在形態の中に、それらが歩んできている歴史と変遷の段階差についての情報が含まれている。

　①古く素朴であった田の神や山の神など自然信仰的な神々への信仰

　②時代ごとに流行し勧請した外来の大歳神や黄幡神など霊験あらたかな神々の信仰

　③さらにはまた中世の領主層が勧請した外来の熊野権現や八幡への信仰

　④戦国大名化していった吉川氏や毛利氏が大檀那として村落農民層との一定の呼応関係で改築造営されていった氏神社としての八幡宮への信仰

　⑤その戦国武将が転封されていった近世社会で、村人が氏子として祭っていった八幡宮や熊野社への信仰

という、この①〜⑤のすべての形態が歴史的な変遷を経ながら、眼前の地域社会に現在も伝承されているのである。つまり、地域社会における神々の祭祀のあり方の歴史的な変遷の段階差が、その地域社会での神社や小祠の現在の祭られ方の事例差の中に見出されるのである。

　この視点こそ、柳田國男が「氏神と氏子」［1990］の中で述べていた次の指摘に通じるであろう。柳田は次のように述べている。「民俗学の立場から見て意義の多いことは、現在十万数千を算する郷社以下の神社の中には、この千年以来の氏神変遷の、あらゆる段階を目の前に展示する実例が色々とある。単に前代記録の簡略な記事を実地によって裏付けるのみで無く、更にその個々の段階の中間過程ともいふべきものを、細かく順序立てて見ることさへ出来る」と。この柳田の独自の視点を、いまあらためて民俗学独自の視点と方法として磨き上げ、新たな継承

とさらなる発展とへとつなげていくことが大切であろう。

【注】

1) 『日本民俗学』の研究動向特集号では、214 号（1998 年）、227 号（2001 年）に、神社祭祀に
ついての整理があるが、神社についての研究ではなく、祭礼についての研究が多いことが指
摘できる。

【参 考 文 献】

阿部勤也 1974 『ハーメルンの笛吹き男』平凡社

阿部勤也 1979 『中世を旅する人びと』平凡社

網野善彦 1978 『無縁・公界・楽』平凡社

稲垣栄三 2006 『稲垣栄三著作集　神社建築史研究 1』中央公論美術出版

稲垣栄三 2008 『稲垣栄三著作集　神社建築史研究 2』中央公論美術出版

井上智勝 2007 『近世の神社と朝廷権威』吉川弘文館

井上寛司 1973 「紀伊国隅田党の形成過程」『ヒストリア』64 号

井上寛司 2006 『日本の神社と「神道」』校倉書房

岡田荘司 1994 『平安時代の国家と祭祀』群書類従完成会

小倉豊文編 1963 『地域社会の宗教の史的研究』柳原書店

河合正治 1963 「中世武士団の氏神氏寺」『地域社会の宗教の史的研究』柳原書店

黒田俊雄 1975 『日本中世の国家と宗教』岩波書店

黒田俊雄 1990 『日本中世の社会と宗教』岩波書店

桜井治男 1992 『蘇るムラの神々』大明堂

新谷尚紀 2009 『伊勢神宮と出雲大社―「日本」と「天皇」の誕生―』講談社選書メチエ

新谷尚紀 2013 『伊勢神宮と三種の神器―古代日本の祭祀と天皇』講談社選書メチエ

新谷尚紀 2017 『氏神さまと鎮守さま―神社の民俗史―』講談社選書メチエ

新谷尚紀 2018 『神道入門』ちくま新書

新谷尚紀 2019 「ニソの杜とは何か―これまでの日本民俗学の取り組みと、今回の調査から―」
『ニソの杜と先祖祭り』おおい町教育委員会

関沢まゆみ 2000 「老いの価値―年齢の輪の発見―」宮田登・新谷尚紀編『往生考―日本人の生
老死―』小学館

関沢まゆみ 2005 『宮座と墓制の歴史民俗』吉川弘文館

関沢まゆみ 2020 「若狭のニソの杜の祭地と水源」『國學院雑誌』121 巻 8 号

高埜俊彦編 2000 『民間に生きる宗教者』吉川弘文館

西田かほる 2000 「神子」高埜俊彦編『民間に生きる宗教者』吉川弘文館

西田長男 1966 『神社の歴史的研究』塙書房

二宮宏之 1979 「フランス絶対王政の統治構造」吉岡昭彦・成瀬治編『近代国家形成の諸問題』木
鐸社（『二宮宏之著作集 3 巻　ソシアビリテ権力の社会史』岩波書店 2011）

萩原龍夫 1979 「氏神」『国史大辞典』吉川弘文館

萩原龍夫 2013 『中世祭祀組織の研究 増補版』吉川弘文館

畑中誠治 1963「近世村落における神社祭祀の制度的慣行の形成と展開」『地域社会の宗教の史的研究』柳原書店

真弓常忠 1976『日本古代祭祀の研究』学生社

三浦正幸 2013『神社の本殿』吉川弘文館

柳田國男 2009「氏神と氏子」『定本 柳田國男集』14 巻、筑摩書房

山田岳晴 2018『神をまつる神社建築』弘文堂

『折口信夫全集』1 巻、2 巻、3 巻、20 巻、中央公論社 1954、1955、1955、1956

『国立歴史民俗博物館研究報告』第 148 集 2008

『定本 柳田國男集』10 巻、11 巻、筑摩書房 1962、1963

『日本の神々と祭り―神社とは何か？』国立歴史民俗博物館 2006

3.2　寺院と檀家 〔長谷部八朗〕

3.2.1　檀家と檀家制度

　知られるように檀家とは、特定の寺院に所属し、その寺院経営を支える単位としての世帯の意である。檀家制度の起こりは、キリシタン（キリスト教、キリスト教徒）の全国的な広まりを警戒した江戸幕府が、慶長 17 年（1612）のキリシタン禁止令以来打ち出した同教禁圧策の一環として、「寺請制度」を始めたことにある。すなわち、個人を特定の寺院に所属させ、キリシタンではないことを当該寺院に証明させた制度である。その証明文書を「寺請証文」という。こうして檀家制度は、寺請制度に基づくキリシタン摘発を企図した幕府の「宗門改」政策を背景に形成されたが、17 世紀後半頃から、不受不施派なども摘発の対象になっていく。初期の宗門改は、寺請証文を手がかりに「宗門改帳」を作成する形で行われた。

　しかし、寛永 14〜15 年（1637〜1638）に起きた、キリシタン農民の大規模な一揆である「島原の乱」、17 世紀後半に各地で勃発した潜伏キリシタンの発覚・捕捉（崩れ）事件などを経て、幕府は、寛文 11 年（1671）以降、「人別改」（戸口調査）と「宗門改」を結びつけた「宗門人別改」を、原則として毎年、全国的に実施するようになる。その際作成された「宗門人別改帳」は、当時の戸籍台帳の役割を担っていた。こうして檀家とその属する檀那寺との関係は固定化された。元禄 13 年（1700）年頃には「宗門檀那請合之掟」が作られ、檀那寺に対する檀家の義務が明文化され、葬式・法要のほか、伽藍修繕などの経済負担も課せられている。このような江戸幕府による一連の民衆統制策を通して、檀家制度は確立されていった。

（1）　檀家・檀越・檀那

　ところで、以上述べてきたような歴史的推移を経て、わが国では今日、ある寺院と結びつき、財施を供する人々を「檀家」と呼ぶのが一般的といえるが、類似の表現に「檀越」や「檀那」などもある。これら檀越・檀那などの語は、奈良・平安期の史料にも認められ、すでに古代から用いられていたことがわかる。ただ、その用法は、寺檀関係を前提とした江戸期の檀家とは異なり、むしろ特定の僧侶とその信者との関係、すなわち師檀関係を指す場合が多かったようだ。たとえば、

延暦4年（785）5月の桓武天皇の勅には「出家たるの人は、もと道を行なうこととす。いま見るに、衆僧は多く法旨にそむき、あるいは私に檀越をさだめて閭巷に出入す」（『続日本紀』）とある。また、長久（1040～1044）年間に天台僧・鎮源の撰述した『本朝法華験記』には、「沙門持法は檀那の食に預かり、或る時は乞食して、世事豊かならず」とみえる。もっとも、上述の「宗門檀那請合之掟」、あるいは各地の「宗門人別改帳」では、概して檀（旦）那・檀（旦）那寺の語が用いられている。その意味で、近世の「寺請制度」に基づく寺檀関係の固定化という制度的文脈で用いる「檀家」なる言葉はテクニカルな用語であり、当時の実社会では、むしろ檀（旦）那の語が常用されていたとみられる。

　なお修験道では、平安期から、吉野・熊野三山に参詣し、山内の宿坊に逗留して祈禱を受ける信者を檀那と呼んだ。中世以降、御師（特定の社寺に附属し、参詣者の宿泊や祈禱の世話をする下級の神職・社僧）とくに熊野のそれが、全国的な出張活動を繰り広げ、各地の信者との間で恒常的な師檀のネットワーク化を図り、檀那の形成・獲得を進めた。

（2）　回向寺・供養寺と祈禱寺

　先述のとおり、檀家・檀那の所属する寺院は檀那寺と称されるが、ほかに菩提寺との呼称もある。平安期以降浄土思想の展開とともに、貴族・武家の間で菩提寺建立が広まっていった。今日では、前者も使用されるものの、後者の言い方が一般的な印象を受ける。菩提寺とは、字義に照らせば、死者の菩提を弔う寺、すなわち葬式・追善法要を施して死者の冥福を祈る寺の意である。このようなタイプの寺院を指すテクニカル・タームとして「回向寺」「供養寺」などがあげられる。徳川幕府による「寺請制度」の拡大滲透策は、こうした「回向寺」「供養寺」の徹底を企図したものであったといえる。

　一方、祈禱を活動の中心に据えた寺院のタイプを「祈禱寺」と称する。祈禱寺は、従来、信者によって護持される例が多い。しかし、なかには檀家をもち、葬儀・法要を併修する例もみられる。つまり、回向・供養などの葬祭と祈禱を併修する寺院の存在である。この場合、上記の「回向寺」・「供養寺」と「祈禱寺」のいずれに該当するかの判断はむずかしい。むしろ、両者の折衷的なタイプを想定すべきであろう。こうした例は、天台宗、真言宗、日蓮宗などの宗派寺院に比較的多いといえる。いずれにせよ、日本における仏教の社会的展開、とりわけ寺院、僧侶の民衆社会における活動の歴史や現状を知る上で、「回向寺」・「供養寺」と

「祈禱寺」の両者を相対的に捉える視点は必要であると思う。

3.2.2　民衆社会への宗教・仏教進出の歴史学的研究
（1）　圭室諦成の見解

　ところで、かかる民衆社会への宗教・仏教進出の歴史に関する従来の研究は、農村地域を訪れた外来の僧侶、山伏、あるいは「俗聖」などと称される宗教者が、当地の堂・社・庵のごとき小規模施設を拠点にして葬祭や祈禱などの儀礼行為を施す例に着目した考察が中心であったといえよう。たとえば圭室諦成は、次のような見解を提示している。

　「仏教諸宗のなかで、真言宗や天台宗、とくに前者においては、15世紀になると、高野山（金剛峯寺）・根来寺・醍醐寺といった本山寺院の荘園支配が致命的打撃を被るに及んで伽藍や僧侶生活の維持のため、在地布教の姿勢を強めていった。また、在地に定住する僧侶も増加し、その場合、神社の別当寺や仏堂に拠点を据えるケースが多かった。しかし、本山寺院は、そうした寺院を育成することよりも、むしろ勧進活動を推し進めることに主眼が置かれていた」という。

　禅宗については、『蔭涼軒日録』にみる総持寺二世・峨山紹碩門下の行跡を描写した「世間を往来し、堂宮にすみて、道人と号するもの、みな、かの二十人の子孫なり」との記述、あるいは『和庵清順禅師行状』にみる、武蔵国埼玉郡皿尾村を訪れ、村内の阿弥陀堂に寓居した清順禅師が「写経課仏、あるいは禅、あるいは誦、大いに道化をひろめ、緇白を誘引す。往来絡繹として、堂外に市をなす云々」の記述などに着目し、中世後期の禅僧たちが村落の辻堂・鎮守を足場に布教を行っていた様子を描いている。ただ圭室は、当の禅僧たちの活動内容は葬祭・祈禱を中心としたものと述べているが、その傍証史料を具体的に示しているわけではない。

　浄土真宗に関しては、これらの宗派と趣を異にし、既存の神社や仏堂に止住するのではなく、信者である農民が「毛坊主」となり、その私宅を「道場」として教化活動を行い、やがてそれが寺院化する例が少なくなかったらしいと、いくつかの関連史料をあげつつ推論している。筆者は未見であるが、たとえば『笈埃随筆』には、以下のような記述がみられるという。

　　当国（飛騨国）に毛坊主とて、俗人でありながら、村に死亡のものあれば、導師となりて弔うなり。このものども、いずれの村にても筋目ある長百姓にし

て、田畑の高をもち、俗人とはいえども、出家の役をつとむる身なれば、あらかじめ学問もし、経教をもよみ、形状、物体、筆算までもそなわらざれば、人も帰伏せず、つとまりがたし。居宅の様子、門のかまえ、寺院にかわることなし。葬礼・斎非時に、麻上下を着して導師のつとめをなし、平僧に準じて野郎頭にて、亡者を取り置きするは、片鄙ながらいと珍らし。

日蓮宗では、在地武士・領主との抱合関係を示す事例は多いが、圭室は、それ以外に、やはり村落の堂宮を足がかりとして農民への布教を試みるケースにも言及している。東京近郊を例にとれば、中延村の法連寺は八幡社の旧別当寺、池尻村の浄光庵は、稲荷社の旧別当寺であったが、真言宗や禅宗との相違は、堂宮に対する従来の信仰を日蓮宗色に塗りつぶす点にみられるという。たとえば法連寺の場合、八幡宮の末社に、妙見堂と毘沙門堂という同宗の有力な信仰対象である妙見菩薩と毘沙門天を祀る堂宇を据えているとのこと。ただし、本事例の出典が明示されていない。

他宗に関する記述は割愛するが、いずれにせよ、中世後期から近世前期にかけて、庄（荘）園の解体に伴って郷村制が形成されるにつれ、諸宗寺院は在地にしっかりと根をおろしていった。そして、その進出の足がかりとなったのが神社と仏堂であり、とりわけ、神主・住持のいない神社・仏堂の神事・仏事を施行するために組織された宮座・堂講が受け皿になっていったと指摘する。村民生活を規制する力をもつ、これらの宗教的組織を利用することは、布教の足がかりとして、きわめて有効であったというのである。その際、もともと堂講の存在した仏堂に活動拠点を定めた宗教者が、それを寺院化した可能性は、宮座の場合よりはるかに高かったであろうと、圭室は推測している［圭室諦成 1979］。

（2）　圭室文雄の見解

■葬祭と祈禱

こうして中世後期それも 15 世紀頃から郷村に進出した、巡化僧や修験者などの宗教者たちは、既成の堂宮施設を、さらには頭（当）屋制や百姓身分の俗別当によって運営されていた座・講の組織を足場に、葬祭・祈禱を実践しつつ、当該地域への定着を図ったとされる。概していえば、この時代に各地の村落社会へと広がりをみせた仏教の葬祭活動の基盤の上に、やがて近世を迎え、幕府によって打ち出された一種の宗教統制策が、上述した寺請制度であり、寺檀制度であった。

しかるに、一方の祈禱の側面は、近世の寺請・寺檀制度が幕政により断行され

るなかで、どのように展開したのか。圭室文雄は、この問題を、具体的な史料考証に基づいて、おおむね次のような視点と論点を提示している。

　近世仏教の民衆世界への展開は、従来、寺請制度との関連で葬祭中心に論じられることが多かったが、圭室（文）は、祈禱にも目を向け、これらの信仰内容の民衆世界における受容のあり方を、とりわけ二つの時期に着目する形で論じている。すなわち、寺請制度が全国的に施行されて、葬祭が重要な役割を演じた慶長〜寛永（1596〜1643）の時期と、祈禱によって寺院と農民が密接に結びついた寛永末期から寛文（1661〜1673）期にかけての時期である。このうち後期の寛文11年（1671）には、統一形式の宗門人別帳が全国規模で作成され、寺院による「葬祭檀家」の掌握は一応の完成をみたといえる。元禄元年（1688）の『寺院古跡新地之定書』などによれば、幕府は、寛永8年（1631）を境にそれ以前のものを「古跡」、以降のものを「新地」とし、原則的には古跡寺院のみ公認した。こうした政策に沿って寺請制度は進められたわけであるが、元禄5年（1692）の『新地を古跡に被仰付覚』によれば、それまでに建てられた新地寺院143か寺を古跡に加えている。このことは、つまり、寛永8年以降も、実際には少なからず新寺が建立されている事実を物語っている。このように、原則として古跡寺院を対象に展開された寺請制度の枠外におかれる形での新寺建立もなされてきたわけで、同文書はその一角を示すものとみられ、なかには、こうした規程の網目から漏れた小寺や草庵も数多く存在したと推測される。

　圭室（文）は、自身の用いる「祈禱寺」とは、幕藩体制の埒外におかれた小規模の寺庵を根城に、農民の日常のささやかな現世利益の欲求を満たす小寺のことであるとして、関東の天台宗寺院を例にとれば、寺格の低い、いわゆる「門徒寺」と呼ばれるものは、大半が寛文・延宝（1673〜1681）期以降に建てられ、それらが別当寺の形をとって神社と積極的に結び付くのもこの頃であるとしている。有力神社にはすでに中世から別当寺（神宮寺）が形成されていたが、村落の小規模神社にも別当寺が作られるようになるのは、まさにこの時期だという。

■祈禱寺の類型

　ところで、こうした「祈禱寺」の施す祈禱の内容について、圭室（文）は、幕藩体制下の苛斂誅求にあえぐ民衆にとっての素朴な願いは、病気治しや豊作祈願など、もっぱら生活に密着したもの、すなわち現世利益の祈禱であったと推測している。寺請寺院と檀家の関係が葬祭を機軸に形式化するにつれ、民衆の現世利

益願望は、「回向寺」・「供養寺」たる「菩提寺」とは別の「祈禱寺」に向けられて
いったというのである。つまり、寺請制度の下で所属を課された公的な「菩提寺」
のほかに、このような現世利益的ニーズに応える「祈禱寺」とも私的な寺檀関係
を結ぶ。換言すれば、いわゆる「滅罪檀家」と「祈禱檀家」という、公私にわた
る二重の寺檀関係を併せ持つわけである。その際、「祈禱寺」には二つのタイプが
みられる。すなわち、一つは当の寺自体が「菩提寺」として、すでに「滅罪檀家」
を有している場合。このタイプの「祈禱寺」では、自寺の檀家（滅罪檀家）の祈
禱依頼にも、他寺の「滅罪檀家」の祈禱依頼にも対応する。したがって当寺は、2
種の「祈禱檀家」を包含していることになる。文字通り寺請制度下の「檀家」と
してのそれと、むしろ信者としてのそれである。いずれにせよ、かかるタイプは、
密教系とくに真言宗系、および日蓮宗系の寺院に多いと予測される。

　もう一つのタイプは、前述した、幕藩体制の埒外に置かれた小規模の寺庵であ
る。そこを拠点に、外部から来訪した宗教者が民衆の祈禱ニーズに応える形で当
該寺庵に止住する。そうした宗教者の主要な例として、修験者（山伏）があげら
れよう［圭室文雄 1980；1987］。

　ただ、「祈禱寺」出現の歴史を、特定の地域共同体を越えた広がりの中で、史料
をもとに追究した体系的研究は、管見の限り未だ見当たらない。だが概していえ
ば、その主要な契機を中世末から近世初めにかけて興起した修験者（山伏）の在
地活動に求める見解が散見される。たとえば宮本袈裟雄は、里に依拠し定着性の
高い修験者を「里修験」と呼び、歴史的には、中世末頃より里修験化が始まり、
おおむね元禄年間（1688〜1703）以降、修験道の近世的形態である里修験の時代
を迎えると述べている。また近世には、こうした農村部に居住する里修験のほか
に、都市部に向かう「町修験」も出現するが、従来の研究では、前者を主要な対
象として論じられてきたとする。そして、里修験の場合は、居住地およびその周
辺で、庶民の現世利益的な要求に応じながら、村鎮守の別当職を勤め、「祈禱檀
家」を形成していることが多いとしている［宮本 1984］。

3.2.3　村落寺院の活動に関する民俗学的研究—桜井徳太郎の場合
（1）　淡路島における堂庵の信仰的機能
　前項で取り上げた研究は、中世後期から近世にかけての史料を論拠として、当
時における寺院と檀（信）徒の関係を探ることに主眼がおかれている。これらの

歴史学的考察に対して、文献史料と現地調査を総合して「村落寺院の信仰的機能」
への接近を試みた民俗学的研究の一例に、桜井徳太郎のものがある。

　桜井は、瀬戸内海東部に位置する兵庫県・淡路島を対象として、島内に点在す
る堂庵の果たしてきた信仰的機能の分析を試みている。比較的簡略な内容である
が、こうした視点に立つ考察の余例はほとんどみられず、その意味で着目すべき
論考といえる。桜井によれば、それらは、本寺住僧の隠居所として設立されたも
の、あるいは本寺の末寺であったもの、俚俗・古伝説をもとに新しく建造された
ものなど、一様でないが、いずれも1、2間四方程度の小規模な堂宇で、弘法大師
にまつわる伝説をもつ例が大半である。本寺の衰滅により宗派的関係を断ち切ら
れた小堂が大部分で、それらは、寺僧の手を離れて地域社会の住民の手にその管
理が委ねられている。また、現在の堂庵は大概無住であるが、庵主がいる場合は、
島外から移住してきた身寄りのない人物が止住した例が多く、そうした庵主は、
朝夕の法事を勤め、加持祈禱や葬式に当たり、その代わりに村びとから食料の喜
捨を受けて生活するのだという。なかには、堂庵に村持ちの埋葬道具や法事に使
う什器・仏具を保管していたり、境内に墓が付属していたりする例もある。これ
らは、かつて寺院の機能を果たしていたことを示唆するものといえる。桜井は、
当地に存在した（する）堂庵をこのように概観した上で、その現存例として、日
蓮宗本門派・妙京寺の配下に属する浄光庵を採り上げ、略説している。

（2）　堂庵活動の具体例

　それによると、浄光庵は、妙京寺の末寺ではない。同寺の諸仏事に際しても、
手伝いはするが、公式の役を与えられてはいない。庵主（女性）自身が地域信者
の信望を得ていることへの、妙京寺住職の特別な配慮からとみられる。浄光庵は、
主管者が数代替わり、現主が入庵したのは戦後であるとのこと。来住以来、熱心
な活動を重ね、仏事に加え、地域の主婦たちに生け花・茶の湯の作法を教えてい
る。一方、おもな仏事は、次のような内容からなる。毎月13日に開催される女中
講は主婦たちを講員として構成され、庵主が導師を勤め、説経を施す。同庵の存
する一宮町井出地区（全区が妙京寺直檀徒）の各家を、その命日ごとに廻って読
経する。地域の農耕行事などに招かれ、読経・祈禱を行う。盆の棚経には、妙京
寺の僧に代わって廻檀する。また、妙京寺とは別に、同庵に施餓鬼会を開く。以前
は葬式の導師を妙京寺住職が勤めていたが、近年は同庵に依頼する家が増えた。
寺の指示を受け、庵主が戒名や位牌を出す形を取っている。しかし、庵主はあく

まで住職の代行で行っているのであり、寺檀関係は妙京寺との間に存する［桜井
1966］。

　このように、浄光庵の庵主は、葬祭、祈禱、華道・茶道など、仏事はもとより、
それにとどまらぬ多彩な活動を通して、主婦を中心とした地域の人々の熱い信望
を得ていることがわかる。当の人々は、表立った寺檀関係は妙京寺と結んでいる
が、その一方で、浄光庵の信者でもある。この二重構造を可能ならしめているも
のは、前者の住職と後者の庵主との強い信頼関係であろう。「上人様（本寺の住
職）の深い慈愛にはらまれて生かしてもらっている」との庵主の言葉が、そうし
た関係を如実に物語っていると思う。その関係を換言すれば、庵主は、本寺（妙
京寺）住職の、ある意味で子弟でもあり、信者でもあるといってよかろう。

3.2.4　都市と村落における寺院―檀信徒関係の実態
（1）　寺院とその主管者の多様性

　仏教と民俗信仰（宗教）の交錯する領域で民衆世界と直接に向き合いつつ活動
している仏教者たちの実態に迫るためには、寺院・僧侶対檀家の枠組みを単純に
あてがうだけでは不十分といわざるを得ない。寺院とその主管者の内実は、種々
のヴァリエーションを含み持っている。そこでまずはこれらの語を、かかるヴァ
リエーションに留意して、より拡張された視座から捉えることが求められよう。
上述した桜井の論考にみる浄光庵の事例は、そうした観点の必要性を示唆してい
るといえる。仏教者の活動拠点には、宗派公認の寺院のほかに、教会、結社、道
場、堂、庵などの名称を冠する公認の、もしくは未公認（未掌握）の施設もかな
りの数が存在するとみられる。それに対応して、主管者も出家・在家の両者を含
んでいる。なお在家仏教者の中には、宗派の催す修法の講習・研修会を受講して
宗派から一定の職掌（公認先達など）を授与され、公認の結社や道場などを設け
て、信者・依頼者に祈禱・供養を施す例もある。

　以下では、このような仏教者の活動実態を示す一例として、東京都下在住の日
蓮宗僧侶Ｍの場合を取り上げる。

（2）　事例の提示

　Ｍは、東京（Ａ教会）と千葉（Ｂ寺）に寺院を有している。Ａ教会はＭで3
代目、Ｂ寺は縁あってＭが兼務するようになったが、同氏で44代目である。Ｂ
寺は50余戸の檀家で構成されている。だが、その数は減少傾向にある、Ａ教会

は、檀家をもたず、ある程度安定した繋がりを持つ信者（50〜60 人）と、未だそ
こまで至らない信者予備軍（人数不詳）からなる。ただ、信者と認定する明確な
基準はない。M は、両寺間の交流を行うことは考えていないという。B 寺の建つ
地域周辺は、ベッドタウン化しつつあるものの、伝統的な村落の性格を色濃く呈
している。対する A 教会は、下町にある都市住民を対象とした、いわば新興寺院
である。

　B 寺の檀家は先祖の墓を守る典型的な葬祭仏教の実践者。一方、A 教会の信者
は、実生活に起因する現実的な相談事をもちかけ、それに対して M は、祈禱や易
占を用いたり、生き方を説いたりして応えるといった具合に、両寺院における M
の活動には対照的な相違がみられる。両者を比較した時、方法次第で教勢の拡大
が期待できるのは A 教会の方であろうと M はいう。同教会の月例信行会には熱
心な信者がほぼ毎回参加する。そうした有力信者を中心に、今後、墓地取得の要
望が出てくると予想される。彼らの多くは核家族で、上京者も目につく。郷里の
実家とは疎遠になる一方と語る人も増えている。しかし、そのような要望が持ち
込まれても、B 寺の墓をゆずるのではなく、霊園・葬祭業者を通して対処する形
を取る。A 教会と B 寺は、あくまで没交渉的に運営したいというのが、M の意向
である。仮に A 教会の信者を B 寺に受け入れても、従来の B 寺の檀家流のやり
方に歩調を合わせるのははなはだ困難だろうと、M は語る。しかし、A 教会信者
の墓地取得の問題は、現実味を帯びてきている。一方の B 寺檀家にこの話を持ち
出し墓地を提供すれば、檀家の一員となるわけで、かくして入檀した以上は、名
義だけでなく実際に寺の活動に関わってほしい、との声が返ってくる。都市化に
よる今後の推移はともかく、現状では、殻にこもった旧守的排他的性格を依然と
して根強く残しているのが B 寺の特徴といえる。逆に A 教会の場合、信者間の繋
がりは概して希薄で、大半の信者は M と個人的に結びついているのが実状であ
る。こうしてみると本事例から、いわゆる「檀家寺」と「信者寺」のもつ対照的
な性格が浮かび上がってこよう。

（3）　寺院、主管者、檀家を捉える視座

　これまで述べたことを踏まえれば、寺院の現実は、特定宗派の包括下であれ単
立であれ、宗教法人格を有する公的寺院と、当の法人格を有しない私的な寺院と
に大別されるといえる。前者は、「○○寺」の寺号を名乗る形が一般的だが、ほか
に「教会」「結社」「院」などと称する例もある。ちなみに A 教会は、日蓮宗公認

の寺院である。ただし、法人格の有無と寺称との間に直接の相関関係はない。「教会」「結社」「院」などの寺号を付したケースは、むしろ私的寺院に多いとの印象を受ける。したがって寺院の実態は、宗教法人格を有する（狭義の）寺院と非法人の寺院とを含めた広い視野に立って理解する必要がある。

そうした視座からみた（広義の）寺院のうち、私的な寺院の主管者は、先達・講元・道場主などと呼ばれる在家仏教者であることが多い。これらの在家仏教者の主管する講社・道場は、概して、主管者のシャーマニックな力能や人間的魅力を介して成り立っているといえる。この種の信者や講員を中心に構成された集団は、しかし、リーダーと成員間の個別的な繋がりは強い反面、全体としての凝集力が脆弱になりがちである。そこで、こうした僧俗の交錯する際どい領域に生きるリーダーたちは、それぞれの立場から、自己の統括する集団の安定的な持続策を図ろうとする。たとえば、在家の先達・講元などが僧侶資格を取得し、講社の教会・結社化を目指す例、あるいは、教会・結社の主管者が「○○寺」の寺号を申請し、かつ霊園と提携するなどして、祈禱と供養の両面から信者の檀家化を図る例、などがあげられる。

以上論じてきたように、民衆社会にみる寺檀関係の実態は多岐にわたり、したがって寺院および檀家の概念をより広い視点に立って理解する必要がある。寺院に関しては、祈禱と供養という主要な宗教的機能の違いに焦点を合わせれば、「回向寺」「供養寺」と「祈禱寺」に分けられる。しかし、真言宗や日蓮宗などを中心に、なかには両者の機能を併せ持つ寺院例も見出せる。また既述のとおり、寺院組織の形態からは、宗教法人に登録された寺院と、未登録のものとに分けられる。後者の場合は、結社、道場、時には教会の名称を冠し、「○○寺」の寺号を名乗る例は、管見の限りほとんどみられない。ただし教会・結社の中には、たとえば日蓮宗の教会・結社や真言宗の大師教会のごとく、宗派公認のそれも存在する。

檀家に関しては、明治4年（1871）の壬申戸籍の導入に伴い近世以来の寺請制度が廃止されたことで、その上に立脚した檀家制度は形式上解消されたわけだが、周知のとおり、実際にはその後も檀家は実質的に命脈を維持し、現在に至っている。それだけに、今日の「檀家」の内実は、明確な輪郭を描いて把握し難い。信者を含めた「檀信徒」という包括的な呼称が目につくようになったのも、そうした様相を反映しているのかも知れない。

【参 考 文 献】

孝本貢 1980「寺院と檀家の組織」『講座・日本の民俗宗教』5 巻、弘文堂

西川武臣 1995「江戸時代後期の真言宗寺院と祈禱檀家―武蔵国橘樹郡生麦村名主日記の記述か
　　ら―」圭室文雄編『民衆宗教の構造と系譜』雄山閣

桜井徳太郎 1966『民間信仰』塙書房

澤　博勝 2000「道場主―眞宗信仰における「聖」と「俗」の周縁―」高埜利彦編『民間に生き
　　る宗教者』吉川弘文館

竹田聴洲 1976『日本人の「家」と宗教』評論社

竹田聴洲 1993『民俗宗教と祖先信仰（上)』国書刊行会

圭室諦成 1979『葬式仏教』大法輪閣

圭室文雄 1980『江戸幕府の宗教統制』評論社

圭室文雄 1987『日本仏教史　近世』吉川弘文館

長谷部八朗 1998「(公開講演）都市における教会・結社型寺院の実態」『駒澤大学大学院仏教学
　　研究会年報』31 号

長谷部八朗 2002「日本仏教と行者―「行者仏教」の世界―」『宗教研究』333 号

福田アジオ 1992「近世寺檀制度と複檀家」『日本民俗学大系』7 巻

宮本袈裟雄 1984『里修験の研究』吉川弘文館

森　毅 1992「村落社会における社堂・叢祠の形態と機能」『日本民俗学大系』7 巻

3.3 講 と 巡 礼 〔川嶋麗華〕

3.3.1 講

　講をめぐる研究は幅が広く、民俗学だけではない。そこで、まずは、講という組織の存在とその機能についての研究と論及について、学際的に整理してみる。

（1） 経済史学・法制史学・歴史学からの関心

　講についての研究は、明治期における富籤などの禁止と信用組合制度の導入や、大正期から昭和初期にかけての不況に伴う無尽講の解散などを背景として、おもに法学や経済学の分野で、経済的な側面への関心による研究が行われた［中田 1903；尾佐竹 1911 など］。金融機関としての頼母子講と無尽講の制度については、相互扶助的な側面と営利収奪的な側面の両面が注目されてきた。

　池田龍蔵によると、「講」という言葉は経典を講ずることから転じており、史料上に現れるのは推古天皇 14 年（606）に勝鬘経が講ぜられたのを始めとする［池田 1930］[1]。

　経済的な制度である頼母子と無尽は、建治元年（1275）の「猿川眞國神野三箇庄庄官請文」に「當庄狼藉事」として「憑支」を禁ずる文言が、頼母子の初見である[2]［三浦 1900］。一方、無尽は、「建武式目」の「可被興行無盡錢土倉事」とあるように、従来は質の制度を意味していたとされるが、至徳 4 年（1387）に「相撲御神樂大饗。契約無盡人數事。右彼無盡由來者。雖相當件御頭番。依爲無力。難勤仕候間。面々令同心。爲致お少分合力。是お專御神事。爲□神官也」[3]とあり、頼母子と同様の制度を意味するようになったと考えられる［中田 1903］。文明元年（1469）には、法隆寺が親方となって装束や楽器を修理新調することを目的とした頼母子の規約書がみられるように[4]、中世の社寺では、修復や普請などの金銭の融通のために頼母子が行われていた［中田 1903］。

　歴史学の分野では、中世におけるより詳細な講とその経済的な側面についての研究が行われた。小葉田淳は、中世の東寺における光明真言講の運営とその経済的な支えについて注目し、14 世紀以降に度々寄進されている田畠からの年貢のほか[5]、講衆による 15 文ずつの負担金[6]、があることを述べた。この光明真言講では、寺院に対して貸付をしており[7]、僧に対する金銭的な救済の役割を有していた［小葉田 1931］。三浦圭一は、弘治元年（1555）の丹波国山国庄における二石

頼母子において[8]、衆中の人々が田地を売却していくことで、頼母子の親に田地が集中するなど、営利収奪的な側面もあったことを指摘した［三浦 1959］。

　また、中世における元興寺極楽坊を中心とした浄土信仰の隆盛に伴い、寛元2年（1244）の「元興寺極楽坊造営事」棟札に「往生講衆一百余人」とあるように［五来編 1964］、嘉応年間（1169〜1171）から文永年間（1264〜1275）にかけては、小口の寄付が盛んに行われていたという。また、13世紀後半以降になると、近畿を含め各地で、講衆、結衆、仏衆などによって盛んに寄進や石塔の建立が行われた［川勝 1973］。また、笠原一男は、浄土真宗の信仰組織の一つとして、16世紀には、近畿から北陸に分布した光永寺などの本願寺末寺で、それぞれの門徒が講衆中や講中を結成しており、そこから志納金が各寺へ納められていたことを指摘した[9]［笠原 1942］。

　伊勢講については、鈴鹿家記にある延元元年（1336）の「備中山城大藏口をそろへて、三月は伊勢講の當人にて御座候」[10]とある記事が文献の初出であるとされ、同資料の永享2年（1430）には「来ル廿八にち伊勢講私邸ニテ仕候」[11]とあるように、当時は當人の家で伊勢講が行われていたとされる［岡田 1980］。嘉吉元年（1441）に発布された徳政令に「諸社神物 付、神明、熊野講要脚事」[12]、享徳3年（1454）12月18日の徳政令に「神物事 限伊勢熊野講銭」[12]とあるように[13]、15世紀中頃には熊野講や伊勢講が一般的に行われていたとされる[14]［新城 1960］。また、岡田米夫によって、寛正3年（1462）に備州の村民が伊勢参詣の費用のため米穀を出し合う合議が行われており[15]、室町時代の伊勢講は、一定の時期に講宿に集まったこと、一定の時期に参宮したこと、などが指摘された［岡田 1980］。

　一方、近世後期の動向として、宝暦9年（1759）の羽州北村山郡大石田村の「和順講」[16]、天保11年（1840）に創始した備荒・不幸・火災に備えた「一心講」[17]、文政9年（1826）に結成された縄の売上を備金とする「縄索講」[18]、などの共済的な制度をもつ多様な講が結成されていたことが指摘されている［森 1982］。

（2）　社会組織としての講への注目

　1930年代には、社会学や人類学の分野で、社会組織の一つとして講が取り上げられるようになった［有賀 1938；鈴木 1939；福武 1949］。そのなかでも、特に稲作を中心とする生業組織の制度から村落組織を分析する試みがあり［有賀 1938］、日本の村落社会の類型として、大手作地主である本家とそれに従属する小作階層の血縁非血縁の分家とによって構成される「同族結合」と、ほぼ同等の家によっ

て構成される横の連繋による「講組結合」の二つが提示された［福武 1949］。し
かし、そのような分析に対して、桜井徳太郎は講集団の多様性をあげた上で、そ
れらを「同族的結合と対立する意味の講組的集団の中に含めて定置することが果
たして妥当であるだろうか」［桜井 1962 p57］と疑問を呈している。

　竹内利美は、昭和 14 年（1939）に行われた長野県の松本平地域における調査の
報告を元として、同地域における庚申講の信仰集団について分析を行った。その
調査から「講組織に實際の内容を附與する條件は、それが所属する村落社會組織
當體の中に存する」［竹内 1942］と述べ、講組織の基礎となる村落内部の社会関
係には「血縁的」関係と「地縁的」関係があり、講組織の変遷では血縁的関係か
ら地縁的関係へと移行する傾向があることを指摘した。

　また、社会学の川島武宜と渡邊洋三によって長野県の上久堅村での調査から同
地域における講の衰退が指摘されている［川島・渡邊 1944］。この地域では、明
治以降、頼母子講や無尽講だけでなく、それまでの研究では関心が払われなかっ
た「電話講」や「醫師招聘講」などの講が必要に応じて新しく結成され、村落の
生活を支えていたこと、しかし、昭和初期以降に不況のあおりを受けてその多く
が崩壊して、新しい講が結成されなくなったこと、同時期に代参講の多くも衰退
したこと、が報告されている。

（3）　民俗学における講の研究

　社会学では同族に講組を対置したが、民俗学では村落調査をもとにした実態把
握とそれに基づく分析が試みられた。昭和 9 年度（1934）から昭和 11 年度（1936）
にかけて、全国 60 余ヶ村で山村調査が行われ、その成果を整理する中で「部落と
講」が項目の一つとして設けられた。その中では、「一定の講員が寄合つて親睦し
共同飲食をするといふ所に講の最も中心な點が存すると云つても決して過言では
ない」［守随 1937］と注目された。

　柳田國男は、「定まつた導師が無く、毎回順まはりの頭屋を以て、祭の場所とし
て居る」［柳田 1943］ことを講の共通点として注目し、この制度が村全体の神祭
りに導入されることによって講と類似した制度を有するようになったとしたほ
か、「毎月二十三日の夜を會期とした二十三講といふのが、國の南北両端にかけ
て、非常に汎く分布している。民間念佛の流布以前からの、我々の講の一つの形
では無かつたかと思ふ」［柳田 1943］と述べた。講は仏教の経典を講ずる講会か
ら展開したことは早くから指摘されていたが、民俗学においては、講における信

仰の対象とその多様性に注目し、そこにみられる日本の信仰の展開についても関心がもたれた。そして、守随一をはじめとして、さまざまな講の実態調査と、それに基づく講の特徴の把握が試みられ、守随は共同飲食に注目している。柳田は、導師がなくまわり番の家で祭が行われることに注目した。柳田は、講そのものというよりは、二十三夜講などが仏教以前の信仰を強く残していると注目して、講を含めた広い信仰にみられる徹夜の「待ち」に関心を抱いた。

　桜井徳太郎は、講の本質の解明を目的として、講の通史的な研究を試みた［桜井 1962］。桜井によれば、講は、貞観8年（866）に桓武天皇と仁明天皇の御陵において毎年八講会を設えることとなり[19]、会合は臨時的なものだけでなく定期的にも開かれるようになっていた。八講会は、法華経8巻を朝夕1巻ずつ4日間にわたって講ずる会合であり、寛平元年（889）に宇多天皇が嘉祥寺において修めとする記録のように法華八講と呼ばれ[20]、延長2年（924）に藤原忠平が法性寺にて八講を行うなど[21]、10世紀には寺院や朝廷だけでなく有力な貴族が法華八講を催すようになり、法華八講以降、講会が「講」と呼ばれるようになっていたことを述べた［桜井 1950］。このような宮中・貴族とともに寺院によっても講会が行われており、興福寺の維摩会、宮中の御斎会、薬師寺の最勝会は三会と称され、その講師は三会講師と呼ばれるなどその立場が重視された[22]。

　そして、現在の民俗伝承の中の講については、信仰的機能をもつ講、社会的機能をもつ講、経済的機能をもつ講、の三つに分類している。そして、信仰的機能をもつ講をさらに、地域社会に自生したタイプと外来信仰に基づくタイプとに分け、前者にはさらに山の神講、田の神講などの原始信仰型の講と、ウブスナや氏神のようにやや洗練された氏神型の講との二つがあり、後者にはさらに、外来信仰に基づく仏教系では浄土真宗の報恩講、日蓮宗の題目講など、神道系では伊勢講、稲荷講などと、地域社会外にある信仰対象が衰微または消滅して地域社会内に孤立して残存した無人の堂宇などで行われる観音講、地蔵講など、という四つにわけて、講の歴史的な変遷を論じている。しかし、その変遷を論じるにあたって、村内の信仰対象の講と外部の信仰対象の講との両者のうち、「講」の理想条件を規定して、参拝講・代参講のたぐいを「典型的な講」であると論じている。

　柳田國男や守随一などの研究では、講の実態からその共通点を捉えようとしていたが、一方、桜井は、自身で「講」の理想条件を規定して、その条件に従って外来信仰と在来信仰の受容について論じている。しかし、内容についての分析は

行っておらず、信仰対象で分類し、それらを対比して、変化の動態について結論づけており、帰納的な方法ではないといえよう。

具体的な地域社会における調査の一例としては、東京都近郊の東久留米市教育委員会から昭和50年（1975）当時の市域の講の行事についての情報が提供されている［東久留米市教育委員会 1976］。そこでは東久留米市域の計九つの大字の南沢、前沢、柳窪など大字ごとに稲荷講や念仏講、富士講や御嶽講などが結成されそれぞれの活動が伝えられていることが紹介されている。大字によって多少がありその構成戸が複数に加入しているかたちで四つから七つの講が結成されており、大別して村内講と代参講の2種類がある。村内講としては集落内の稲荷社や庚申塔を祀る稲荷講や庚申講、老婦人たちが毎月16日とか春秋の彼岸に集まって念仏をあげる念仏講のたぐいがあり、代参講には富士山や御嶽山など遠隔地の霊山名社へ毎年くじ引きで代参者を立てて参拝をするたぐいがある。そして、具体的なそれぞれの講の行事の内容についての参与観察の情報と、それぞれの講で伝えている元禄15年（1702）の古文書や古地図や、近世から現代までの稲荷講の覚帳などの史料も紹介されており、その内容は昭和50年（1975）当時という、高度経済成長期（1955〜1973）の直後の武蔵野から多摩地方における講の伝承状況を具体的に示すものである。

代参講のたぐいについては、関東東海の富士講、御嶽講、榛名講、秋葉講など、関西の伊勢講、愛宕講など、その他日本各地にさまざまな活動が伝承されてきて、それぞれに研究蓄積がある。とくに富士講の研究は盛んで、井野辺茂雄『富士の信仰』［1929］、岩科小一郎『山の民俗』『富士講の歴史』［1968；1983］、鈴木昭英編『富士・御嶽と中部霊山』［1978］、日本常民文化研究所編『富士講と富士塚』［1978；1979］、平野栄次『富士浅間信仰』［1987］、などその研究蓄積は多い。1970年代を中心に刊行された『山岳宗教史研究叢書18巻』［五来編 1984］は、修験道研究の成果を集成したものであるが、霊山信仰と講の活動についての研究成果を収録しており、研究史をふまえる上では参考とすべきものといえる。

また、講の活動の変化については、1930年代に山村調査を行った村のうち21か村において、50年間における民俗変化を追跡するため、成城大学民俗学研究所が、1984年度から1987年度にかけて追跡調査を行っている［八木橋 1990］。その調査から、八木橋伸浩は、昭和30年代後半以降の働き手の流出に伴って過疎化することで継承する世代がいなくなったものの、講を担ってきた世代が残ったため

維持する基盤が残されていたこと、などを指摘している。

　一方で、高度経済成長期以後にも、現存する講の事例研究が行われており、た
とえば、松崎かおりは石川県輪島市の漆器業者における頼母子講について詳細な
調査を行い、そこから"漆器生産のための地元頼母子講"と"漆器販売のための
出先頼母子講"の二つの機能として事業運営の資金調達のため講が現存している
ことを指摘している［松崎1993］。また最近では戸邉優美によって宮城県牡鹿半
島における平成10年代中頃まで活動していた女講中（じょこうちゅう）と呼ばれ
る女性たちの講における女性どうしのつながりを女性の講集団と個人どうしのつ
きあいとの二つの枠組みで捉えて、その社会変化に伴う衰退と変化などを追跡し
ている［戸邉2015；2019］。また、とくに長野県地方では地域社会における庚申
講の役割が大きく、山梨県地方では無尽講が活発な活動を続けておりその伝承力
の強さが注目されている。また、広島県の旧安芸国エリアを中心の浄土真宗門徒
の卓越した地方では、講といえば門徒寺を中心にかたく結集した地域集団として
の講中と信仰の上で年中行事化している報恩講の活動のことを意味するように、
地方ごとに多様な展開をみせているものである。つまり、民俗学にとって講とい
うのは古くて新しい研究テーマであり、その地域差などにも注目して一定の伝承
力と機能をめぐる新たな研究が期待されているといってよい。

3.3.2　巡　　　礼

（1）　巡礼とペルリナージュ pèlerinage

　巡礼は、日本に限らずヨーロッパなど世界的にみられる習俗である。巡礼研究
には、有名なスペインのサンチャゴ・デ・コンポステーラをはじめとするヨーロ
ッパの聖地をめぐる巡礼に注目した研究と、日本の巡礼地と巡礼に注目した研究
とがある。欧米の研究者によるヨーロッパの巡礼と巡礼地・聖地をめぐる研究に
は膨大なものがあるが、日本民俗学からの数少ない研究としてもフランスのブル
ターニュ地方のトロ・ブレーズについてのものがある［関沢2008］。そのブルタ
ーニュでは巡礼をペルリナージュ pèlerinage といっており、その意味には二つが
あった。一つは直線的な「聖地参詣」、もう一つは円環的な「聖地巡礼」である。
そして、研究対象としたトロ・ブレーズやトロメニと呼ばれる円環的なペルリナ
ージュ（巡礼）においてはただ聖地を巡るというだけでなく必ず出発の基点に戻
ってきて完了するという点が重要だという。つまり、一定の範囲をトロ（一巡）

することに意味があり、それは聖なる領域設定と領域確認という意味があるのだというのである。このペルリナージュ pèlerinage は英語ではピルグリミッジ pilgrimage といい、基本的にラテン語のペレグリーヌス peregrinus つまり「通過者」「異邦人」を語源とするものである。それは、人々が日常の住居から遠く離れた遠隔の聖地へ参詣する旅やその旅人という意味である。日本ではピルグリム・ファーザーズ pilgrim fathers という言い方でよく知られているが、それは 1620 年、ジェームス 1 世の弾圧から逃れてイングランドからメイフラワー号に乗ってアメリカに渡ったピューリタン（清教徒）をさす語であり、その Pilgrims は巡礼始祖と翻訳されている。

　ここで注意しなければならないのは、巡礼という日本語と、英語のピルグリミッジ pilgrimage やフランス語のペルリナージュ pèlerinage とは、もともと意味が異なる語だという事実である。日本語の聖地への「巡礼」と「参詣」とは初めから別々であり両者を混同させることはふつうはない。にもかかわらず、ペルリナージュ pèlerinage やピルグリミッジ pilgrimage が単純に巡礼と翻訳されたために、日本の研究者の中には、両者を同じ意味だと捉えて一つの目的地に達するための「単一聖地巡礼」と「複数聖地巡礼」という二つのかたちがあり、それらを直線型と円周型と捉えるような立場も出てきている［真野 1976；星野 2001］。しかし、日本の歴史学や民俗学における巡礼の研究では、当然参詣と巡礼とは別のものとして、参詣といえば伊勢参宮などの遠隔参詣を意味しており、複数の聖地を巡るものだけを巡礼とみなして、遠隔参詣と巡礼とを分別するのが一般的である［小嶋 1987］。遠隔地の聖地への参詣や参拝はあくまでも参詣であり、巡礼とは区別すべきである。

　基本的な研究書としては、前田卓『巡礼の社会学』［1971］、新城常三『（新稿）社寺参詣の社会経済史的研究』［1982］、真野俊和編『講座日本の巡礼』［1996］などが参考になる。

（2）　西国巡礼と四国遍路

　日本の巡礼としてよく知られているものの代表例が、西国三十三カ所巡礼と四国八十八カ所巡礼の二つであろう。西国三十三カ所巡礼というのは、近畿地方の著名な観音寺院の三十三カ寺をめぐる巡礼で、和歌山県の那智の青岸渡寺を起点の第 1 番札所として、ほぼ右回りの円環状に、2 番札所紀三井寺、3 番札所粉河寺、そして大阪府、奈良県、滋賀県、京都府、兵庫県、福井県の各県下の寺院を

めぐり、岐阜県の 33 番札所華厳寺を最後として巡拝するものである。観世音菩薩
はその身を 33 に変化して衆生を済度される慈悲の仏であり、日本でもあらゆる現
世利益の効験ある仏として、聖観音や十一面観音や馬頭観音などさまざまなかた
ちで信仰を集めてきている。西国巡礼の三十三カ所という数字はその観音の
三十三身に由来すると考えられている。

　この西国巡礼は、史料上では、応保元年（1161）に覚忠が行ったとする記録が
初出であるとされ[23]、同時代には『愚昧記』仁安 3 年（1168）の観音詣の記事な
どがあるように[24]、京都の市中においても観音信仰が盛隆を誇っていたなかでの
成立であったと考えられる［新城 1964；速水 1970］。当時、修験者や遊行僧が巡
礼を行っていたが、室町中期になると、僧が先達、引導を勤め民衆が巡礼を行う
ようになった[25]［久保 1967；吉井 1985］。暦応 2 年（1339）の納札をはじめとす
る中世から近世にかけての巡礼札を分析すると、当初「巡礼」であったが、延徳
期から「順礼」の表記が加わり優勢となって、近代以降に再び「巡礼」表記が優
勢となるが、その順礼への表記の変化は札所を順番に巡ることが優勢になったた
めと考えられる［久保 1967；前田 1971］。新城常三は、納札、巡礼歌、笈摺の 3
点が、西国巡礼における重要な習俗であると注目した［新城 1964］。そのなかで
も、巡礼者が巡礼地もしくは巡礼の道中にある寺社に札を納める巡礼札や納札と
呼ばれる習俗については、「竹居清事」に当時の西国巡礼において「三十三所巡
礼」と書いた木札を仏堂に貼るとする記述がみられる［田中 2004］。納札の習俗
は、12〜13 世紀の資料に「札を打つ」という表現が記されていることなどか
ら[26]、従来行われていた慣行が西国巡礼に取り入れられたとも考えられている
［新城 1964］。西国三十三カ所は、成立当初は三十三カ所と表記されたが、延徳・
明応期頃（1489〜1501）から西国三十三カ所と冠したものが優勢となる。それは
東国からの巡礼者にとっての西国という意味であったと考えられる［久保 1967；
前田 1971］。また、田中智彦は、地理学の立場から丹念な巡礼路の復元に取り組
み、札所を順番に直接たどる「基本的経路」の巡礼路、「愛宕越え」などの「発展
的経路」の巡礼路とした上で、西国巡礼では、近世に難所回避や宿泊休息施設の
便宜や名所旧跡参詣のために「基本的経路」から「発展的経路」が派生し、近世
の中・後期に「発展的経路」の方が巡礼路として一般化したと指摘した［田中
2004］。

　西国巡礼についての研究書としては『西国三十三所霊場寺院の総合的研究』［浅

野編 1990] や『西国巡礼三十三度行者の研究』[小嶋編 1993] などが参考になる。

　四国八十八カ所巡礼というのは、四国の島内にある弘法大師ゆかりの八十八ヵ所の札所寺院を巡拝するもので、四国遍路とも呼ばれる。八十八ヶ所の最初の第1札所は徳島県鳴門市の霊山寺で、そこからおよそ右回りの円環状に太平洋岸をまわり、室戸岬を経て高知県に入り東から西へと横断して愛媛県宇和島へと入り、瀬戸内海岸地帯をこんどは東方へと向かい、香川県へと入り、最後の 88 番札所は内陸部にある大窪寺で完了する。この八十八カ所という数についてはただ数が多いという意味であろうといわれるだけでとくに定説はない。この四国遍路の起源については、『今昔物語集』（巻 31 第 14）の「仏ノ道ヲ行キケル僧三人伴ナヒテ、四国の辺地ト云ハ伊予、讃岐、阿波、土佐の海辺の廻也」の記事や、『梁塵秘抄』（巻 2）の「われらが修行せし様は忍辱袈裟をば肩に掛けまた笈を負ひ　衣はいつとなくしほたれて　四国の辺地をぞ常に踏む」の記事などから、12 世紀には修行僧たちの存在が想定されるが、比較的古い記録としては弘安年間（1278～1288）のものとみられる「醍醐寺文書」に「四国邊路、三十三所諸国巡礼」として四国巡礼が記録されており、鎌倉時代すでにその二つの巡礼が行われていたことがわかる [新城 1964；藤田 1979]。江戸時代になると、寛永 15 年（1638）に四国遍路をした賢明の『空性法親王四国霊場御巡行記』や貞享 4 年（1687）に眞念の『四国遍路道指南』が著され、一般の庶民も四国遍路を行うようになっていたことが考えられる。

　四国遍路についての研究書としては『巡礼の民俗』[武田 1969]、『四国遍路研究』[近藤 1982]、『四国遍路の寺』[五来 1996]、などがある。

　巡礼や遍路の目的や動機については、死者への供養、病気治癒や縁結びや金運などさまざまな願掛け、身体精神ともに健康のため、失敗への反省や懺悔などが多く語られているが、巡礼の背景には信仰と観光という二つの意味が併行している。古くからの習俗としては浄土への往生祈願ということが多く、たとえば、その他に法華経や般若心経などを納経して、納経帖に印をもらう習俗もあった。現代では、死後にその納経帖を遺体とともに納棺されるか、また納経帖ではなく白衣に朱印をもらい、遺体にその白衣を着せて納棺される。たとえば、福井県の大島では、現在も生前に西国巡礼を行って、白衣に御詠歌を押してもらって、葬式では遺体に被せて葬式を行っている[27]。

　四国遍路の特徴の一つが善根宿など接待の習俗である。その善根宿や接待所や

接待講などの巡礼者を接待する習俗は、西国巡礼において、「竹居清事」[28)]に「己れの食を口にするを輟め以て給す」とあるほか、「天陰語録」[29)]などにも巡礼者に対して施しを行う記事がある。また、坂東巡礼においても、永禄3年（1560）の「杉本寺縁起」に「路端の民舎は、資飯宿茶等、力を随て施すべし」とあるなど、これらの巡礼地では中世から近世にかけて接待が行われていたことがわかる。しかし、『日本九峰修行日記』の文化15年（1817）2月1日の記事に「西国順礼道故托鉢等一切なし」とあるように[30)]、近世においては徐々に衰退していったと考えられる[31)]［新城1964］。しかし、四国遍路ではその接待の文化が現代まで根付いており、その習俗についての研究も一部では行われている［前田1971；浅川2008］。前田卓は、四国遍路の接待について、個人で行う場合、霊場近隣の住人が集団で行う場合、四国外の人が接待品を持ち込んで接待講として行う場合、という接待の多様な実態を紹介している。

　なお、上記のような全国から巡礼者が集まる巡礼地のほか、全国的に、六地蔵、三十三観音、八十八大師、などの巡礼地が多数分布しており、その中には、小豆島霊場などのような、新西国や新四国と呼ばれる西国三十三カ所や四国八十八カ所を模倣した「写し霊場」が、さらにその寺院の境内などに石仏を配置した巡礼地がある［小田1984；田中2004］。西国巡礼の地方版として、中世期に坂東巡礼と秩父巡礼などの十数カ所の霊場が成立し、近世には全国的に150カ所ほどの霊場が成立した［新城1964］。福島県の都々古別神社の十一面観音像台座の天福2年（1234）の墨銘からはその同時代にすでに坂東霊場が存在したことが窺えるという［鶴岡1979］。また、長享2年（1488）の『長享二年秩父観音札所番付』には秩父巡礼のことが記されている。近畿地方に分布する西国三十三カ所の写し霊場の場合は、令制下の国規模や都市部の巡礼地が先んじて成立し、その札所を共有して郡規模の巡礼地に遅れて成立する傾向にあったといわれる［田中2004］。また、小豆島霊場と四国八十八カ所の比較研究では、小豆島霊場は、モデルとなった四国遍路の「八十八札所の集まりという理念を、小豆島の条件に応じて具体化したもの」［小田1984］であるとされている。

　日本における巡礼には、このように参詣対象によって、西国三十三カ所などの本尊を祀る寺院をめぐる本尊巡礼と、四国遍路などの参詣寺院の歴史的な由緒を元として形成された聖蹟巡礼の二つのタイプがあるという捉え方もある。そして、後者の中においても法然上人二十五カ寺巡拝などの開祖の聖蹟をめぐる巡礼と、

六十六部廻国などの宗派や個人と結びつかずに歴史上の聖地をめぐる巡礼とがあるという［真野 1976；1996］。

（3）　巡礼の変化とツーリズム

　近年では、巡礼をはじめとする聖地などを巡る行為をツーリズムとして捉える研究が盛んに行われている［山中編 2012；岡本 2012；門田 2013 など］。歴史学において、近世期に、交通網の発達などに伴って、遊楽を目的とした参詣や巡礼が盛んとなっていたことが注目されており［新城 1964 など］、1979 年には、巡礼のもつ「遊行」と「観光（ツーリズム）」の二面性について指摘がなされた［山折 1979］。また、2000 年代に入ると現代における巡礼の商品化が研究対象とされ［門田 2013 など］、次のような指摘がなされた。

　明治期における廃仏毀釈運動によって各巡礼地の札所である寺院が、廃止と復興を経るなど混乱が生じたが、昭和 10 年代における 7 年間の四国遍路の宿帳には 1 万人以上の宿泊客があった［星野 2001；佐藤 2004］。昭和初期には、四国遍路の霊場が近畿地方でたびたび尊像を持ち出して他寺院で開帳する出開帳を行い[32]、『札所と名所 四国遍路』（1930）などの鉄道や乗合自動車を利用した観光を目的とした案内記が出されるなど、四国遍路の周知がなされたほか、昭和 28 年（1953）には団体バスによる四国遍路が催行されるようになった［佐藤 2004］。昭和 44 年（1969）、昭和 51 年（1976）から平成 14 年（2002）の四国遍路と西国巡礼の巡礼者数の調査によると、西国巡礼では、昭和 53 年（1978）の 82,033 人を最大として、昭和初期まで 7 万人前後の巡礼者が訪れ、以後は減少傾向にある。一方、四国遍路では、平成 10 年（1998）前後の大幅な増加を経て、平成 14（2002）まで巡礼者数が増加傾向にある［前田 1971；佐藤 2004］。四国遍路では、モータリゼーションによって巡礼路は衰退したが、1990 年代から 2000 年代にかけて「歩き遍路」が大幅に増加し、巡礼路や巡礼に関する文化を資源として地域の活性化や観光振興に活用する「巡礼路再生運動」が試みられた［佐藤 2004；星野・浅川 2011］。

　巡礼における信仰とツーリズムとの関係性に注目する研究には、その巡礼者の動機を、アンケートなどによって、信仰と観光に分別することを試みたものがあるが［前田 1971；佐藤 2004］、門田は、ツーリズム産業からも注目し、その両者が「不可分で相補的な関係を持」［門田 2013］ち、「現代において人々の宗教的経験を成立可能にしている社会的構図を描く際には、決してこのような世俗の制度

的動向に目を背けることはできない」［門田 2013］とした。さらにツーリズムを
視野に含めた巡礼研究には、アニメや映画などの娯楽作品の聖地化とその巡礼を
対象としたものもある［能登路 2007；岡本 2009］。

【注】

1) 池田は「扶桑略記」を出典として取り上げたが、「日本書紀」推古天皇 14 年（606）秋 7 月
　　に「皇太子亦講法華經於岡本宮」とある。

2) 建治元年（1275）「猿川真国神野三箇庄庄官請文」東京大学史料編纂所編『大日本古文書 家
　　わけ 1-7』東京大学出版会、1906

3) 至徳 4 年（1387）「相撲御神樂大饗契約無尽人数事」色川三中原輯『香取文書纂 12 分飯司家
　　藏』

4) 「法隆寺文書」8「契約 法隆寺五拾貫文取賴支規式條々事」

5) 「東寺百合文書」文明 11 年（1479）「光明講春季入足注文」の文明 12 年（1480）10 月に「米
　　代御年貢代ニ且祐源進之」とある。寄進状は、応永 3 年（1396）「法印權大僧都良宝田地等
　　寄進状」応永 29 年（1422）「富隆田地名主職寄進状」応仁 3 年（1469）「宮内卿法印祐盛敷
　　地寄進状」などがある。

6) 文明 11 年（1479）「光明講春季入足注文」「東寺百合文書」

7) 永享 4 年（1432）「光明講引付」「東寺百合文書」

8) 弘治元年（1555）「井本家文書」野田忠夫編『丹波国山国荘史料』

9) 「天文日記」天文 5 年（1536）4 月 17 日、天文 9 年（1540）7 月 25 日、天文 11 年（1542）7
　　月 23 日、など。真宗史料刊行会『大系真宗史料 文書記録篇 8、9』

10) 「鈴鹿家記」延元元年（1336）2 月 12 日。史籍集覧研究会『史籍集覧 24 新加別記類 1』

11) 「鈴鹿家記」永享 2 年（1430）8 月。史籍集覧研究会『史籍集覧 24 新加別記類 1』

12) 佐藤進一・池内義資・百瀬今朝雄編『中世法制史料集 2 室町幕府法』

13) 永享 2 年（1430）8 月 16 日「廿一日伊勢講私所ニテ仕候」とあるが、その記事において講
　　に関与した村の人がどのような身分であったかは不明である。

14) 蒲生郡比都郡佐社近傍（「比都佐神社文書」2247、滋賀縣蒲生郡役所『近江蒲生郡志 6』［新
　　城 1966 p92-104］。伊勢講については、宝徳 4 年（1452）のものをはじめとして、伊勢神
　　宮の道者株沽券が多数知られている［和歌森 1962 p564-575］。

15) 「又碧山日録」寛正 3 年（1462）8 月 9 日（史籍集覧研究会『史籍集覧 25 新加別記類 2』）

16) 宝暦 9 年（1759）「和順契約掟帳」（山形県大石田町教育委員会編纂『大石田町誌』）

17) 「一心講掟書」（東磐井郡松川村「松川文書」）

18) 「縄索講約定仕定書」（胆沢郡上麻生村「千葉文書」）

19) 「日本三代実録」貞觀 8 年（866）9 月 25 日「又毎年八講會設」経済雑誌社編『国史大系 4
　　日本三代実録』

20) 「日本紀略」寛平元年（889）9 月 24 日「於嘉祥寺修法花八講」経済雑誌社編『国史大系 5
　　日本紀略』

21) 「貞信公記」延長 2 年（924）2 月 10 日「『諸寺八講』十日、戊寅、参法性寺、始聴鐘音、家

22)　「日本三代実録」貞観元年（859）正月八日　経済雑誌社編『国史大系4 日本三代実録』

23)　「寺門高僧記」巻6には「應保元年正月三十三所巡禮則記之」とある（塙保己一編『続群書類従28上』、続群類従完成会、1927）。

24)　「愚昧記」仁安3年（1168）5月21日条に「予度ミ參詣也、其方ミ、六角堂如意輪・行願寺千手、・清水寺千手、・六波羅蜜寺十一面、・中山寺千手、・河崎寺聖觀音、・長樂寺、准胝、或不參長樂寺、有參觀音寺之人、或又參得長壽院、右大參彼院、予參長樂寺之間、自然參八觀音了」とある（東京大学史料編纂所編纂『大日本古記録28 愚昧記』岩波書店、2010）

25)　室町時代の禅僧の記録として、翺之慧鳳「竹居清事」（塙保己一編『続群書類従12上』）、天隠龍沢「天陰語録」（塙保己一編 同13上）などに巡礼の様子が記されている。

26)　平安時代末期に成立したとされる「俊頼口伝集」下に「百寺うつとて」とあるほか、正安元年（129）成立の「一遍聖絵」淡路二の宮参詣に「聖社の正面に札をうち給へり」とある（国書刊行会編『續々群書類従15 歌文部2』）。

27)　筆者の平成28年度（2016）調査より。

28)　之慧鳳「竹居清事」（塙保己一編『續群書類従』12上）

29)　天隠龍沢「天陰語録」（塙保己一編 同13上）

30)　「日本九峰修行日記」第6巻 文化15年（1817）2月1日（野田泉光院『日本九峰修行日記』）

31)　ただし、高取正男は、戦前まで三室戸寺と上醍醐寺の巡礼路において善根宿の風習があったことを報告している［高取 1995 p83］。

32)　出開帳は、四国遍路の霊場だけでなく昭和10年（1935）に西国札所が、昭和12年（1937）に坂東三十三所札所が、それぞれ行ったという。

【参考文献】

浅川泰宏 2008『巡礼の文化人類学的研究―四国遍路の接待文化―』古今書院

浅野　清編 1990『西国三十三所霊場寺院の総合的研究』中央公論美術出版

有賀喜左衛門 1938『農村社会の研究』河出書房

池田竜蔵 1930『稿本無尽の実際と学説』全国無盡集會所

井野辺茂雄 1929『富士の信仰』古今書院（所収：『富士の研究III 富士の信仰』名著出版、1973）

岩科小一郎 1968『山の民俗』岩崎美術社

岩科小一郎 1983『富士講の歴史』名著出版

岡田米夫 1980「伊勢講の組織と機能」『岡田米夫先生神道論集』岡田米夫先生遺稿巻公開

岡本　健 2009「アニメ聖地巡礼とは何か？―アニメ聖地巡礼の誕生と展開」『メディアコンテンツと次世代ツーリズム―鷲宮町の経験から考える若者の旅の動向と可能性』

岡本亮輔 2012『聖地と祈りの宗教社会学―巡礼ツーリズムが生み出す共同体』春秋社

尾佐竹猛 1911「無盡ト富籤ト「チーハ」」『刑事法評林』3巻10、11号

小田匡保 1984「小豆島における写し霊場の成立」『人文地理』36巻4号（所収：『講座日本の巡礼3 巡礼の構造と地方巡礼』雄山閣、1996）

笠原一男 1942『真宗教団開展史』畝傍書房

門田岳人 2013『巡礼ツーリズムの民族誌―消費される宗教経験』森話社

川勝政太郎 1973「講衆に関する研究」『大手前女子大学論集』7

川島武宜・渡邊洋三 1944「講の慣行と農村生活」『法学協会雑誌』62 巻 5、9 号

守随　一 1937「部落と講」『山村生活の研究』民間伝承の会

久保常晴 1967「巡礼札について」『仏教考古学研究』ニュー・サイエンス社（所収：『講座日本の巡礼 1 巻　本尊巡礼』雄山閣、1996）

経済雑誌社編 1897『国史大系 4 日本三代実録』経済雑誌社

経済雑誌社編 1897『国史大系 5 日本紀略』経済雑誌社

国書刊行会編 1969『續々群書類従 15　歌文部 2』続群書類従完成会

小嶋博巳 1987「巡礼・遍路」『民間信仰調査整理ハンドブック　上』雄山閣

小嶋博巳編 1993『西国巡礼三十三度行者の研究』岩田書院

小葉田淳 1931「中世に於ける社寺の講に就て―社寺の経済組織の研究―」『歴史と地理』27 巻 2 号

五来　重 1964「棟札・柱刻銘寄進文および板書供養願文」『元興寺極楽坊中世庶民信仰資料の研究』法蔵館

五来　重編 1984『山岳宗教史研究叢書』18 巻、名著出版

五来　重 1996『四国遍路の寺　上・下』角川書店

近藤喜博 1982『四国遍路研究』三弥井書店

桜井徳太郎 1950「法華八講の成立と公家社会」『史潮』43

桜井徳太郎 1962『講集団成立過程の研究』吉川弘文館

佐藤進一・池内義資・百瀬今朝雄編 1957『中世法制史料集 2　室町幕府法』岩波書店

佐藤久光 2004『遍路と巡礼の社会学』人文書院

史籍集覧研究会 1969『史籍集覧 24 新加別記類 1』すみや書房

史籍集覧研究会 1969『史籍集覧 25 新加別記類 2』すみや書房

真宗史料刊行会 2015『大系真宗史料 文書記録篇 8』法蔵館

真宗史料刊行会 2017『大系真宗史料 文書記録篇 9』法蔵館

新城常三 1964『社寺参詣の社会経済史的研究』塙書房

新城常三 1966『社寺と交通―熊野詣でと伊勢参り―』至文堂

新城常三 1982『（新稿）社寺参詣の社会経済史的研究』塙書房

鈴木昭英 1978『富士・御嶽と中部霊山』名著出版

鈴木栄太郎 1939「我が国に於ける農村社会集団の地域性に就いて」『家族と村落』1 巻、御茶の水書房（所収：『日本農村社会学原理』時潮社、1940）

関沢まゆみ 2008『ブルターニュのパルドン祭り』悠書館

高取正男 1995『日本的思考の原型』平凡社

竹内利美 1942「講集団の組織形態」『民族学研究』8 巻 3 号

武田　明 1969『巡礼の民俗』岩崎美術社

田中智彦 2004『聖地を巡る人と道』岩田書院

鶴岡静雄 1979「坂東観音札所の成立」『関東古代寺院の研究』弘文堂

東京大学史料編纂所編 1952『大日本古文書 家わけ 1-7』東京大学出版

東京大学史料編纂所編 1956『大日本古記録 8 貞家公記』岩波書店

東京大学史料編纂所編 2010『大日本古記録 28 愚昧記』岩波書店

戸邉優美 2015「女性集団の公的側面：女講中の婚礼関与を中心として」『日本民俗学』284

戸邉優美 2019『女講中の民俗誌 牡鹿半島における女性同士のつながり』岩田書院

中田　薫 1903「頼母子の起源」『国家学会雑誌』17-202（所収：『法制史論集』2、岩波書店、
　1994）

日本常民文化研究所編 1978『富士講と富士塚 東京・神奈川』日本常民文化研究所

日本常民文化研究所編 1979『富士講と富士塚 東京・埼玉・千葉・神奈川』日本常民文化研究所

野田泉光院 1935『日本九峰修行日記』杉田直

野田忠夫編 1958『丹波国山国荘史料』史籍刊行会

能登路雅子 2007「ディズニーランドの巡礼観光―元祖テーマパークが作り出す文化」『観光文化
　学』新曜社

塙保己一編 1957『続群書類従 12 上』続群書類従完成会

塙保己一編 1959『続群書類従 13 上』続群書類従完成会

塙保己一編 1959『続群書類従 28 上』続群書類従完成会

速水　侑 1970『観音信仰』塙書房

東久留米市教育委員会 1976『東久留米市文化財資料集―講編―（四）』東久留米市教育委員会

平野栄次 1987『富士浅間信仰』雄山閣出版

福武　直 1949『日本農村の社会的性格』東京大学協同組合出版部

藤田定興 1979「八溝山信仰と御嶽修験」『日光山と関東修験』名著出版

星野英紀 2001『四国遍路の宗教学的研究―その構造と近現代の展開』法蔵館

星野英紀・浅川泰宏 2011『四国遍路―さまざまな祈りの世界』吉川弘文館

前田　卓 1971『巡礼の社会学』ミネルヴァ書房

松崎かおり 1993「経済的講の再検討「輪島塗り」漆器業者の頼母子講分析を通して」『日本民俗
　学』193

真野俊和 1976「巡礼」『日本民俗学講座 信仰伝承』朝倉書店

真野俊和 1996「聖蹟巡礼の研究成果と課題」『講座日本の巡礼 2　聖蹟巡礼』雄山閣

真野俊和編 1996『講座日本の巡礼 1　本尊巡礼』雄山閣

真野俊和編 1996『講座日本の巡礼 2　聖蹟巡礼』雄山閣

真野俊和編 1996『講座日本の巡礼 3　巡礼の構造と地方巡礼』雄山閣

三浦圭一 1959「中世の頼母子について」『史林』42 巻 6 号

三浦周行 1900「法制雑攷―（十二）寺院法ノ研究」『法学協会雑誌』18 巻 9 号

森嘉兵衛 1982「近世無尽金融の成立と構造」『森嘉兵衛著作集 2 無尽金融史論』法政大学出版局

八木橋伸浩 1990「講集団の変容」『昭和期山村の民俗変化』名著出版

柳田國男 1943「序」『農村信仰史』六人社（所収：『定本柳田國男集』23 巻、筑摩書房、1970）

山折哲雄 1979「巡礼の構造」『伝統と現代』59（所収：『講座日本の巡礼 3　巡礼の構造と地方巡
　礼』雄山閣、1996）

山中弘編 2012『宗教とツーリズム―聖なるものの変容と持続』世界思想社

吉井敏幸 1985「西国巡礼の成立と巡礼寺院の組織化」『近畿地方を中心とする霊場寺院の総合的
　研究―建築をとりまく生活信仰空間―』元興寺文化財研究所

第4章　祈禱と神懸かり

4.1　巫女と信仰　　　　　　　　　　　　　　　　　　　　〔塩月亮子〕

4.1.1　日本における巫女

　日本には、イタコやゴミソ、カミサマ、ユタ、カンカカリャーなどと呼ばれる巫女（巫者）がいる。イタコは東北地方の巫女で、先祖や死者の霊を自らに憑依させ語らせる「口寄せ」をおもななりわいとする。本来は盲目あるいは弱視の女性が師匠のもとで修業してなるものとされたが、最近は晴眼のイタコも現れた［松田 2013；川村 2015］。東北地方には、ゴミソやカミサマと呼ばれる巫者もいる。その多くは晴眼の女性で、神秘体験を経たのち人々に祈祷や託宣、占い、病気治療などを施すようになる。近年、イタコのような盲目の巫女は年々減少する一方、ゴミソやカミサマなど晴眼の巫女は増加傾向にあるという［村上 2017］。また、マスメディアなどの影響で、両者の境界は年々曖昧になってきているとの指摘もある［大道 2017］。

　奄美諸島や沖縄本島、宮古・八重山諸島には、ユタやカンカカリャーという巫者がいる。カミンチュ（神に仕える人）やムヌシリ（物知り）などとも呼ばれ、依頼者に対して口寄せや祈禱、託宣、占い、病気治療などを行っている。そのほとんどが女性であり、カミダーリ（神懸かり）と呼ばれる巫病を経て成巫する者が多い。戦前まで、ユタやカンカカリャーは近代化を妨げるもの、流言飛語を飛ばし人心を惑わせるものとして、時の為政者から厳しく弾圧されてきた［大橋 1998］。それにもかかわらず、現在に至るまでユタは消滅することはなかった。

　このように、伝統的とみなされる巫女の多くは、現在、日本の南北端に存在する。以前は日本各地でみられた巫女も、近代化の中で次第に減少、あるいはその姿を変容させていったと考えられる。もともと日本には女性に対する信仰があり、伊勢神宮の斎王や琉球王国の聞得大君など、女性が宗教的な役割を担ってきた側面もある。また、近年では第二次世界大戦時の兵隊の弾除けとして、千人針の手ぬぐいを慰問袋に入れたという事実もある。世俗の政治と結びつき社会的権力を

もった僧侶や神主などの祭司とは異なり、女性の霊力に対する信仰がその基層にあるイタコやゴミソ、カミサマ、ユタ、カンカカリャーなどの巫女（巫者）は、民衆の側、とりわけ社会的弱者である女性の側に寄り添うシャーマンとしての役割を期待されたといえよう。

4.1.2　巫女の研究史

　日本民俗学において最初に巫女の研究を行ったのは、柳田國男である。彼は「妹の力」で「巫はこの民族にあっては原則として女性であった」とし、沖縄の「妹の神女を仲に立てて神に面する」、すなわち姉妹が兄弟を霊的に庇護するという「おなり神信仰」についても触れている［柳田 2013］。また、柳田は「巫女考」を著し、ミコと呼ばれる巫者を特定の神社に属して神楽など神事を行う者と、口寄せしながら諸国を遍歴する者の2種があるが、もともとは同根だったと述べた［柳田 1966］。このような柳田の研究を受け、折口信夫や中山太郎、山上伊豆母などが巫女の原型を探るべく巫女研究を行った。たとえば中山太郎は『日本巫女史』を著し、巫女を「神和系の神子」と「口寄系の巫女」の2種とし、前者を「神子」、後者を「市子」と呼び、巫女の発生や呪術、道教や仏教、修験道との関連性を述べ、巫女の末路としての性的職業婦という説を唱えた［中山 2015］。

　同じく、柳田國男の薫陶を受け巫女研究を行った最近の民俗学者に、桜井徳太郎がいる。桜井は巫女をシャーマンのカテゴリーに入れ、次の三つの型に分けた。

　①職能伝習型の伝統的シャーマン：東北地方のイタコなど。

　②入信修行型：伝統宗教の祈祷性教団へ入信し、難行苦行を続けるうちに神霊の憑依をうけてシャーマンとなるタイプ。行者やオガミヤなど。

　③召命偶発型：トカラのネーシや南西諸島のユタなど。

なかでも今日一番活躍しているのが②と③のタイプであり、とくに②のタイプを「教祖への道を切り開こうとするアクティブな意思を有する宗教的シャーマン」と述べている［桜井 2000］。これに関しては、『巫女の民俗学〈女の力の近代〉』を著した川村邦光も、幕末維新期には巫女の習俗や修験道を基盤とする金光教や天理教などの宗教運動が各地で起きたことをあげ、巫女習俗は民間信仰に留まらないことを論じている［川村 2006］。

　桜井は以上のような類型化を行いつつも、今後の研究方向としてはネオ・シャーマニズムの動きも無視するわけにはいかないと主張する。それは、アメリカら

しいプラグマティックな方向性をもつネオ・シャーマニズム論に全面賛成といえないまでも、「われわれの研究も、ただ単に巫歌や巫儀などの伝承や表面観察にとどまるだけでは旧態依然の域を超える事はできない」からだという［桜井2000］。そして、従来のシャーマニズム研究の限界を超えるためには、(a) 自らシャーマンの体験をする、(b) 伝統的シャーマンの救済的効用の再検討を行う、(c) 心理学や医学などの研究を取り入れて総合的に研究する、といった新たな方法・見方を提示した［桜井2000］。そこで、桜井のいうネオ・シャーマニズムとは何かを知るために、シャーマニズム研究史、およびそこにみられる巫女の型をみていきたい。

4.1.3　シャーマニズム研究史と巫女の型

　シャーマニズムはもともとベーリング海峡からスカンジナビアにかけて広く分布するウラル─アルタイ系の人々にみられる土着宗教で、シャーマンの語源はツングース系の人々の間にみられる呪術─宗教的職能者、サマンに由来するといわれる。それが19世紀以降、北アジア一帯の呪術─宗教的職能者を指すようになり、その後は世界各地にみられる類似職能者一般に拡大されて使用されるようになった［Hastings, ed. 1971］。

　シャーマンやシャーマニズムの定義は研究者によってさまざまである。ここでは、日本において一般的に了解されていると思われる佐々木宏幹の定義を紹介する。佐々木によれば、「シャーマニズムとは、通常トランスのような異常心理状態において、超自然的存在（神、精霊、死霊など）と直接接触・交流し、この過程で予言、託宣、卜占、治療行為などの役割をはたす人物（シャーマン）を中心とする呪術─宗教的形態」であるという［佐々木1980］。「トランス」という日常とは異なる意識状態で「超自然的存在と直接交流をする」人物というシャーマンの捉え方は、日本に限らず多くの研究者がもつ共通認識といえる。しかし、実際にどのタイプをシャーマンと呼ぶかについては、研究者によってその範囲が異なる。

　初期に行われたシャーマニズム研究には、S.M. シロコゴロフ［1935］やウノ・ハルヴァ［1971］による、ツングース系のシャーマンと諸精霊の関係を進化論的な位置づけのなかで論じたものがある。同じくアルタイ系民族のシャーマニズムに注目した M. エリアーデは、シャーマニズムの本質はシャーマンの魂が身体を脱して超自然界に飛翔するエクスタシー（脱魂）にあるとし、ポゼッション（憑

依）は副次的・派生的現象であると主張した［エリアーデ 1974］。このような本
質論的シャーマニズム論は、消えゆく宗教現象としてシャーマニズムをノスタル
ジックに捉えているとみなすこともできる。その後、「シャーマニズム＝脱魂」と
みるエリアーデ説に対し、多くの研究者が実地調査資料をもとに批判を行ってき
た。たとえば I.M. ルイスは、エリアーデが利用した北極型シャーマニズムに関
する主要な第一次資料を注意深く検討した結果、エリアーデ的な意味でのシャー
マニズムと精霊憑依の区別がつけられないことを指摘し、シャーマンのシャーマ
ンたる所以を憑依の技術に求めた［ルイス 1985］。

　このような海外での脱魂―憑依論の影響を受け、日本のシャーマニズム研究に
おいても脱魂者のみをシャーマンとするか、あるいはシャーマンの超自然的存在
との直接交流の仕方に脱魂と憑依という二つの型があるとみるか、といった討論
が盛んに行われてきた。前者を主張した堀一郎は、エリアーデの説を支持してシ
ャーマニズムの本質を脱魂におき、日本における脱魂型シャーマンの存在に注目
した［堀 1971］。しかし、それ以前の研究では、先に紹介した柳田国男や中山太
郎らによる研究にみられるように、日本においては主にシャーマンの憑依の側面
が重視されてきた［柳田 1966］。また、堀以降もルイスなどの影響を受けた桜井
徳太郎や佐々木宏幹らが、シャーマニズム研究、とくに日本のシャーマニズム研
究においては脱魂型以外にも憑依型を含むより広いシャーマンの概念設定が必要
であると唱えた［桜井 1974］。たとえば佐々木はシャーマンを精霊との交流の仕
方に応じて、①脱魂型、②精霊統御者型、③憑霊（依）型、④予言者型、⑤見者
型、の5種に分類した［佐々木 1984］。これらの型は①の脱魂型と②の精霊統御
者型が双方とも神や精霊に人間の側から近づいていくのに対し、③憑霊（依）型、
④予言者型、⑤見者型の三つは精霊もしくは神の方から人間に近づいてくるとい
うように2種に大別される。ただし、このようなシャーマンの分類は、佐々木自
身も随所で述べているように、必ずしも1人のシャーマンが一つの型に当てはま
るというものではなく、1人が複数の型を兼ねる、あるいは年齢とともに型が変
化・移行することもある。

　佐々木の分類にみられるようなより広いシャーマンの概念設定の背景には、日
本に現存する巫女の多くが憑依型、あるいは予言者型や見者型（神や精霊がシャ
ーマンの心に色々なものを見せたり聞かせたり感得させたりして教えてくれるこ
とを人々に伝える型）に属すという事実があると考えられる。確かに、日本の東

北地方にみられるイタコやゴミソなどと呼ばれる巫女たちの行っている口寄せは、彼女たちが憑依型シャーマンであることを示している。また、南西諸島のユタ、カンカカリャー、ムヌシリなどといわれている巫女も、霊媒型（憑依型）や予言者型が顕著という［山下 1983］。

　一方、脱魂型のシャーマンは今、日本ではほとんどみられないといわれている。これに関しては、たとえば桜井は日本の巫女の宗教活動を体系的に調査した結果、そのほとんどが憑依型のものであって、巫女の霊魂が肉体を離れて他界に旅するという脱魂型のものはあまり認められなかったと述べている［桜井 1977］。

　このような状況のもと、日本における脱魂型シャーマンの研究の多くは、過去の文献を中心に行われてきた。宗教学者の宮家準による役小角をはじめとする修験者の研究などは、それに当たる［宮家 1984］。しかしながら、実際は今でも沖縄のユタの何人かは一種の宗教的イニシエーションとしてのカミダーリ（巫病）中に神々に連れられて天界を訪ねたり、龍宮に行ったりした経験をもつことが報告されている［佐々木 1984］。また、南九州にも脱魂して天照大神と会った時のエクスタシー体験を語る巫女がいるなどの事例があり［下野 1989］、日本における巫女の脱魂の話は決して皆無になったわけではないが、佐藤憲昭も指摘しているように、「わが国における脱魂型の事例報告はすこぶる少なく、総じて日本のシャーマニズムは憑霊型を基軸に展開している」のである［佐藤 1989］。

　以上が巫女をめぐる海外、およびその影響を受けた日本の研究動向である。そこからは、現在もなお類型論が盛んに論じられていることがわかる。類型論は、実際にみられる多様なシャーマニズム現象の分類・整理に寄与したという意義はあるが、同時にシャーマニズム概念の有効性そのものを問う結果までもたらしたともいえる。加えて、こうした研究視角では、「現代においてなぜいまだに人々がシャーマニズムを必要としているのか」という肝心の問いに答えられない。桜井のいうような分析心理学や深層心理学の成果を取り入れた心理療法としての「ネオ・シャーマニズム」研究は、本質論や類型論とは異なる研究動向といえる。

4.1.4　沖縄の巫女研究

　次に、日本において今なお巫女信仰が盛んにみられ、筆者が 30 年来調査を実施してきた沖縄での巫女研究の動向を概観する。現在、巫女研究は文化人類学や民俗学をはじめ、精神医学や心理学、宗教学、社会学、国文学、歴史学などの諸分

野で、その重要性が認識されつつある。沖縄の巫女研究においても同様の傾向が
みられ、沖縄で巫女論を展開している研究者の専門分野は多岐にわたっている。
ここでは、沖縄の巫者であるユタ研究を中心にその流れを概観し、現在のシャー
マニズム復興に繋がる研究動向を紹介する。

　沖縄のユタに関する先駆的な研究は、1960〜1970年代にかけて、民俗学者の桜
井徳太郎によって行われた。彼は、それまで「正統的」巫女研究とみなされたノ
ロら祭司の研究に対し、周辺的で重要でないとされたユタ研究にスポットを当て
るという重要な役割を果たした。1973年に刊行された『沖縄のシャマニズム』に
は、「部落祭祀の専担者であるカミンチュ（女性神役）と、死者の供養儀礼に関与
するユタなどのシャーマンとでは、（中略）多くの点で際立った対比を示してい
る」とし、両者は「沖縄の民間信仰を支える車の両輪」であるにもかかわらず、
女性神役の調査研究に比して「民間巫女のそれはほとんど等閑に付されてしまっ
た」と批判し［桜井 1973］、ユタの弾圧や儀礼との関係、成巫過程や仕事内容、ユ
タの新宗教教団化など幅広い視点からユタ研究を行った。

　同時期に、奄美地方を中心とするユタの口承研究も、民俗学者の山下欣一など
により行われた。それまでの巫俗研究は、巫歌、巫唱などを文献をもとに解説す
る文芸学が中心だった。山下らはこれを受け、神話や民話などを採集し、口承文
芸として紹介した［山下 1977］。

　1970〜1980年代に入ると、文化人類学者の佐々木宏幹が通文化的視点から沖縄
のユタ研究を行い、召命型シャーマンとしてのユタの特質を分析した。彼は多く
のシャーマニズム研究書を著し、日本のシャーマニズムの特質についても論じて
いる。そのなかで、必ずといってよいほど沖縄本島や宮古島、奄美などにおける
ユタの成巫過程やその間にみられるカミダーリ（巫病）を、東北地方や東京など
その他の地域の事例とともに克明に紹介し、東南・南・東アジアなどにみられる
シャーマニズムとの比較を通してアジアのシャーマニズムに関する論考を深めて
いる［佐々木 1980］。佐々木の行っている類型論は歴史的・地理的関連性を明ら
かにすることにも寄与し、その功績は大きい。だが、世界のグローバル化に伴い
さまざまな地域に新たにみられるようになったシャーマニズム復興現象を分析す
るためには、それとは異なる分析方法を編み出さなければならないだろう。

　同じく1970〜1980年代、社会心理学者の大橋英寿はユタのライフヒストリーの
調査から彼女たちの社会化の過程を分析し、ユタを中心とした共同体における信

仰システムの研究を行った。彼は 1998 年、それまでの研究成果を『沖縄シャーマ
ニズムの社会心理学的研究』にまとめた。その内容は、沖縄史におけるユタの位
置づけを弾圧史から明らかにし、それを踏まえた上でユタとそれをとりまくクラ
イアントを含めた地域社会との関係、ユタの成巫過程や世界観、主婦の社会化や
精神医療、非行や健康などとの関係、ブラジルの移民社会におけるユタ信仰の展
開を述べるなど、多岐にわたっている。だが、それらは社会心理学的視点からユ
タにアプローチするという一貫性をもっており、ユタは「野のカウンセラー」と
して地域社会の「危機への対処システム」を担う役割を果たしていることを明ら
かにした［大橋 1998］。

　この時期、大橋以外にもシャーマニズム研究に心理学や精神医学の視点を取り
入れた研究がなされるようになった。たとえば文化人類学者の滝口直子は、宮古
のシャーマンのライフヒストリーや世界観、儀礼などを心理学的視点から調査研
究した。滝口は特にシャーマンの治癒体験に注目し、そのライフヒストリーを心
理療法的に分析し、民間心理療法家としてのシャーマンを描き出した［滝口
1991］。

　一方、心理学者や精神科医によるユタ研究も、1980 年代以降盛んに行われるよ
うになった。たとえば精神科医の佐々木雄司や高石利博、高江洲義英、下地明友
ら、あるいは心理学者の名嘉幸一は、それまで精神医学の分野で「異常」な精神
状態とされた「カミダーリィ」やユタのもつ治癒能力に注目し、心理療法との関
係からユタを論じてきた。たとえば名嘉幸一や高石利博、佐々木雄司らは、1985
年に沖縄におけるユタとコミュニティ・メンタルヘルスについての論文「Yuta
（shaman）and Community Mental Health on Okinawa」を "The International
Journal of Social Phychiatry" に発表し、ユタのイニシエーション過程をメンタ
ルヘルスの観点から分析し、沖縄の文化にはストレスを減少させ、異常（insanity）
を治癒（care）する方法があると指摘した［Naka 1985］。また、高江洲義英は、
小田晋らとともに「民俗精神医学（folkloristic psychiatry）」を提唱し、憑依現象
や狂気に関する研究を行い、癒しをもたらすユタやカミダーリ（巫病）の意義を
唱え、民俗的治療との共存を探っている［高江洲 1998］。彼は 1980 年代に沖縄の
新聞紙上でユタの保守性（男尊女卑）を非難する「トートーメ（位牌）論争」が
起こった時にはユタを擁護する発言をして注目された。同様に下地明友らも、シ
ャーマンを「"意味"を職業的に供給する」者であり、「患者にとっては風土にお

けるストーリーの回復」をもたらすと肯定的に評価している［下地ほか 1990］。これらのことから、精神医学の分野でもユタなどシャーマンの存在に対して意義を見出す見方が一部で提唱されたことがわかる。

　さらに、ユタ研究史を概観するにあたって欠くことのできない重要な研究者に、宗教学者の池上良正がいる。彼は青森・沖縄両県における民間巫者信仰を主たる題材とし、民俗・民衆宗教研究の視角からその位置づけを試みた。その成果は、1999 年刊行の『民間巫者信仰の研究―宗教学の視点から―』に詳しい。池上は、民間巫者に対する「聖職者よりも低次元に位置する職能者」という捉え方を批判し、「〈“霊威的次元” の自立的主導性の内に生きる宗教者〉として捉える基本的視点を提示」した［池上 1999］。具体的には、青森の事例とともに沖縄のユタ的宗教者の「成巫物語」や説話などを紹介し、彼女たちの宗教的人間としての生き方に光をあて、さらには「苦しむ死者たちの怨念に共苦共感し、これを癒すことを通して自らも癒されるとする人々の感性」にも注目し、癒しや救済のあり方について考察した［池上 1999］。

　池上は人々の「系譜の霊性」の断続について言及したが、このような系譜の連続性にアイデンティティの問題を絡めて論じた研究者も多くいる。たとえば文化人類学者の小田亮は、近年、ユタのシジタダシ（筋正し）という系譜の訂正・遡及が人々のアイデンティティの再定義を行ったことを指摘した［小田 1996］。また、同じく沖縄の門中（父系親族組織）化やシジタダシについての研究を進めてきた宗教学者の安達義弘も、沖縄の祖先崇拝と沖縄的自己アイデンティティの形成をめぐる問題を論じ、系譜の遡及や始祖設定による自己物語の創造により自己アイデンティティを獲得することが、「沖縄人」でありつづける要因となっていると論じた［安達 2001］。

　その後、1980 年代後半頃から稲福みき子、長谷部八朗や渋谷研、森田真也などの文化人類学者・民俗学者が、社会変化を視野に入れつつ、より現代社会のコンテクストを重視したユタ研究を行うようになった。たとえば稲福は首里の寺院を巡拝する習俗に対するシャーマンの関与と寺院側の対応を［稲福 1997］、長谷部は沖縄のシャーマンが僧侶の資格を取得する動きを考察している［長谷部 1997］。また、渋谷は沖縄本島北部にみられるノロ（祭司）とユタ（シャーマン）、あるいはユタどうしの葛藤・対立と相互補完性に注目し、両者をトータルに考察しなければならないと述べ［渋谷 1991］、森田も久高島の女性神役のシャーマン的性格

について考察し、従来のノロ／ユタという対比的把握のみでは沖縄の宗教世界を捉えるのに不十分であることを指摘している［森田 1997］。

　さらに1990～2000年代にかけては、宗教学者の佐藤壮広や人類学者の蛭川立、観光人類学者の門田岳久などにより、グローバル化のなかにみられるユタのより新しい動きや役割に関する研究がなされるようになった。たとえば佐藤は池上の「宗教的人間」の探求という視点を踏襲しながら、ユタがニューエイジ的ワークショップと関わる動きや、戦争体験を踏まえた平和運動を実践している状況などを紹介し、痛みの共感や祈りの力について論じている［佐藤 1999；2002］。蛭川も、アマゾンのようなサイケデリクス文化をもつ地域のシャーマンと沖縄のユタとを同じ世界システムの中に位置づけ、自然科学と社会科学双方の視点からシャーマニズムの反体制性やシャーマニズムの復権の様相について考察している［蛭川 2002］。門田は『巡礼ツーリズム─消費される宗教経験』［2013］の中で、ツーリズムにおいて資源化されるユタや聖地を論じ、ユタを観光化との関連から捉えるまなざしを提供している。また、ユタではないが、『巫者のいる日常─津軽のカミサマからスピリチュアルセラピストまで』を著した村上晶も、津軽の巫者であるカミサマに焦点をあて、旅行業者や文化財行政を巻き込んで展開しているイタコとその口寄せの現状、ならびにスピリチュアルカウンセラーまでを視野に入れ、巫女と依頼者双方の日常を明らかにすることを試みている［村上 2017］。

4.1.5　巫女研究の新たな展開─巫女と危機対応

　沖縄本島をはじめとする南西諸島では、台風や旱魃、地震、津波、あるいは火事や戦争などの社会的危機時に、家の再建や食べ物の補助などの無償協力という物理的対応のみならず、ショックを受けた人々に対する精神的対応も発達させてきた。それは、①聞得大君やその部下の村落最高女性祭司であるノロなど神人が担う神行事といった公的側面と、②民間巫者であるユタが担う死者の口寄せといった私的な側面に分けられる。聞得大君やノロら女性神職は、琉球王国やその村が災害にあわず、作物が豊かに実り、病も蔓延せず安寧に過ごせるよう神に祈りをささげてきた。これは信仰面での一種のリスクマネジメントとも捉えられる。一方、ユタも人々が災害にあわないよう、あるいは病を得るなど不幸にならないよう、依頼者の求めに応じて聖地をはじめとするあらゆる場所で祈りを捧げてきた［塩月 2012］。また、ユタは不幸が依頼者を襲えば、それを除去すべくさまざ

まな儀礼を施行し、遺族のためには死者の口寄せも行うなど、精神的ケアも引き受けてきた。

　このように、沖縄では災害をはじめ、人々に何らかの不幸が起こらないように拝むという、一種の危機予防が発達してきた。それでも不幸が起こった場合、災厄が繰り返されないよう神や先祖に祈願したり、依頼者の精神的ケアを行ったりする宗教的職能者を人々は頼ってきた。沖縄社会に以前からあったこのような危機時の精神的対応を担う信仰治療システムは、現在の災害や病気などの不安にも対応するよう求められている。

　東北地方の危機対応に関しても同様のことがいえる。東北地方にはイタコ、ゴミソ・カミサマなどと呼ばれる民間巫者がおり、人々の求めに応じて死者の口寄せや占い、託宣などを行ってきた。彼女たちのような民間巫者は「野のカウンセラー」とも言われ、人々の悩みや苦しみと向き合い、神の力を借りるという形で人々を癒してきた。しかしながら、目の不自由な女性の職業の一つとされたイタコなどは、その厳しい修行のせいか、沖縄のユタとは異なり、現在はなり手が次第に減少しているといわれる。戦後すぐには500人いたイタコが、今は十数人に減ったという報告もなされている［矢島 2010］。

　終戦直後は戦死者供養の需要が多かったため、イタコが多く生まれたのではないかと推察できる。2011年の東日本大震災後すぐの時期も、イタコの需要は増加した。しかし、イタコの厳しい修行が敬遠されるなか、医学の発達で目の不自由な女性の数も減り、職業選択の幅にも広がりが出たため、イタコのなり手は減ることはあっても増えることはなかった。それにもかかわらず、地震や津波による家族や友人との急な別れという理不尽な死に直面した人々の中には、死者の声を聞いて詫びたい、亡くなった時の様子を知りたい、墓をどうするのかなどを相談したいという気持から、イタコを尋ねる人が多くいた。

　筆者自身は2013年、公益社団法人八戸観光コンベンション協会のO・K女史に、青森県はちのへ総合観光プラザでの「イタコの口寄せ体験事業」について、ヒアリングをした。その時の話をもとに、災害時の遺族の心のケアとしていかにイタコが切望されていたのか、その一例を示したい［塩月 2014］。

事例【はちのへ総合観光プラザでのイタコ口寄せ体験事業】
　「イタコの口寄せ体験事業」とは、2010年に新幹線が八戸を通るようになるこ

とに合わせ、その前年の 2009 年 7 月から観光客集客のために公益社団法人八戸観光コンベンション協会が企画・実施した事業である。

　場所は、八戸駅ビル 2 階のはちのへ総合観光プラザが利用された。そこに 6 畳の畳を敷き、壁には暗幕を貼り、イタコによる託宣の部屋が演出された。最初は南部イタコ 3 人に頼んだが、現在（2013 年現在）は健康状態や家庭の事情などから、1 人のみ携わっている。開催時から、恐山の大祭やお盆時にはすぐさま予約が一杯となるなど反響は大きく、各地から問い合わせが来るようになったものの、肝心のイタコは後継者不足で途絶えようとしている。

　東日本大震災から 1 年経ったころ、特に宮城県からの依頼者が多くなり、「水は冷たくなかったか」、「欲しいものはないか」、「お墓をどうしたいのか」など、死者（の口寄せをするイタコ）に遺族が生々しく語りかけるやり取りがみられた。口寄せ終了後、依頼者たちの多くはすっきりした顔になった。

　この事例からは、東日本大震災後に遺族などが東北地方の民間巫者であるイタコを訪ね、震災で亡くなった人との会話を望み、生々しいやり取りを行ったすえ、すっきりした顔になり帰って行ったという状況があったことがうかがえる。恐山を管理する菩提寺の院代（住職代理）である南直哉によれば、東日本大震災の年、開山日に来る参拝者は激減したにもかかわらず、被災者は訪ねて来て、その数は増え続けたという。そして、恐山にイタコを訪ねてくる人は、これからますます増えるだろうと予測している［南 2015］。

　東日本大震災後のメンタルヘルスと心のケアに関しては、高齢者の死亡・自殺問題や児童生徒の心の傷の深刻さが指摘されている。また、身近な人を亡くした人は、1〜6 週間経つと反応期といって自分だけ生き残ってしまったことに対する罪の意識、いわゆるサバイバーズギルトの状態になり、大変辛いと聞く。その後、1 か月〜半年ほどすれば修復期として少しずつ亡くなったことが受容できるようになる。この一番辛い反応期にイタコなどの巫女が「野のカウンセラー」として果たす役割は大きい。

　このように、伝統社会においては、災害などによる異常死に対し、巫女という専門家による遺族の心のケア・システムが用意されている。だが、先述したように、イタコなどの民間巫者は、社会的危機時には特に需要が多くなるものの、現状では消滅しかかっており十分に対応できない状態となっている。イタコのよう

な民間巫者以外にも、東日本大震災後は僧侶をはじめとする臨床宗教師や精神科医、看護師、保健師、心理士、心理福祉士などが心のケアや鎮魂活動を行っている。また、電話相談や支援センターも整備され、災害時の心のケアの手引書なども各地で用意された。

　しかしながら、口寄せという死者との語らいの時間を遺族がもつことは巫女にしかできないことであり、繰り返し述べるように、現代社会において、とくに災害時に巫女は人々から必要とされている。実際、僧侶の資格をもつ鵜飼秀徳は、その著『「霊魂」を探して』において、東日本大震災後の大量死現場を前にしたことをきっかけに、多くの日本の巫女にインタビューして歩き、日本人の霊魂観を明らかにしようとした［鵜飼 2018］。また、2020年は新型コロナウイルスが世界中に蔓延し、人々の生活や精神を脅かすこととなった。それゆえ、今後の新たな巫女研究の一つとして、災害や伝染病流行時など危機における巫女の役割や助力、死生観などを課題とする、実践的かつ哲学的な研究が重要となってくるだろう。

【参 考 文 献】

安達義弘 2001『沖縄の祖先崇拝と自己アイデンティティ』九州大学出版会

池上良正 1999『民間巫者信仰の研究―宗教学の視点から―』未来社

稲福みき子 1997「沖縄の仏教受容とシャーマン的職能者」『宗教研究』312号、pp.155-181

鵜飼秀徳 2018『「霊魂」を探して』角川書店

ウノ・ハルヴァ 1971『シャマニズム―アルタイ系諸民族の世界像―』（田中克彦訳）三省堂（Uno Harva, 1938 Die Religiösen Vorstellungen der Altaischen Völker, Helsinki）

エリアーデ、M. 1974『シャーマニズム―古代的エクスタシー技術』（堀一郎訳）冬樹社（M. Eliade, 1951 Le Chamanisme et les Techniques Archaïques de l'extase, Librairie Payot, Paris）

大橋英寿 1998『沖縄シャーマニズムの社会心理学的研究』弘文堂

大道晴香 2017『「イタコ」の誕生―マスメディアと宗教文化―』弘文堂

小田　亮 1996「伝統の創出としての門中化―沖縄ユタ問題ともうひとつの「創造の共同体」」『日本常民文化紀要』19輯、pp.344-374

門田岳久 2013『巡礼ツーリズム―消費される宗教経験』森話社

川村邦光 2006『巫女の民俗学　〈女の力〉の近代』青弓社

川村邦光 2015『弔いの文化史』中央公論新社

桜井徳太郎 1973『沖縄のシャマニズム』弘文堂

桜井徳太郎 1974『日本のシャーマニズム―民間巫女の伝承と生態―上巻』吉川弘文館

桜井徳太郎 1977『日本のシャーマニズム―民間巫俗の構造と機能―下巻』吉川弘文館

桜井徳太郎 2000「現代シャーマニズムの行方―その情勢と動向―」『シャーマニズムとその周辺』pp.1-43、第一書房

佐々木宏幹 1984『シャーマニズムの人類学』弘文堂

佐々木宏幹 1985［1980］『シャーマニズム―エクスタシーと憑霊の文化』中公新書

佐々木宏幹 1985［1983］『憑霊とシャーマン―宗教人類学ノート』東京大学出版会

佐藤壮広 1999「沖縄シャーマニズムと精神世界の交錯―ユタとセラピストの出会いから―」『沖縄民俗研究』19号、pp.53-74

佐藤壮広 2002「現代沖縄にみる霊性―場の記憶と祈りの生成―」『現代宗教2002』pp.185-204、東京堂出版

佐藤憲昭 1989「戦後日本におけるシャーマニズム研究―シャーマンの性格と特質をめぐって」佐々木宏幹編『文化人類学』6、pp.22-41 アカデミア出版会

塩月亮子 2012『沖縄シャーマニズムの近代―聖なる狂気のゆくえ―』森話社

塩月亮子 2014「社会的危機とシャーマニズム―東日本大震災後の八戸総合観光プラザでのイタコの口寄せ体験事業から―」『跡見学園女子大学　観光マネジメント学科紀要』第4号、pp.69-73

渋谷　研 1991「沖縄におけるノロとユタ」『日本民俗学』186号、pp.14-38

下地明友・仲俣明夫・村上良慈・村池嘉則 1990「南島のシャマニズムと精神医学との間に立ち現れてくるもの―風土的治療文化論への一試み―」『精神科治療学』5巻10号、pp.1295-1301、星和書店

下野敏見 1989「南九州のシャーマニズム」谷川健一編『日本民俗文化資料集成巫女の世界』6巻、pp.311-313　三一書房

高江洲義英 1998「民俗精神医学」松下正明編『臨床精神医学講座』23巻、pp.391-407、中山書店

滝口直子 1991『宮古島シャーマンの世界―シャーマニズムと民間心理療法―』名著出版

中山太郎 1930『日本巫女史』大岡山書店

中山太郎 2015［2012］『日本巫女史』国書刊行会

長谷部八郎 1997「沖縄にみるシャーマン的職能者の僧侶化」『宗教研究』312号、pp.183-206

蛭川　立 2002『彼岸の時間―〈意識〉の人類学』春秋社

堀　一郎 1971『日本のシャーマニズム』講談社

松田広子 2013『最後のイタコ』扶桑社

南　直哉 2015［2012］『恐山―死者のいる場所―』新潮社

宮家　準 1984「修験道とシャマニズム」加藤九祚編『日本のシャマニズムとその周辺』pp.51-76 日本放送出版協会

村上　晶 2017『巫者のいる日常―津軽のカミサマからスピリチュアルセラピストまで』春風社

森田真也 1997「家を守護する女性たち―沖縄久高島の神祭祀をめぐって―」『日本民俗学』217号、pp.1-31

矢島大輔 2010「消えゆくイタコ」（朝日新聞 2010年12月24日 社会（14）版）

柳田国男 1966［1913-1914］「巫女考」『定本柳田国男集』9巻、pp.221-304、筑摩書房

柳田國男 2013［1971改訂版初版］『妹の力』角川学芸出版

山下欣一 1977『奄美のシャマニズム』弘文堂；先田光演 1989『沖永良部島のユタ』南島叢書37 海風社

山下欣一 1983「奄美地方のシャーマニズム」関西外国語大学国際文化研究所編『シャーマニズ

ムとは何か──国際シンポジウム：南方シャーマニズム』pp.44-57、春秋社

ルイス、I.M. 1985『エクスタシーの人類学──憑依とシャーマニズム』（平沼孝之訳）法政大学出版局（Lewis, I.M. 1971 Ecstatic Religion：An Anthropological Study of Spirit Possession and Shamanism）

Hastings, J. ed. 1971 [1920] Encyclopaedia of Religion and Ethics, Vol.XI, T. Edinburgh, & T. Clark；N.Y. Charles Scribner, pp.441-446.

Koichi Naka, Seijun Toguchi, Toshiro Takaishi, Hiroshi Ishizu, Yuji Sasaki, 1985 Yuta (shaman) and Community Mental Health on Okinawa. In The International Journal of Social Phychiatry, 31/4：267-274

Shirokogoroff, S.M. 1935 Psychomental Complex of Tungus, London：Kegan Paul, Trench Trubner &Co.

4.2 ノロ・ユタと信仰 〔赤嶺政信〕

4.2.1 歴史のなかのノロとユタ

(1) ノロとユタ

奄美・沖縄地域の宗教的職能者を分類する際に、宗教学や文化人類学の用語である「祭司（priest）」と「シャーマン（shaman）」という概念が援用されることがある。すなわち、御嶽などでの祈願を通じて神に働きかけることを主要な任務とするノロやニガン（奄美・沖縄本島地域）、ツカサ（宮古・八重山地域）などは祭司であり、神懸かりなどによって神霊や死霊との直接的な接触・交流をなし、その過程でさまざまな宗教的実践を行うユタはシャーマンだとする見解が大方の支持を得てきた［桜井 1973；佐々木 1980］。ユタは奄美と沖縄全域で通用する言葉で、ユタ以外に、ムヌシリ（物知り）、カンカカリャ（神がかる人、宮古地域）、ニガイピトゥ（願い人、八重山地域）などの呼称もみられる。本節でのノロとユタの語は、民俗語彙としての使用以外に、祭司的職能者とシャーマン的職能者（巫者的職能者）を意味する場合がある。

ノロが公的な村落祭祀に関与するのに対して、ユタは個人や家の運勢・吉凶の判断、病気平癒祈願など私的な呪術信仰的領域に関与する点に両者の相違がみられる。また、ノロは系譜関係に従って地位が継承されるのが一般的（ただし、宮古のツカサは神籤による選出が一般的）であるのに対して、ユタは、ユタになる前に神ダーリィと呼ばれる身体的および精神的不調を体験し、それが「ユタになるべき」との神からのシラセと解釈されることによってユタになっていくという違いもある。ユタになる人には、サーダカウマリ（サー高生まれ）とかカミウマリ（神生まれ）などと呼ばれる生得的な霊的資質が備わっているとされ、ノロが例外なく女性であるのに対して、少数ながら男性ユタが存在するのは、当人の生得的資質が重視されるためである。さらに、ユタが血筋や家筋に沿って継承されないのも、同じ理由によるものと判断される。

(2) 近世におけるノロとユタ

ノロが、官製の神女組織の一員であったという点は重要である。すなわち、琉球王国は、国王を頂点とした男性の官僚組織とは別に、聞得大君という神女を頂点にした国家的神女組織を制度化したが、地方に在住するノロはその組織の末端

に位置する神女であった。ノロは、王府の発給する辞令書によって任命され（17
世紀後半以降は廃止）、個々の村々に関わる祭祀（豊年祭など）のみならず、地方
の村々において王族の繁栄や国家の安寧に関する儀礼を行うなど、地方を国家に
結びつける役割も担っていた。また、就任に際しては、役地としてノロクモイ地
（クモイは尊称辞）と呼ばれる土地が給付された。宮古と八重山には、王府の叙任
によって大阿母と呼ばれる神職者がそれぞれ 1 名ずつおかれ、大阿母が村々のツ
カサたちを統括する体制になっていた。女性神官組織が制度化されたのは、尚真
王代（在位、1477～1526 年）だとされる。

　ノロを含む女性神官組織は、17 世紀の後半の羽地朝秀の改革などによってその
勢力に一定の制限が加えられつつも近世を通して維持されたが、それとは対照的
にユタは、18 世紀の初頭以降、王府権力によって「虚言によって人民を惑わす輩」
と位置づけられ、あからさまな禁圧の対象となった。ユタ禁圧の嚆矢と目される
のは、1728 年に公布された「時・よた科定」で、「時」は暦書の知識を用いて日
選びなどに関わった男性職能者、「よた」が今日のユタである。王府によるユタの
禁圧政策はこの科定以降近世を通じて継続されるが、結局のところ王府の施策に
よってユタが根絶されることはなく、ユタ問題は近代にまで持ち越されることに
なる。

（3）　近代以降のノロとユタ

　明治 12（1879）年の琉球国の解体によって、女性神官組織も大きな影響を受け
ることになる。後田多敦は、沖縄県と明治政府によるノロに対する処遇の変遷に
ついて 6 期に区分して検討しているが、最も重要な画期をなすのは明治 43 年
（1910）の沖縄県諸禄処分法の施行である。処分法の施行によって、ノロの俸禄は
「社禄」という名目で国債証券（公債）による一括給与がなされることになるが、
ノロの社録が最終的に処分されたのは昭和 14 年（1939）であり、すべてのノロが
公的地位を完全に失うまでに、琉球国の消滅から 60 年が経過していたことになる
［後田多 2009］。

　近世には王府による禁圧を受けてきたユタであるが、明治期になると、王府に
代わって県知事の通達やその他の公文書にユタ禁圧の項目が盛り込まれることに
なる。その後のユタ禁圧の動きとしては、大正初年の警察権力による「ユタ征伐」
や新聞紙上でのユタ批判、昭和 10 年代の戦時体制下において特高警察などによる
「ユタ狩り」、1980 年代に新聞紙上を中心に多くの県民をまきこんで行われた家や

位牌の継承のあり方をめぐる論争において、男系主義のイデオローグとしてのユタに対する批判などをあげることができる［大橋1998］。

ノロを中心にした村落祭祀が衰退の一途を辿るなかにあって、公権力によるユタの弾圧にもかかわらずユタの勢力が衰退に向かっている兆候は見出し得ず、今日の社会的状況のなかでユタがはたしている役割や占めている位置などについては、引き続いて検討すべき課題といえる。

（4）　男系主義のイデオローグとしてのユタ

ユタが、家や位牌の継承における男系イデオロギーの支持および伝播に重要な役割を担っていることが指摘されてきた。すなわち、災因の判定者としてのユタが持ち出す災因の多くが、タチーマジクイ（他系混淆、父系血縁者でない他系の者が家の継承者になること）など、家や位牌の継承と関わる男系イデオロギーの規範の侵犯に帰されるのである。

沖縄本島中部出身の佐喜真興英（明治26年生）は、「ユタは古琉球の生きた祖先崇拝の維持者であった」とした上で、ユタが正当とする祖先系統の要点の一つとして「系統は男系による血族によって相続されねばならぬ」（他系混淆の禁忌）と指摘しており［佐喜真1982 p319］、明治後期の段階ですでに、ユタが男系主義のイデオローグとしての役割をはたしていたことがわかる。近世においてユタが士族層の家の継承問題に関わったことを示す史料はなく、家の継承をめぐる争議などにおいて最終的な裁定を下したのは王府であったことからしてもそれは考えにくい［田名1998］。家産の定立が原則として否定される地割制下にあっては、一般の農民の家の継承にユタが干渉するような状況は想定しにくく、その可能性は低いと判断される。したがって、男系主義を身に帯びたユタの活躍が本格化するのは地割制の廃止（1903）以降とするのが妥当な線かと思われる。近世末期の1876年に沖縄本島北部の羽地間切で記された「まつ大城日記」を分析した小川徹が、今日のユタが喧伝する位牌祭祀に関わる「兄弟重合」や「嫡子押込」の禁忌が当時はなかったことを指摘している点も参考になる［小川1987］。

さらに、士族層における家の継承は、父系継承を原則としながらも、事情に応じてその原則からの逸脱も認めるゆるやかな運用であった点も重要である［田名1998］。18世紀以降政治体制の側から常に弾圧されてきたユタたち（そのほとんどは女性）が、その体制側の理念である男系イデオロギーを教条の域にまで高めたのは歴史の皮肉というほかないが、ユタが男系イデオロギーの支持者となった

社会的背景については、今のところ実証的に検討できる材料に事欠いている。

4.2.2　村落祭祀とシャーマニズム
（1）　第3の領域

　祭司的領域と巫者的領域の相違に着目して両者を別個の研究対象とする傾向が強かった研究史の流れの中にあって、桜井徳太郎は1979年の論文において、二つの領域に加えて第3の領域が存在する点に注意を喚起している。第3の領域とは、祭司的領域（ノロイズム）と巫者的領域（ユタイズム）が触れ合う領域のことで、巫者的職能者が村落祭祀や門中祭祀の祭司でもある（以下では巫者的祭司と呼ぶ）という状況や、祭司が関わる祭祀の中にシャーマニズム的要素が見出せるような状況を指している［桜井1979］。

　たとえば久高島のイザイホーについて桜井は、「その儀礼を通過することによって部落祭祀や家・一門の祭儀を司祭する資格が賦与される」とした上で、イザイホーの儀礼過程の中で「タマガエのウプティシジ（魂換の大神霊）をうけるとか、ティルル（神歌）を唱えている間に神が乗移るとか、いろいろと神懸りのための神事が行なわれる」と述べている。また、久高島のウクリィンガは門中の神事を司祭する点では祭司のカテゴリーに入るが、沖縄本島のユタと同様の巫者的役割も担っていることに着目すれば巫者的祭司であるという。

　さらに桜井は、第3の領域を「下級神女のシャーマン性」の問題として捉えて、宮古の神役組織に注意を向けている。宮古の佐良浜の神役組織では、ウフンマとナカンマいう祭司の下位にいるカカリャンマ（神懸かりする女性の意）は、部落祭祀に参加する一方で、個人や家の依頼に応じて私的な神願いや卜占、口寄せなどにも関わるシャーマンでもあり、巫者的祭司の一例だという。

　桜井はまた、「カミンチュの巫女化や民間巫女にみられる神女化」といった「ノロイズムとユタイズムの混同」という現実の状況をも指摘した上で、おおむね以下のような見解を述べている。初期の段階では祭司的領域と巫女的領域は未分化であったが、官制的なノロ制度が整備される段階で巫女が体制外へと疎外され、両者の分離が起こった。しかし、王権の影響の弱かった地域にはそれは貫徹されずに、その結果として「下級神女のシャーマン性」がみられ、さらに、王国の解体によって中央の規制がなくなると、再び両者の融合（ノロイズムとユタイズムの混同）が生じている。

桜井と同様の見解が谷川健一にもみられる。谷川は、ノロがオタカベを唱える
のは祭の前夜までであり、祭の当日にはノロは神としてミセセル（託宣）を唱え
るという宮城真治の説を引いた上で、「ノロは祭の前夜神に憑かれ、祭の当日は神
がかったまま儀式をおこなうことをかつては原則としていた」[谷川 1991 p109]
とし、さらに、「ノロとユタの決定的な分離がおこなわれた尚真王の時代以前に
は、両者の未分化の社会がながくつづいていた（略）。とくに首里から遠隔の島々
では王府の威令は徹底せず、祭行事のときに、その司祭者の神がかる状態がふつ
うであったと考えられる」[谷川 1991 p115] としている。

　以下では桜井と谷川の見解を踏まえつつ、村落祭祀とシャーマニズムをめぐる
問題について検討していくことにする。

（2）　憑霊を専門とする神役

　『琉球国由来記』（1713）記載の伊是名島の「雨長々不降時のミセセル」の次の
唱詞に注意を向けることからはじめたい。

　　伊是名ノロ　アマミヤノロ／ゼルマヽ　ミツモノム（火の神）／三日タカベ
　　四日タカベ／シラレラバ　ノダテラバ（申し上げたら　のだてたら）／（中
　　略）ニルヤセヂ　カナヤセヂ（ニライカナイのセヂ＝神）／マキヨニ上リ　ク
　　ダニ上リ（集落に上がり）／サシフニ　モツヂ／カヽラセバ（憑からせば）
　　／ヲソラセバ（襲らせば）（後略）[外間・波照間 1997 p433]

この唱詞から、ニライカナイから集落に来訪した神が、サシフやモツヂという
神女に憑霊する状況があったことがわかるが、サシフやモツヂがどういう性格の
神女なのかが問題である。サシブとモツヂという神女は現在の伊是名島ではその
存在が確認できないが、同名の神女がオモロにも登場することに注意を向けたい。

　波照間永吉 [1986] に従って次のオモロをあげる。

　一　聞ゑ君加那志
　　　さしふ　降れ変わて
　　　首里杜　降れわちへ
　　　成さい子思いしよ
　　　君　栄て　ちよわれ
　又　鳴響む君加那志
　　　むつき　降れ直ちへ
　　　真玉杜　降れわちへ

　　（略）　　　　　（12-733）

　波照間によれば、このオモロの歌意は、「世に聞こえた君加那志がサシブに降り
変わって首里杜に降り給い〈国王様こそは君に相応してましませ〉、世に鳴り響い
た君加那志がムツキに降り直して真玉杜に降り給いて（略）」となる［波照間 1999
p922-923］。サシボの「サシ」は神が憑く意で、サシボは神が憑霊したものを意
味し、サシボの対句であるムツキは『混効験集』のムヅキと同語で、ムヅキは物
憑きで、霊力（もの）が憑く人、憑いた人の意である［池宮 1995］。

　波照間は、このオモロ以外でも、聞得大君、差笠、君加那志、首里大君など、
後に三十三君と呼ばれる高級神女の神格（セヂ）がサシブに憑霊することが謡わ
れる事例のあることを指摘しており、サシブは憑霊を専門とする神女ということ
になる。

　以上のことからして、伊是名島でニライカナイの神がノロではなくサシブやモ
ツヂに憑霊したのは、彼女たちが憑霊を専門にする神女であったためということ
になるが、憑霊を専門にする神女たちは、いかにして憑霊の専門家になり得てい
るのか、彼女たちが他の祭祀や日常においてどのような宗教的役割を担っていた
のかが問われるべき課題として浮上する。以下では、久高島の神役組織に注意を
向けることによってこの課題へのアプローチを試みたい。

（3）　久高島の神役組織と来訪神祭祀

　久高島（南城市）の神役（祭祀）組織の概要は、図 4.1 に示すとおりである。国
神とは、村落祭祀で中心的な役割を担う最高位の神役たちで、ノロやニガン（根
神）、ニーチュ（根人、男性）などが含まれる。ナンチュからタムトゥに至る諸階
梯は、12 年に 1 度の午年に行われるイザイホーの祭事を契機に組織に加入した一
般の女性たちによって構成される。ムトゥ神は、ムトゥと呼ばれる特定の旧家か
ら出る神役で、男女ともにいる。ムトゥ神の一部を構成しているのがウムリング
ァと呼ばれる女性神役で、村落の神役組織の一員であるウムリングァが、以下で
みるように巫者的資質を有していることは久高島の神役組織の大きな特徴となっ
ている［赤嶺 2013］。

　ウムリングァは、沖縄本島のユタと同様に神ダーリを経験した女性が就任する
が、チヂフギと呼ばれる成巫儀礼には、ウムリングァの巫者的性格がよく表れて
いる。チヂフギは、国神とウヤフローと呼ばれる特定の先輩ウムリングァが列席
して行われたという。チヂフギをする当事者は儀礼の過程で憑霊状態に入ること

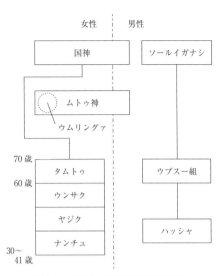

図 4.1 久高島の村落祭祀組織概念図

が期待されており、憑霊によって神の言葉が語られると「ミクチ（御口）が開い
た」と称して巫者的資質が確認されるという。

　ウムリングァは人々の依頼に応じてさまざまな巫者的儀礼を実施するが、以下
にその一例をあげておく。マンネーは、急に悪寒がするなど異様な身体の変調を
覚え、それが超自然的・霊的力の作用によると考えられた場合に行われる儀礼で、
ウムリングァはマンネーによって依頼者に作用している霊的存在を特定した上
で、その作用を鎮めることが期待されている。

　さて、巫者的職能者であるウムリングァと村落祭祀との関わりであるが、国神
を頂点とした年齢階梯的な構成が基軸となっている久高島の村落祭祀組織にあっ
て、4月と9月のハンジャナシの「神遊び」の場面で、特定のウムリングァが主
役的な役割を演じることに注目したい。ニライカナイと関わる来訪神祭祀である
ハンジャナシでは、アガリウプヌシ、ファーガナシ、ハナーヌティンドガミ、シ
ラガハナの4名がアシビ神（遊神）と呼ばれ、ティルル（神歌）を先唱する役割
を担うが、4名の遊神のうち、アガリウプヌシを除く3名がウムリングァである
ことは重要な事実である。アガリウプヌシは久高ノロの兼任だが、この兼任は近
年の事象とされており、かつてはアガリウプヌシもウムリングァであった可能性

が高い。通常の祭祀では主役的役割を担う女性国神たちは、神遊びの場面では座して神遊びを観覧する立場であり、それにちなんでハンジャナシでの女性国神はギィガミ（座神）と呼ばれる。

歌謡は、ニライカナイの神々が島への来訪や帰還の様子を一人称で歌う形式になっており［畠山 1991］、そのことは遊神に神が憑霊していることを示すものである。そして、祭祀の場面でウムリングァに神が憑霊するのは、ウムリングァが巫者的資質を有し、日常的に巫者としての職能を実践していることが背景にあるものと理解したい。

(4) 来訪神祭祀と神役組織

次に、来訪神祭祀に特化して役割を担う神役の存在について、久高島以外の地域の事例に目を向けることにしたい。

宮城真治は、沖縄本島北部の海神祭における「遊神」について次のような説明をしている。

根神・別神の下に遊神というのがある。祭礼の日にこの島に訪れる神々は大方あそび好きであって、この神遊びに従う神職をあそびだもとまたはあそびがみといい、一部落に十数人もしくは数十人いることがある。あそびだもとは神あしあげに一定の神座がないので立ち神または立ちだもととも称せられ、これに対して神座のある根神・別神等を居神またはゐだもとあるいはびらもとというのである。／遊神は（略）月々の祭礼に出るのではなく、海神祭のごとき一二の大祭に出るのみで（略）［宮城 1987 p31］。（ルビ・傍点は宮城による）

宮城がいう海神祭とは、ウンジャミ、ウンガミなどと呼ばれるニライカナイから来訪する神を迎えて行われる来訪神祭祀のことである。沖縄本島北部の遊神は、久高島の遊神と名称が一致することに加えて、来訪する海神の祭祀に主として関わり、また遊神に神が憑霊する（遊神という名称からそのように推測したい）という点でも久高島の遊神と共通性を有する。さらに、通常の祭祀では中心的役割を担う根神が、海神祭においては、遊神（立ち神、立ちだもと）ではなく居神（ゐだもと、びらもと）であるというのも、久高島のハンジャナシにおけるノロや根神の立場と共通する点にも注目しておきたい。

次に、奄美地域の状況についても注意を向けたい。奄美にはテルコ神とナルコ神という言葉があるが、沖縄のニライカナイと同じくテルコとナルコは対句表現であり、本来は海の神を意味する語であったとする柳田國男は、「この島にはナル

コテルコという神を、毎年2月に御迎え申し4月に御送り申す厳粛な祭があって、この式作法も詳らかに記憶せられている」と述べている［柳田 1989 p170］。柳田が指摘するように、2月の初壬の日にウムケ（お迎え）と称して海からテルコ神を迎え、4月の壬の日にオーホリ（お送り）と称してテルコ神を送る行事を行っていた村は数多くあり［小野 1981］、テルコ神についての小野重朗の以下の指摘は注目に値する。

　　ここで注目されるのは、与路にはノロなど神女とは別に数人のテルコ神とよばれる神女がいて、この神女たちは、冬折目などの他の祭りには全く関与せず、出席もせず、テルコ神を送迎するウムケ・オーホリの両度の祭りだけに加わっている事実である。このような例は他に名瀬市の大熊などでも全く同様である。／このテルコ神と呼ばれる神女はウムケ・オーホリだけのために選ばれたもので、その名称の通りに、ウムケに迎えられ、オーホリに送られる来訪神であるテルコ神となって、祭りに臨む役をするものと思われる。［小野 1991 p98］

　ノロを筆頭とした神女群とは区別されるテルコ神と呼ばれる神女群がいる村落の事例であるが、テルコ神は、もっぱらウムケとオーホリの際のテルコ神の送迎に関わり、「来訪神であるテルコ神となって、祭りに臨む」とされている点に注目したい。

　久高島の来訪神祭祀におけるアシビ神は、ウムリングァという巫者的資質を有する神役が担っていたが、その点に関する久高島以外の事例での状況に注意を向ける必要がある。宮城真治が言及する海神祭における遊神は、どのような資格で就任するかについての記述がないために確認することができない。奄美のテルコ神については、名瀬市大熊に関する「海神テルコ神を演ずるだけの神女テルコガミがおり、その家系も決まっている」という小野重朗の報告がある［小野 1994 p88］。テルコガミを出す家系が決まっているということは、テルコガミになる資格において個人の巫者的資質は問題にならないように思われるが、資料が限られているため、断定することはできない。

　結局のところ、来訪神が憑霊する神役が久高島、沖縄本島北部、奄美地域に存在したことは確認できたが、その神役と巫者的資質との関係については、久高島以外の事例では不明ということになる。

（5）　宮古の神役組織と巫者的祭司

　拙稿［赤嶺 2008］でも注意を向けたが、宮古地域は、久高島と同様に、村落の

神役組織の中に巫者的職能者を組み入れている事例が多数みられるという特徴がある。

　桜井徳太郎も言及していた佐良浜の神役組織は、ウフンマ、ナカンマ、カカリャンマの3名によって構成されるが、その中のカカリャンマは、かつては巫者であるカンカカリャのなかから選ばれていた。西原のフヅカサ（大司）の下位にいるアーグシャという神役も、かつては巫者であるムヌスー（物知り）のなかから選出されており［上原1983］、大浦では、村落祭祀に関わるウプラダシ、マジルウマと呼ばれる神役がいるが、この両者はヤーキザスとも呼ばれ、神憑りできる資質を有し、その資質に基づいて家庭レベルの儀礼に関与し、他部落からの個人的な依頼にも応じるなど、巫者としての職能も担っているという［鎌田1965a；1965b］。

　筆者の調査によると、伊良部島の長浜には、2006年時点においてツカサンマ、ナカンマ、ウクンマと呼ばれる3名の祭司がいたが、かつていたニガインマと呼ばれる神役は、巫者であるムヌスー（物知り）のなかから神籤によって選出されたといい、保良のユーザスという神役も、カカリャと呼ばれる巫者の中から神籤によって選ばれていた。

　以上を踏まえての問われるべき論点は、神役組織のなかの巫者的祭司は、祭祀の場でいかなる役割を担っているかという問題である。

（6）　憑霊・託宣と共同体

　真下厚によると、松原と久貝部落の巫者的祭司であるユーザスは、特定の祭祀場面でトランス状態となり、1年の豊作や漁業の豊凶、村人の健康などについて神の言葉を発したという［真下2003］。真下の指摘のとおり祭祀の場で祭司が託宣を発することがあるとすれば、その託宣の内容は検討を要する重要な課題であるが、宮古の場合、巫者的祭司による託宣は、祭祀の場での歌の歌唱によってなされる事例が数多くある点は看過できない事実である。

　西原の巫者的祭司であるアーグシャは、アーグという神歌を謡う者という意味であり、池間島でも、神憑りを専門にするカカランマという巫者的祭司の別称はアーグシャである［野口1972］。アーグシャという神役名は、祭祀の中でアーグを歌うことがこの神役の主要な役割であることにちなむものであることは間違いないだろう。久高島のハンジャナシにおける遊神への神の憑霊も、一人称形式でティルルを歌うことによって表現されていた。

神の憑霊・託宣が歌唱によってなされることについて考える際に、池宮正治の託宣についての以下の指摘は重要な意味をもつ。

歴史の表面にあらわれた託宣とは、神が人間の肉体に依憑し、その口をかりて神の意志をあらわすことにあるのは勿論だとしても、ある事件とかかわって唯一回しか起こらないのである。つまり神託のことばは定形ないし類型上の詞章ではなく、場面と敏感に対応した「一回性」の出来事である。ことばのリズム、対句のレトリックもここでは必須の条件ではない。[池宮 1976 p77]

池宮が指摘するように、定形化された詞章を謡うことによって表現される憑霊・託宣は、一回性のものにはなり得ないことに注意したい。

神が一人称で自身の来歴を叙事する狩俣の神歌について考察した内田順子が、祭祀の場で通常とは異なる歌詞が歌われる状況が生じたとしても、その逸脱が連続することに歯止めをかける働きをする「神歌の形」があることを指摘している点も重要である。すなわち、狩俣の神歌では、「んきゃぬたや　とぅたん／にだりまま　ゆたん（昔のまま、根立てのままよんだ）」という句で神歌がよみ（歌い）終えられることによって、憑霊による託宣が際限なく展開することが妨げられる仕組みになっているという［内田 1999］。

この問題との関連で、多良間島で旧暦九月のマッツーの日の夕刻に、カムカカリャンマ（神憑りする女性）によって行われたというユブリ儀礼に注意を向けたい。カムカカリャンマは、御嶽などでの公的祭祀に関わることはなく、あくまでも個人の依頼に応じる巫者的職能者である。ユブリ儀礼では、カムカカリャンマにマッツーガム（マッツーの神）が憑霊して、来る年の豊年・凶作についてカムカカリャンマの口を介して託宣を発すると考えられていた。ユブリはカムカカリャンマの家で行われ、神の言葉を聞くために子どもたちも含めた大勢の人々が庭にもあふれるほど集まったという。ユブリの儀礼に歌謡が伴ったとは伝えられておらず、ユブリにおける託宣の性格は、形式化された類型的なものではなく、一回性の託宣だった可能性が高い。

さらにこの脈絡で、宮古では、託宣が共同体の外部の巫者に求められる傾向が強いことに注意を向ける必要がある。大本憲夫によると、神役の選出の際に「村落の役員たちが村落外域の複数の巫者を尋ね、自村落の神役となるにふさわしい人の年齢、干支、家屋の方向、家族関係などを判示してもらい、その結果を考慮して候補者の限定がはかられ」たり、「新年の早い時期に、やはり村落の役員や神

役みずからが他地区の複数の巫者に出向き、一年間の自村落の運勢や吉凶を卜占
してもらうことを部落祭祀の一環に組み込んでいるところがある」という［大本
1983 p95］。ツカサの選定に村落外部の巫者が関与していることについては、来間
島については松井健の報告［松井 1989］、狩俣については宮城栄昌の報告［宮城
1967］がある。

　外部の巫者によるこの託宣は、その性格からして形式的なものではあり得ず、
一回性の託宣の性格を帯びるはずである。そのことは、その託宣が「その年の神
役たちの祭祀行動に影響をおよぼすことになる。すなわち、たとえば"豊農不漁"
と判示された場合、神役たちは農家にかかわる部落祭祀においてはこの卜占がまっ
とうするように、また漁業にかかわる祭祀では逆の結果がもたらされるよう、
例年にもまして個々の祭祀儀礼に力を注いで神願いにあたる」［大本 1983 p95］と
いうことによっても裏づけることができる。

　宮古の巫者は、ヤーキザスなどと呼ばれて個々の家庭の祭祀に関わっている事
例が多く見られるが、久高島のウムリングァと同様に、その場面では一回性の託
宣を発する場面が多々あり得るはずである。にもかかわらず、村落レベルにおけ
る一回性の託宣が外部の巫者に求められるのは、村落祭祀における巫者的祭司の
役割に一回性の託宣を期待していないことと表裏の関係にあるものと理解した
い。

　巫者的祭司による一回性の託宣に関連して、長浜で聞いた次の事例は参考にな
る。昭和 4 年生まれで 50 歳の時から 3 年間ツカサをつとめた女性によると、当時
は村会議員選挙の際には部落出身の候補者のための当選祈願が御嶽で行われた
が、巫者的祭司であるニガインマは、神からの啓示によって立候補者の内何名が
当選するかがわかると語っていたという。また、立候補者の内の 1 名は「じゃま
人」（他の立候補者の得票を減らすために立候補した人）であることを、ニガイン
マから個人的に聞かされたことがあったという。

　共同体の秩序を揺るがすことになるこのニガインマの託宣は、あくまで私的レ
ベルに留まり公にされることがなかったのは当然のことである。この事例が示唆
するように、公的祭祀で一回性の託宣を求めないことは、結果として、託宣によっ
て生じる恐れのある秩序の混乱などの社会的リスクを回避することにつながる
側面があることがわかる。

4.2.3 ノロ・ユタ未分化論をめぐって

神官組織が制度化される以前はノロとユタが未分化だったという桜井徳太郎と谷川健一の主張に関連して、以下の3点の史料に注意を向けたい。①は朝鮮の『世祖実録』[1463] の記事で、琉球国の使臣の普須古と蔡璟が「祀神の礼」について問われたことに対して答えたもの、②は中国から来琉した冊封使・陳侃が琉球での見聞を記した『使琉球録』[1534] の記事、③は1603年から3年間琉球に滞在した浄土宗の僧侶・袋中による『琉球神道記』の記事である。

①国に神堂有り。人、之を畏れ、近づきて之を視るを得ず。若し嫌人［悪人］有らば、則ち巫に憑り、人、神に祝る。巫、神語を伝えて曰く、当に其の家を焚くべし。即ち神火を起こす。只だ其の家を焚くこと暫し、隣家に延焼せず。其の畏る可きこと此くの如し。若し男夫、酒に因りて妻を虐げ、妻即ち神堂に入らば、則ち国家即ち其の男夫を斬る。斬せざれば則ち諸を遠島に投ず。故に男夫の妻を畏るること虎の如し。［池谷ほか 2005 p155］

②人々は、神を恐れている。神はすべて、婦人を尸としている。およそ二人の男を夫としたものは、尸としない。王府に事があれば、がやがやと集まってくる。王は世子と陪臣を従えて、みなで、頓首百拝する。というのは、この国の人で、およそよからぬ事をたくらむ者があれば、神は王に告げるので、王はこの者を捕縛するからである。こんな話がある。昔、倭寇で、中山王を害することをくわだてたものがいた。神は、すぐにその舟を動けなくし、水を塩に変え、米を砂に変えてしまったので、そのままつかまってしまった。これこそ、この土地を守護するものと考えられる。これゆえに、国王は神を敬い、この国の人々は神を恐れるのである。（略）［原田 1995 p68］

③一紀一回の荒神もまた、二七日の期間である。琉球国に悪心を抱くためにとがめなければならぬ者があると、必ずその者に刑罰を下される。そしりあざける者はその口を裂き、悪心の者は胸を切り、手に馴れぬ女性たちが武器を手にして、その行為はまことに厳かである。なせる悪業を、ひとつひとつ暗記じていて口に出し、それを責めたもうのである。当人は言い争うすべもない。それが仮に遠嶋の者であれば、早舟を仕立てて呼び寄せられる。［原田 2001 p237］

これらの史料から、「神」が王宮神女たちに憑霊し託宣することによって、社会や国家の秩序が保持されているという観念が存在していたことがわかる。桜井と谷川の見解にとって有利な資料ということになるが、史料の性格や量の限定性を

考慮すると、どの程度実態を反映しているのか疑問なしとしないところがあり、これらの資料のみに依拠して断定するには大きな困難を感じる。その一方で、別稿［赤嶺 1997］でも指摘したように、桜井・谷川説には以下のような問題点もあると考える。

　佐々木宏幹も指摘するように、祭司であるノロが旧慣遵守型の保守的性格を有す傾向にあるのに対して、シャーマンであるユタの属性の一つに、伝統的な共同体の儀礼・慣行に対する変革的または改変的態度がある［佐々木 1991］。では、ノロとユタが未分化だとした場合の初期の沖縄の宗教状況は、ユタによる変革の嵐にさらされた流動的状況であったことになるのだろうか。それは想定しにくい状況であり、社会集団である限りにおいて、そこには秩序を維持する側の宗教体制は常に存在したと考えるべきだと思われる。佐々木論文からの孫引きになるが、人類学者の R. ファースの指摘によれば、世界の多くの社会において、祭司と予言者（シャーマン）という公認された宗教的職能者が、沖縄におけるノロとユタの対照的な性格をそれぞれ有しつつ併存しているという事実も［佐々木 1991］、この問題を考える際に参考になる。

【参考文献】

赤嶺政信 1997「ノロとユタ」『講座日本の民俗学』7 巻、雄山閣

赤嶺政信 2008「沖縄の祭祀とシャーマニズムについての覚書―宮古の事例を中心に―」『国立歴史民俗博物館研究報告』142 集

赤嶺政信 2013『歴史のなかの久高島―家・門中と祭祀世界―』慶友社

池谷望子・内田晶子・高瀬恭子訳注 2005『朝鮮王朝実録琉球史料集成』榕樹書林

池宮正治 1976（1969）「ミセセルについて―その神託・託宣ということ―」『琉球文学論』沖縄タイムス社

池宮正治 1995『混効験集の研究』第一書房

上原孝三 1983「西原のユークイ素描」『沖縄文化』60 号

内田順子 1999「神歌と憑依―宮古島狩俣の神歌を対象に―」『日本文学』48 巻 5 号

大橋英寿 1998『沖縄シャーマニズムの社会心理学的研究』弘文堂

大本憲夫 1983「祭祀集団と神役・巫者―宮古群島の場合―」『南西諸島における民間巫者（ユタ・カンカカリヤー等）の機能的類型と民俗変容の調査研究』筑波大学歴史・人類学系

小川　徹 1987『近世沖縄の民俗史』弘文堂

小野重朗 1981「奄美神祭りの構造とテルコ神」『沖縄文化研究』8 号

小野重朗 1991「奄美の神祭り」植松明石編『環中国海の民俗と文化 2 巻 神々の祭祀』凱風社

小野重朗 1994「民俗の周圏構造―南九州にて―」『日本民俗学』200 号

鎌田久子 1965a「宮古の祭祀組織」東京都立大学南西諸島研究委員会編『沖縄の社会と宗教』平

凡社

鎌田久子 1965b「日本巫女史の一節」『成城大学文芸学部・短期大学部創立十周年記念論文集』成城大学

佐喜真興英 1982『女人政治考・霊の島々〈佐喜真興英全集〉』新泉社

桜井徳太郎 1973『沖縄のシャーマニズム』弘文堂

桜井徳太郎 1979「沖縄民俗宗教の核―祝女イズムと巫女イズム―」『沖縄文化研究』6 号

佐々木宏幹 1980『シャーマニズム―エクスタシーと憑霊の文化―』中央公論社

佐々木宏幹 1991「ユタの変革性に関する若干の覚書」植松明石編『神々の祭祀』凱風社

後田多敦 2009『琉球の国家祭祀制度―その変容・解体過程―』出版舎 Mugen

田名真之 1998『近世沖縄の素顔』ひるぎ社

谷川健一 1991『南島文学発生論』思潮社

野口武徳 1972『沖縄池間島民俗誌』未来社

波照間永吉 1999 (1986)「『おもろさうし』の憑霊表現―サシブ・ムツキを中心とした予備的考察―」『南島祭祀歌謡の研究』砂子屋書房

畠山　篤 1991「神々の船―久高島の外来神の去来―」桜井満編『久高島の祭りと伝承』桜楓社

原田兎雄訳注 1995『陳侃使琉球録』榕樹書林

原田兎雄訳注 2001『琉球神道記』榕樹書林

外間守善・波照間永吉 1997『定本琉球国由来記』角川書店

真下　厚 2003『声の神話―奄美・沖縄の島じまから―』瑞木書房

松井　健 1989『琉球のニュー・エスノグラフィー』人文書院

宮城栄昌 1967『沖縄女性史』沖縄タイムス社

宮城真治 1987『山原―その村と家と人と―』名護市役所

柳田國男 1989 (1960)「鼠の浄土」『柳田國男全集（文庫版）』1 巻、筑摩書房

4.3 山岳信仰と修験 〔乾 賢太郎〕

日本の国土の約7割は山岳地帯であることから、山々に囲まれた地域は国内において多く存在する。そのため、山は人々にとって生活に欠かせない存在であった。たとえば、山は生命を維持するために必要な水の供給源であり、人々は植物・動物・鉱物などを採取し、生活の糧にすることもあった。また、農民は山容の変化を見極めることで、種まきや田植えの季節を感じ、山頂を覆う雲の形で天候を知った。漁民は沖に出て、船上から目印として山を確認し、彼らが抱える漁場にたどり着いたのである。このように、人々は山から恩恵を受ける一方で、火山・異界・他界として捉えたことから畏怖の念も有していた。すなわち、人々は山に対して畏敬の念を覚え、ある種の信仰心を抱きながら接してきたといえよう。

さて、本節のテーマである山岳信仰とは、山岳およびそこに鎮座する寺社を中心に展開する信仰の総称であり、人々は山岳を対象としてさまざまな行事や儀礼を行ってきた。山岳信仰は前記のような、山岳に対する原初的な崇拝観念をもとにしているが、ここに仏教・神道・道教・陰陽道・民間信仰などの種々の影響を受け、多様な歴史や文化を形成してきたといえる。本節のもう一つのテーマで、「山岳での修行によって験力を修める」という意味の修験は山岳信仰に根差した日本固有の信仰形態であり、それを修得する方法や集団として修験道が確立された[1]。本節では、従来の研究動向を踏まえながら、山岳信仰と修験について検討し、本章のキーワードである「神懸かり」「祈禱」を中心に考えることとする。

4.3.1 原初的な崇拝観念

上述のとおり、山岳信仰は重層的かつ多面的な内容を備えていることから、その研究範囲は広範かつ複雑多岐の様相を呈している。このような状況下において、山岳への原初的な崇拝観念を検討する試みが行われてきた。

堀一郎は山岳の系統を火山系・水分系・葬所系に分類している［堀 1953］。火山系は噴火・噴煙などから、人々に対してさまざまな恐怖感と神意感をもたらすことに由来している。水分系は分水嶺、すなわち給水源、慈雨をもたらすという機能に着目している。葬所系は死霊が入山するという信仰や、仏教の地獄極楽の影響を受けているとし、前者は死者の霊が山へ赴くという思想である山中他界観

へと通じる。すなわち、堀は山岳に対する神秘・畏怖・水分・異界・他界などの観念が山岳信仰の基層にあることを示したのである。

和歌森太郎は、山岳対人間の関係において分類を行った［和歌森 1943］。和歌森は山岳信仰のある山の特徴を「他の山との形貌上、位置上の相対関係から特殊な印象を受け、優麗峻厳さにうたれ、おのずと信仰感情を涌かせる形」としている。その上で、「漠然と山嶺山体を神秘視する態度ではなく、自らの実生活と関連づける」人々を水との関連が深い生活を営む農民とし、「生活の恩恵支障の利害関係に基づいて神秘感や畏怖感を覚える」人々を狩人や林業に携わる人々とした。そして、農民や狩人・林業従事者はこれらの感情を素地としながら、山に棲む山人や修行者に対する特殊な崇拝畏怖の感情をもっているものとし、それは山伏に対して向けられたものとしている。そして、日本民俗学の祖である柳田國男も「山の人生」などを執筆した初期民俗学において、山人や修行者に関する山の伝承を重要なテーマとして考えていた［柳田 1963］。つまり、民俗学においては農民や狩猟民が信仰する山の神についても関心が払われてきたといえよう。

4.3.2 山の神信仰

柳田國男は「山の神とヲコゼ」などを著し、山の神について早くから注目してきた［柳田 1963］。柳田の帰結点としては、死霊から転換した祖霊が山中に留まって、ケガレが清まることで山の神となり、春には田の神として農耕を守護し、秋には山に戻るという、山の神と田の神の春秋去来の伝承にたどり着いたのであった［柳田 1969］。これに対して、ネリー・ナウマンは祖霊が山の神や田の神と通じるという説に関して、日本人が農耕を主体とする生産段階になって顕在化したものであり、山の神については山の民によって崇拝された「動物の主」「山の主」としての神格が重要視されていたと説く［ナウマン 1994］。このように、山の神信仰には先祖神であるという説と、狩猟などの生業神であるという説が提示されてきた。また、桜井徳太郎によると、人々は巨岩や巨木を山霊の具体的象徴と捉え、生産生活の進展と分化に適応させながら、山の神の神格を多様化させ、そこに神道による教化が加わったことを言及している［桜井 1990］。近年では、近世の山の神関係史料や現在の民俗事例の分析から、山の神は動物の霊と密接に関わっており、山に生息する万物を異界のモノ（霊と肉）と捉え、人間界に転化するための装置として機能しているという考えも提起されている［永松 2005］。い

ずれにしても、山の神信仰については各種の社会組織や生業形態を再考し、人々の観念を整理することで、新たな視点を導き出す余地があると思われる。

4.3.3 山中他界観

先述した山の神が祖霊であるという考えは、山が死霊の残留場所となって祖霊となるという思考に基づくものであり、これは山岳の特徴である山中他界の観念に由来している。桜井徳太郎は山中他界の観念を異郷的他界観と死後他界観に区分している［桜井1990］。前者は閉鎖性の強い地域社会では自己完結的な体制をとり、ミクロコスモスとしての範囲外を異郷とみなして、共同体と異郷との境界に抜くことができない一線を画する風が強くみられるという。後者は死霊が登頂し山中に鎮留することから他界とみなす考えで、仏教が民間に浸透し、山岳登拝や霊場設置が行われる以前の民族固有の慣行から成熟したものとしている。加えて、佐野賢治は他界観念を伴う山は原初からの性格を今に継続しているのではなく、仏教的要素が途中で含入・補強されたからこそ、現在までの性格が維持されたと考察する［佐野1976］。山に死霊が集まる場所という思考は、死者を山へ実際に埋葬するという両墓制などの慣習も少なからず影響しているといえよう。そこに山中における死者供養や地獄の説話などの仏教側の意味づけが加わったことで、山中他界の観念がより一層濃厚なものになったとは言えないだろうか。なぜなら、青森県の恐山、山形県の山寺、三重県の朝熊山、和歌山県の高野山などの霊山では死者供養の習俗が残り、それらの成立には山内寺院の影響が確認できるからである［宮本・高松1995；大友1977；桜井1990；日野西2016など］。

4.3.4 山岳信仰と神懸かり

神懸かりとは、神などの超自然的・超越的な存在が憑依することやその状態にあることを指すが、山と関連する行事や儀礼の中で神懸かりを確認することができる。ここでは、山岳信仰に関係する神懸かりについて代表的な事例を取り上げたい。

（1）ハヤマ信仰の託宣

東北地方に点在するハヤマ（葉山・端山・羽山・麓山の字をあてる）は、高山ではなく、里に近い山を指す。ハヤマ信仰に関する研究の第一人者とも言える岩崎敏夫は、春と秋に祭りがあることから、山の神と田の神の交替があり、死後の

霊魂は山へ戻るという伝承が残ることから、ハヤマ信仰の本質は祖霊信仰であったと推測している［岩崎 1984］。この考えは先述した柳田國男の山の神信仰の仮説にも通じるが、鈴木正崇は「現状の伝承では、ハヤマは田の神に重点を置いた作神の性格が強く、庄内（山形県）のモリの山のような祖霊のいく山としての伝承は乏しい」と指摘する［鈴木 1991］。

さて、ハヤマ祭りの後には託宣の神事が行われる場合がある。たとえば、福島県松川町金沢の羽山ごもりでは、旧暦 11 月の祭りにヨイサアと呼ばれる田植えの予祝行事を行うが、祭りの最終日には精進潔斎をして夜籠りした男たちが羽山に登り、羽山の神の託宣を受ける。この時、ノリワラ（神霊が依り憑く人）に神が憑き、カシキ（神事の責任者）が来年の作柄などを問いかけて、お告げの結果を書き留めるのである［福島市史編纂委員会編 1980］。このように、祭りでは翌年の新たな収穫を願うとともに、ハヤマの神に豊凶や疫病の有無などを問うのである。福島県内のハヤマ祭りについては、鈴木昭英が以下のとおり述べている［鈴木 2004］。

部落共同の祭儀における神下ろしは、村民がそのなかから霊媒を選びたて、一同がこれに神を祈り憑けるのが一段古い形態であったと思われる。これに新しい仏教などの知識をもった呪術専門の修験者が参加するようになって、祭儀が大きな変化をみる。すなわち、はやま祭りにおいては、憑祈禱は村民も行なうが、何といってもその主導権は修験者の手に移っており、神下ろしの囃詞として経文や真言が用いられ、祝詞にも修験と密接な関係をもつ神仏の名称が混入している。

鈴木はハヤマ祭りの原形は地域での共同祭儀としつつも、祭儀中の唱え詞などからハヤマ祭りの託宣に修験者の関与を見出しているのである。

（2） 木曽御嶽信仰の御座立て

長野県と岐阜県にまたがる木曽御嶽山では、18 世紀末に尾張の覚明（1718〜1786）によって軽精進での登拝が始められ、黒沢口からの登拝道が整備された。さらに、江戸の普寛（1731〜1801）によって王滝口からの登拝道が開かれて以来、東海だけではなく、江戸方面でも多くの木曽御嶽講が組織され、木曽御嶽信仰は全国的に広く展開した。特に普寛とその弟子たちによって築かれた講は江戸や中仙道、およびその近郊農村へと教線を延ばしていったのである。

木曽御嶽信仰で行われる御座立ての儀礼は、前座と中座という役割の行者が 2

図4.2　木曽御嶽山内での御座立て（昭
和30年代後半、木曽御嶽山、鈴
木勝氏提供）

人1組となり、前座が神霊を降臨させ、中座
にその神霊を憑けることであり、これが講活
動の中心を占めている（図4.2）。神霊が宿っ
た中座は人々の依頼に応じて占いや病気治し
といった儀礼を執行する。木曽御嶽講の系統
によって儀礼の所作はさまざまで、降臨する
神も御嶽の神、諸神霊、霊神（行者や講の関
係者の霊）という具合に多様だが、どの場合
も人々に有益な情報を告げたり、病気の有効
な治療法を授けたりする点が特徴的である
［菅原1995］。

　現在の埼玉県北部から群馬県南部に分布す
る普寛系の講などは、普寛の継承者として後
に出現した行者の一心（1771～1821）の影響
を強く受けているところもある。たとえば、
一心系講の御座立てでは、行者や信者らで経
文を唱えるうちに中座が飛び上がり、中座と向き合う。霊神が降臨すると、信徒
のさまざまな悩み事の相談を受け、前座に返答するといった形態をとる。牧野眞
一は、この一心系講の特徴について、「一心系講は、御座立てが儀礼の中でも最も
重要であり、毎月決まった日に御座立てを催すなどし、そうした儀礼を求めて広
く信者を集めていることが多い。つまり講の活動が一地区に限定されること無
く、開放的な講が多いといえる」としている［牧野2007］。この場合の木曽御嶽
講は御座立て、すなわち神懸かりが講の中核を担うことにより、組織は地域を越
えて結束することができたと言えるだろう。

4.3.5　修験の概観

　本節の冒頭でも述べたように、修験は山岳信仰に根差した日本独自の信仰と理
解されている。加えて、山岳修行を通して、超自然的・霊的な能力を獲得し、そ
れをもとに人々の悩みを究極的に解決しようとする信仰でもある。

　古代において仏教者の山林修行は行われていたが、平安時代になると最澄、空
海らが山岳仏教を導入したことにより、山岳信仰は隆盛することとなった。その

後、熊野三山を拠点とする天台系の修験集団（本山派）や吉野山を拠点とする真言系の修験集団（当山派）、すなわち修験道の基礎が形成され、その過程で葛城山の役小角（役行者）を修験道の開祖とする信仰や役小角が帰依する金剛蔵王権現への信仰が成立した。また、上皇や公卿の御嶽詣・熊野三山詣によって、それらの山々は代表的な修験道の霊山となり、熊野三山から大峰山・吉野山に至る修行の道が整備され、修験道の根本道場となった。中世は近畿の山以外にも、出羽三山や英彦山をはじめとする各地の霊山も修験の行場となった。近世になると、徳川幕府の政策により、修験者は本山派か当山派のどちらかに属することが促された。一方、武州御嶽山や相州大山などで、山に依拠する修験者たちは布教に努めて講中を組織し、信者を山に案内する御師となって、信仰的な基盤を確立した。また、修験者の中には、里に下りて加持祈禱や占いなどを人々に施し、里に定着することで里修験化する者もいた。しかし、明治初年の神仏分離や修験道廃止によって、修験者らも大きな打撃を受けたが、第二次大戦後の宗教法人法の施行などにより、修験道を復興した教団なども存在する。

4.3.6 修験道研究史の回顧

（1） 修験道研究の確立

　柳田國男は、「山人考」をはじめ、「巫女考」「毛坊主考」「俗山伏」などで修験道の歴史や宗教活動について論じている［柳田 1962］。そこでの修験・山伏の取り上げ方としては、山人・山民研究の一環として考察されているものと、里に拠点をおく修験・山伏の存在形態とその役割などを論じたものがある。しかし、柳田の関心が日本人の信仰の核と考えた「氏神信仰」や「祖霊信仰」の追及へと移行したことから、初期に発表した修験道関連の事象については深化されることはなかった［川田 1992］。

　さて、修験道の歴史的展開に関する研究は、戦前における宇野圓空の成果を嚆矢とするが［宇野 1934］、村上俊雄『修験道の発達』と和歌森太郎『修験道史研究』の刊行は研究史の画期とも言える業績である［村上 1943；和歌森 1943］。前者は宗教学の立場から修験道を真言密教として捉え、修験道の歴史・思想・教義・儀礼などを説いたものである。後者は文化史学的立場により古代から近世初頭に至るまでのスパンで修験道の成立と展開について解明しようとしたもので、修験道研究の基礎を築いたといっても過言ではない。

　和歌森は史料の解読を中心とした歴史学に立脚しながらも、研究においては文化を「表層文化」と「基層文化」に区分し、前者は歴史学の対象とし、後者は民俗学の対象としている。そして、修験道をこれら両者の接点に位置づけ、そこに日本の民族文化の特性が表現されているとみなしている。長谷川賢二は「修験道史研究は、民俗学的関心を内包した文化史研究の一領域として出発しており、戦後における文化史・民俗学的関心を主とする修験道史研究のあり方に通じる傾向を含んでいたといってよい。同時に、超歴史的な理解へと向かう傾向を帯びていたともいえるだろう」と、和歌森は『修験道史研究』を執筆した頃から民俗的関心の萌芽があったことを指摘している［長谷川 2015］。その証左として、戦後の和歌森は山岳信仰の起源についての仮説の提示や地方修験の調査・研究を精力的に進めるなど、民俗学的研究へと移行していったのである。

　地方修験と言えば、戸川安章の功績も忘れてはならない［戸川 2005］。戸川は山形県に広がる出羽三山や羽黒修験の成立・発展の過程について明らかにしてきたが、その特徴は民俗学的方法論に依拠し、修験道の宗教性や呪術性を説いたところにある。

（2）　戦後の修験道研究

　戦後になると、修験道研究においてはその視点や方法が多様化し、研究は活況を帯びてくる。宗教学・民俗学の立場において分析した堀一郎は、主要な分析対象とした俗聖を山伏系俗聖・念仏系俗聖・巫祝陰陽師系俗聖と3分類し、それが山中他界観念と人神信仰を背景として形成されたものであることを論述した［堀 1953］。特に修験にはシャーマン的性格から次第に御霊精霊の呪術者・調伏者・制御者としての性格を発展させてきたことなどを論じている。そして、晩年には「エリアーデの影響もあって、シャーマニズム論に関心を寄せる。その結果、行者・験者による山の修行も、聖なる力を得るためのシャーマニズム的イニシエーションだとの見解が示される」という［長谷部 2014］。

　村上修一は『山伏の歴史』において、民俗学の成果を取り入れながら史料に基づいて修験道を研究した［村上 1970］。密教および各地の霊山との関係に注目しながら修験道の発展を段階的に説き、芸能や陰陽道との関係についても言及しているところが特徴的である。

　また、五来重は修験道が原始宗教であるという立場をとって、修験道は原始以来の日本固有の宗教に位置づけられるとしており、修験道を原始以来の「野生の

宗教」とも呼んだ［五来 1970］。また、仏像・神像・曼荼羅・来迎図などの美術
や花祭・神楽・田楽・延年などの芸能が修験道と深く関わっており、修験道の原
点を求めることによってそれぞれの芸能の所作や意味が理解できるとする考えを
もち、庶民信仰との関わりの中で修験道を論じようとした［五来 1980］。

　宮家準は「修験者（山伏）は民間宗教者として民俗宗教の形成に大きな役割を
はたしてきた。それゆえ修験道そのものが民俗宗教とも考えられるのである」と
し［宮家 2007］、民俗宗教を生活習慣として営まれている宗教、それらに通底す
る概念用語と規定し、修験道研究は民俗宗教との関わりの中で検討すべきだとし
ている。宮家は『修験道組織の研究』『修験道思想の研究』『修験道儀礼の研究』
の三部作を上梓し、修験道の全体像の解明を行ってきたが、近年の『修験道の地
域的展開』では全国を俯瞰して各地の霊山と地方修験の歴史的展開についても論
究している［宮家 2012］。なお、宮家は近現代の修験道についてもいち早く着目
し、修験組織の崩壊と再生のようすを描写している［宮家 1973］。

　宮本袈裟雄は、地域社会に定着して活動する、いわゆる里修験に注目した研究
者として知られる。里修験という用語は、「かつて実際に使用されていた用語であ
る里山伏を、より普遍的な概念として通用する用語とするべく、宮本によって創
出された学術用語」であり［時枝 2013］、宮本は里修験が庶民信仰・民間信仰に
与えた影響や果たした役割について追及を試みた［宮本 1984；2010］。その方法
は、民俗資料・歴史資料の双方を考察する歴史民俗学的方法が用いられており、
民俗と歴史を融和させた視点に立脚していたことが窺い知れる。『里修験の研究』
では、修験道の活動場所であった山と里、修験の性格と深く関わる移動性と定着
性という二つの基準から、「Ⅰ型　山籠・山岳抖擻型修験」「Ⅱ型　廻国・聖型修験」
「Ⅲ型　御師型修験」「Ⅳ型　里型修験」の４類型を導き出し、Ⅳ型の里修験につい
ては検討が十分になされてこなかったことを指摘して［宮本 1984］、主に東北・
関東地方に展開する里修験と庶民信仰の歴史的展開について論じている。

4.3.7　修験と祈禱

　祈禱は「神仏などに対して、利益や加護を求めようとして行う儀礼で、祈念・
祈願・祈請などともいい、諸宗教に共通して見られる」ことであり[2]、修験にお
いては「護摩を焚くなどして、不動明王に、邪神・邪霊を降伏し、福をもたらす
よう祈念をこめるもの」として解されている［宮家 1979］。

図4.3　高尾山（東京都八王子市）の修験者が祈禱などのために用いた祭壇（平成22年10月、東京都世田谷区、筆者撮影）

　さて、宮家準は児島五流修験の教団「修験道」（岡山県倉敷市）を例にして、修験者たちの宗教活動から、小堂の祭祀者である堂守、講の指導者である先達、除災の加持祈禱を行う祈禱師、神懸かりと祈禱を行う巫者の四つにタイプを分類している。この4分類は特定の修験教団を対象としていることや、これらの役割は明確に分けて考えることはできないことなど注意すべきだが、修験者が保持する宗教者としての性格がよく表されているといえよう。修験者の性格は多面的な性格を帯びているが、その中でも祈禱は対庶民への宗教活動として修験者においても重要視されていた（図4.3）。

　鈴木昭英は山岳で修行し験力を得た修験者の能力について、「その能力を発揮するのは主に病気平癒や悪霊攘却の加持祈禱であり、祭祓であった。そしてこのときしばしば修験者は神霊憑依・託宣の儀礼を行なった」としている［鈴木2004］。この時の修験者は神霊を操作する司霊者として、自らは神懸かることはなく、神霊を憑依する者を擁立することは特徴的である。

　修験道の治病法を研究した宮本袈裟雄は、その方法について、①修験者が崇拝する諸神諸仏に祈り祀る「祈り・祀り型」、②霊に教え諭して本来いるべき所や本性に戻す「教化型」、③修験者と崇拝対象が一体化して攻撃的な修法を行う「調伏・排除型」の三つに分類しており［宮本1989］、修験者が行った治病活動に関しても前述の祈禱の観念が関わっていたことが理解できる。

　こうした祈禱をはじめとする修験道の宗教活動だが、神仏分離後に修験者から神職への復飾後も、かつての修験者の儀礼を受け継いで活動した事例［榎本

1984]、山内の修験組織が担ってきた修験の役割を寺院の僧侶に引き継いでいく事例［乾 2012]、代替わりによって兼業の形態が農業からサラリーマンへと移行した修験者の宗教活動の事例が報告されており［伊藤 2014]、個別事例をどのように一般化していくかという問題を孕んでいるものの、現在に至るまでの間に宗教活動のあり方にも変化が窺えるのである。すなわち、修験者を取り巻く社会的な変動、修験者自身の思考の変容、修験者が属する教団や彼らが暮らす地域社会との関係の変化などによって、修験者は祈禱を含む宗教活動を変えざるを得なかった事情があったといえよう。このように、修験者の対庶民への宗教活動は、その内容だけを検討するのではなく、修験者の個人の問題や彼らを取り巻く時代・地域・世相といった諸事象にも目を向けて考える必要があるのではなかろうか。民俗学における修験道研究においては、対庶民への宗教活動や庶民信仰との関わりといった研究の蓄積を踏まえながらも、歴史学・宗教学・地理学などの隣接分野にも視野を広げて、修験やそれを取り巻く環境の変化・変遷についても検討していくべきであろう。

【注】

1)　長谷川賢二は「修験道の根底にあるとされる山岳信仰と修験道との連続面・非連続面が不明確なままであるということである。その結果、修験道の「成立」期は、解明できないままになっているように思われるのである」としている［長谷川 2016]。同氏はこの問題により、「修験道」「山岳信仰」「山岳宗教」などの言葉がほぼ同義に使われていると指摘する。

2)　祈禱は一般的に加持祈禱として呼ぶことが多いが、加持と祈禱の概念は異なり、加持は「護念・加護など関わりあうことを意味する仏教の言葉」であり、神仏習合の進展によって修験道などでも用いられるようになったという［豊島 1999]。

【参 考 文 献】

伊藤　茜 2014「地域社会に生きる里修験─親子二代の代替わりを事例に─」『日本民俗学』280号、日本民俗学会

乾賢太郎 2012「現代に生きる高尾山先達」西海賢二編『山岳信仰と村落社会』岩田書院

岩崎敏夫 1984『本邦小祠の研究（新装版）』名著出版

宇野圓空 1934『修験道』東方書院

榎本直樹 1984「修験の形態と機能─武州比企郡羽尾村金剛院─」『日本民俗学』156 号、日本民俗学会

大友義助 1977「羽州山寺山の庶民信仰について」月光善弘編『山岳宗教史研究叢書 7　東北の霊山と修験道』名著出版

川田　稔 1992『柳田國男─「固有信仰」の世界─』未来社

五来　重 1970『山の宗教　修験道』淡交社

五来　重 1980『修験道入門』角川書店

桜井徳太郎 1990『桜井徳太郎著作集第4巻　民間信仰の研究　下』吉川弘文館

佐野賢治 1976「山中他界観念の表出と虚空蔵信仰―浄土観の歴史民俗学的一試論―」『日本民俗学』108号、日本民俗学会

菅原壽清 1995「木曽御嶽講の御座」桜井徳太郎監修『民俗宗教5　シャーマニズムの世界』東京堂出版

鈴木昭英 2004『修験道歴史民俗論集2　霊山曼荼羅と修験巫俗』法蔵館

鈴木正崇 1991『山と神と人―山岳信仰と修験道の世界』淡交社

戸川安章 2005『戸川安章著作集①　出羽三山と修験』岩田書院

戸川安章 2005『戸川安章著作集②　修験道と民俗宗教』岩田書院

時枝　務 2013「修験道史における里修験の位相」『近世修験道の諸相』岩田書院

豊島　修 1999「加持祈禱」福田アジオほか編『日本民俗大辞典　上』吉川弘文館

永松　敦 2005「山の神信仰の系譜」『宮崎公立大学人文学部紀要』12巻1号、宮崎公立大学

ネリー・ナウマン 1994『山の神』言叢社

長谷川賢二 2015「第2章　修験道史研究の歩み」『修験道史入門』岩田書院

長谷川賢二 2016『修験道組織の形成と地域社会』岩田書院

長谷部八朗 2014「岸本英夫・堀一郎の修行論―宗教学の立場から―」『宗教研究』87巻別冊、日本宗教学会

日野西眞定 2016『日本宗教民俗学叢書⑧　高野山信仰史の研究』岩田書院

福島市史編纂委員会編 1980『福島市史　別巻Ⅲ　福島の民俗Ⅰ』福島市史編纂委員会

堀　一郎 1953『我が国民間信仰史の研究（2）―宗教史編―』東京創元社

牧野眞一 2007「関東における一心・一山系講の展開」『山岳修験　別冊　日本における山岳信仰と修験道』日本山岳修験学会

宮家　準 1973『山伏―その行動と組織―』評論社

宮家　準 1979『修験道―山伏の歴史と思想―』教育社

宮家　準 1999『修験道儀礼の研究　増補決定版』春秋社

宮家　準 1999『修験道思想の研究　増補決定版』春秋社

宮家　準 1999『修験道組織の研究』春秋社

宮家　準 2007『神道と修験道　民俗宗教思想の展開』春秋社

宮家　準 2012『修験道の地域的展開』春秋社

宮本袈裟雄 1984『里修験の研究』（復刻版は2010年に岩田書院より出版）

宮本袈裟雄 1989『天狗と修験者―山岳信仰とその周辺』人文書院

宮本袈裟雄・高松敬吉 1995『山と信仰　恐山』佼成出版社

宮本袈裟雄 2010『里修験の研究　続』岩田書院

村上俊雄 1943『修験道の発達』畝傍書房

村上修一 1970『山伏の歴史』塙書房

柳田國男 1962、1963、1969『定本　柳田國男集』9巻、4巻、10巻　筑摩書房

和歌森太郎 1943『修験道史研究』（復刻版は1972年に平凡社の東洋文庫より出版）

第5章 社会不安と信仰

5.1 兆・占・禁・呪　　　　　　　　　　　　　　　　〔板橋作美〕

　予兆、占いはともに、何らかのものごとを、未知のことを知らせ示す「しるし」であると捉えて、その意味を解読するための民俗知識または技術である。両者の違いは明確ではないが、一般に、予兆は一つの「しるし」を一つの未来の出来事に直接結びつけるものが多く、それに対して占いは、一つあるいはいくつもの「しるし」を、それぞれの占い理論に照らして解釈しようとする。ただし、占いは未来の出来事だけではなく、過去の出来事の原因、理由を解明するために行われることもある。また、兆とは逆のものに応がある。

　禁（禁忌）と呪いは「〜すると〜になる（が起きる）」という言い方で伝承されてきた民俗知識である。禁忌の場合は、結果の出来事はある行為を行う人にとって悪いことなので、その行為を禁止することが目的で、結果の出来事はその禁を破ったことに対する制裁である。それに対して呪いでは、結果の出来事はある行為を行う人が望むもので、それを目的としてある行為を行う。

　これらはいわゆる迷信と言われるものであるが、民俗学では俗信あるいは民俗知識と呼ばれ、心意伝承の中に入れられる。柳田國男は、日本民俗の心を知るためにこれらの心意伝承を重視した。

　他の民俗伝承がこの数十年、次第に忘れられ、失われてきたように、兆、占、禁、呪もほとんど知らない人たちが増えてきている。その一番の理由は、これらの知識の多くが衣食住の生活慣習に基づいていることによると考えられる。伝統的な日本家屋がなくなれば雨垂れ落ちに関する俗信、和室の敷居や障子、畳に関わる俗信がなくなるのは当然のことだろう。葬列が見られなくなり、霊柩車も最近ではかつてのような寺社を模した装飾の車が消えてしまい、普通の車と見分けがつかなくなると、出会ったら親指を隠すという俗信は消滅してしまう。

　しかし、兆、占、禁、呪については、伝統的なものが失われていく一方で、古くからの伝承を今風に変形したものや、新しいものが作られているという現象も

みられる。これらの俗信が我々の精神文化にとって、何らかの意味をもっている
からではないかと考えられる。

5.1.1　研　究　史

　柳田國男は兆、応（占）、禁、呪を民俗調査項目に入れた。これらは多くが短い
文句で、誰でも知っているものであり、また調査者に特別の知識がなくてもきき
だせることから、全国から膨大な量の資料が集まった。これは日本民俗学の功績
の一つであり、財産である。だが、これらの分析、研究については、他の民俗伝
承に比べて、今日まであまり成果をあげられなかった。起源、歴史的変遷、地域
的特徴など、他の民俗項目では有効であった研究法を俗信に応用することができ
なかった。このことは、これらの俗信を考える時、従来とは別の方法、新たな視
点の必要性を示唆しているのではないか。特に、民俗学の初期に、俗信を「主と
して古代の信仰および呪術が、宗教にまで高められることなく民間に退化しつつ
残存したもの、また宗教の下部的要素が民間に脱落し、退化沈潜した広義の信仰
慣行で、一つ一つは断片として存在し、組織をなさない雑然たる呪術宗教的な心
意現象である」［柳田 1951］とみなしたことを見直してみる必要があると考えら
れる。

　柳田が「説明のつかぬ前兆でも云い出した始めは出鱈目ではなかった、それだ
ったら人が承知しない筈だ」［柳田 1938］と言ったように、また瀬下三男が「俗
信とは日本人がこの日本列島で永い生活経験の結果、生み、受け入れ、かつ育ん
できた基礎文化である。原因がなく生まれ、伝えられたものは何一つない。どん
なくだらないことでも何かの意味がある。無意味のことであれば、人は記憶には
とどめられず、伝えておかないものである。その意味で俗信は日本文化の基礎と
いえよう。この基礎文化を見つけてゆけば、我々の先祖のものの考え方、ものの
見方がわかってくるのではないだろうか」［瀬下 1984］と述べたように、俗信が
何を言おうとしているのか、どのような仕組みで作られているのか、人はなぜ俗
信を信じるのか、あるいは気になるのかなどを考察しなければならないとする研
究者も数は少ないがいる。彼らに共通するのは、俗信といえども何らかの理由が
あるはずで、「そこにみられる人々のものの考え方のしくみ」［新座市教育委員会
市史編さん室 1986］、その論理を解明しなければならないとする視点である。た
とえば福澤昭司はモノモライ（麦粒腫）の呪的治療法に、「綿々と伝承させてきた

力」として、もののやりとりにおける互酬性の原理を見出している［福澤1987］。

　南方熊楠や赤松啓介が「夜に口笛を吹くと蛇が来る」の禁忌について考えを述べているように［南方1931；赤松1994］、個々の俗信については言及している研究者もいるが、俗信全般にわたって考察した研究者は少ない。初めて俗信研究をまとめたのは井之口章次で、『日本の俗信』を著した。彼はその中で、「食べてすぐ横になると牛になる」や「ぶどうや藤を屋敷内に植えるものでない。植えると家運がさがる」などは直接連想に基づき、「手振り水をかけられると、かけられた人は死ぬ」や「屋敷内にビワの木を植えない。葬式のときビワの葉を飾りに使うからである」は間接連想に基づくとした［井之口1975］。後に常光徹も、基本的に同じ考えを述べている［常光1993］。井之口はまた俗信を他の民俗伝承と関係づけ、たとえば夜爪の禁忌について、「「親の死に目にあえぬ」というのは、「死」に対する連想を、制裁の形におきかえたものであって、葬式の時に爪を切って入れることが一般的であったために、爪を切ることから死を連想し、いつ切ってもいけないというわけにはいかないので、夜という限定を設け、さらにこれを制裁の形に作りあげたのがこの俗信である」［井之口1977］と言っている。常光は俗信における連想のパターンを、庭木の禁忌を例に、名称からの連想、形状や性質からの連想、場所からの連想、色からの連想、用途からの連想、説話からの連想などに分けている［常光1997］。一つの俗信を他の俗信、他の民俗伝承、別の事象との関係の中でみることは俗信研究にとって重要な視点である。

　それまでの民俗学における俗信研究の問題点を、板橋作美は『俗信の論理』で指摘した［板橋1998］。その一つは、俗信にはさまざまな変異形があるにもかかわらず、典型例と思われるものだけで考えることである。夜に爪を切ることの禁忌も、後半部分には「親の死に目にあえない」以外のさまざまな言い方がある。それら変異形の共通点を抽出し、可能な限り多くの事例を説明できるような見方が必要である。

　これは、一つの俗信の一部だけを取り上げるのでは不十分であるということでもある。たとえば禁忌は禁止事項とそれを犯した場合の制裁部分からなっているが、どちらか片方だけを単独でみると、その俗信の言わんとしていることを見誤る危険がある。たとえば一つの家で2人あるいは人と家畜が同時に妊娠することを忌む相ばらみの禁忌があるが、これは、後半に多くが「勝ち負けができる」と続くことを無視すると、この禁忌の意味を捉えそこなうことになる。「勝ち負け」

は他の禁忌でも言われることである。逆に「勝ち負け」を制裁とするものは相孕みの禁忌以外にもある。それらすべてを視野に入れて、相孕みの禁忌は考えるべきである。

　「火遊びをすると寝小便をする」も、火遊びの部分だけで考えて、火の神に対する冒涜だとするだけでは、なぜ後半が寝小便であって、火傷するとか親の死に目にあえないではないのかを説明することはできない。火遊びと寝小便にはなんらかの関係があるのではないかと考えるべきである。

　火遊びではなく「イモリを殺すと寝小便がでる」［宇部市史編纂委員会 1963］という例がある。とすれば、火遊びとイモリには何か共通点があるのではないか。寝小便の薬とされるものを考えると、両者のあいだのつながりがみえてくる。寝小便の薬とされるものには、ネズミの黒焼き、赤犬の肉、アカガエル、ニワトリのトサカ、イタチ、餅などがあり、呪い治療法として「小児の寝小便をとめるには、紅紙で馬の形を四ッ切につくりそれを小児の寝床の下に毎夜しくと止まる」［観音寺市教育委員会 1962］、「近所の家へその子を塩貰いにやるとよいという」［奈良県史編集委員会 1986］というのもある。これらの共通点は、赤色あるいは火である。赤犬とアカガエルとトサカと紅紙は赤色であり、ネズミはいなくなると火事になる、イタチが鳴いたり道を横切るのは火事の知らせとされる。餅も火事と関わる伝承がいろいろある。塩は、夕方や夜に買ったりもらうと火事になると言われる。そして、イモリはアカハラ（赤腹）とも言われ、赤色の腹が特徴的である。また「イモリを殺すと乳がはれる」［土佐山村史編集委員会 1986］という祟りの例もあるが、これも、同じく母親の乳が腫れるのは、赤い石を持ち帰る、赤い貝を見せる、彼岸花をとるからだなどの例があり、赤色と火事に関係している。

　さらに、火事に関する俗信、また火や火事に関係する火傷（赤痣もこれに入れてよいだろう）に関する俗信、とくに火傷の薬を視野に入れて考察してはじめて、なぜ火遊びの制裁が寝小便であるのかが見えてくる。火傷の薬としてよく言われるのは小便である。

　また、別の俗信の間に何らかの論理的関係が見出されることもある。簡単な例をあげれば、「死人を猫がまたげば、死人が生き返る」と「病人を猫がまたげば、病人の病気が治る」［藤沢 1974］、「家の中で笠をかぶると叔父が貧乏になる」［東北更新会秋田県支部 1972］と「家の中を下駄で歩けば弟が貧乏する」［毛藤 1992］

の間には反転した対応関係がみられる。さきほどの赤石の俗信も、「赤石を家に持ち帰ると母親の乳房がはれる」[三田川町史編さん委員会 1980] に対して「白石を家の中に入れると母乳が出なくなる」[桧原村史編さん委員会 1981] というのもある。

もう少し複雑な例をあげてみよう。「赤飯に汁をかけて食べると嫁入りのときに雨が降る」[朝日村村誌刊行会 1989] という奇妙でおもしろい俗信がある。これだけだと、儀礼食である赤飯に汁をかけて食べるなどということをすると、大事な婚礼の時に、汁、すなわち雨が降る、という単純な連想によるものとしか思えない。

しかし、次のような俗信を並べてみよう。一つは、「焦げ飯を食べると婿入りの時に犬にほえられる」[岩手県教育委員会事務局文化課 1983] であり、もう一つは「麦飯のこげを食べると嫁入りの日には犬は啼き寄らない」[池田 1956] である。さらに、「妊婦が焦飯に汁をかけて食ふと産の時に大便が出る」[『郷土研究』1916]、「雨の日に結婚式をした嫁さんは、ご飯にミソ汁をかけて食べてはいけない」[騎西町史編さん室 1985] という事例もある。これらの間には、たとえば赤飯(モチゴメに水を間接的に用いて加熱し、ササゲで赤く着色したもの)と焦げ飯(ウルチに水を直接的に使って加熱した白米を、さらに過剰加熱したもの)、嫁入りと婿入り、未婚女性と既婚女性(妊婦)など、いくつかが巧みに入れ替えられていることがわかる。

このように、俗信はしばしば他の俗信と変形、変換関係をもっており、全体で、互いに参照しあって、それぞれが意味を獲得していると考えられる。したがって一つの俗信を、それだけをとりあげて考えるのは、その俗信の意味を捉えそこなう恐れがある。従来言われてきたような、断片的で孤立した非体系的なものという捉え方は考え直す必要がある。

5.1.2 はたらき

瀬下が「どんなくだらないことでも何かの意味がある」と言ったように、俗信は、たとえたわいもない、場合によって害をなすものであっても、何らかのはたらきがあると考えるべきだろう。火遊びや爪を燃やすことは、実際に危険で害が生ずるので、禁止されるのは、よく俗信の意味としてあげられるしつけ、教訓と言えるだろう。ただ、俗信の場合、先に述べたように、制裁部分が、火傷をする

とか悪臭が発生するとは言わないことに特徴がある。禁止と制裁の間に必然関係がない。しかし、その関係が非科学的、非合理的だから迷信だ、と決めつけるのは待った方がよいだろう。

　禁忌には、ほかに、禁止部分そのものが文化的であることがよくある。家の中で笠をかぶったり着物を左前に着たりすることを禁じたのは、あくまでも民俗文化である。禁止を犯しても悪い結果が生じるわけではないから禁止が守られない危険性が高い。そこで死や発狂をもち出して、強制力を強めるのだろう。また、左前や一膳飯などの死の儀礼に関わる俗信は、死を連想させるから禁止されるといわれるが、むしろ逆に、死の儀礼の時空を日常の時空と明確に区別するために、日常生活では禁じるのだとも考えることができる。

　禁忌がある種の働きをもっているのではないかと考えられる例に、妊婦の食物禁忌がある。妊婦がウサギを食べると口蓋裂の子が生まれる、サメを食べるとサメ肌の子が生まれるなどとされる。この禁忌は、科学的医学的になんの根拠もなく、むしろ妊婦に必要な栄養を制限し、不要な不安を与えるものとして、きびしく非難されてきた。しかし、意味のないものはないという見方で、文化人類学における機能主義的に解釈すると、次のような捉え方も可能である。

　まず、栄養の面について考えてみよう。妊婦に対する食物禁忌を全国から集めると、ウサギ、イカ、タコ、サメ、果物、南瓜など、かなりの種類になる。しかし、妊婦の食事に関する俗信が、禁止食品項目と、わずかの推奨食品をあげることに注意する必要がある。それは、逆に考えると、それ以外の食品、つまりふつうに食べてよい食品の方が多いということである。禁止されている食品より、禁止されていない食品の方がずっと多い。しかも、一地域でみれば、禁止されている食品の種類はもっと少なくなる。だから、たとえそのような俗信があったとしても、禁止された食品以外で献立を考えて、十分に栄養のある食事をとることができたはずである。禁止されているものが、それ以外の食品にはない貴重な栄養素を含んでいるとか、とくに栄養価が高いとか、あるいはふだん大量に摂取しているものであるなら、それを禁止すると妊婦の栄養状態に悪影響を与えるだろう。しかし、そのような重要な食品、たとえば米や麦の飯、豆腐や味噌などの大豆製品（豆腐については禁止する例もあるが少ない）は入れられていない。むしろ、そういう意味ではどうでもよいようなものが並べられている。

　さらに、あげられる禁止食品が、実際にどの程度ふだん食べられていたのかを

考えてみる必要がある。たとえば、サメやウサギの肉は日本人の食生活でどれほ
どの重要性を持っていたのだろうか。たしかに、中国山地のようにサメを食べる
地方はあったし、ウサギは農村部でも食べることがよくあったらしい。しかし、
それらを欠いたら日本人の食生活が決定的に貧しくなるほどの重要性を質的にも
量的にももっていたとは思えないのである。食べることを禁じられても、実質的
にはほとんど影響はなかったのではないだろうか。食物の大部分を禁止したり、
あるいは栄養豊富な豆類を禁止したり、毎日食べる米、麦、雑穀類を禁止してい
るのなら、妊婦の食物禁忌を悪習と糾弾すべきだろう。しかし、実際にはそうで
はない。

　そのように考えると、妊婦の食物禁止リストは、たくみに作られているとさえ
言える。実質的にマイナスにならないように、栄養的に重要性のないものが慎重
に選ばれているとしか思えないのである。

　したがって疑問があるとしたら、むしろ、なぜ、そのような栄養学的に意味の
ない禁止をしたのか、ということである。それらの禁止の意味や目的は、ほかに
あったのではないかということである。それは、まさに「無用の不安」にかかわ
る問題であると考えられる。

　妊婦の食物禁忌を頭から有害な迷信と決めつける人たちは、それらは妊婦に不
安を与えるというが、不安というなら、妊婦は初めから不安である。今も昔も、
妊娠中の女性は妊娠を知った時から数か月間、不安の中で過ごすのである。

　妊婦が初めから不安をいだいているとするなら、食物禁忌は、無用な不安を与
えるのではなく、むしろ無用な不安をとり除くと考えられないか。

　文化はしばしば「禁止」という形で何かを表したり、行おうとする。その禁止
を、文字どおりにとらえていると、本質を見失うことになる。禁止の否定的側面
だけをみていてはならない。禁止は、禁止されたもの（範囲）以外のものに許可
を与えていることでもある。食物禁忌でいえば、一部のものを禁止することによ
って、他の大部分に許可のお墨付きを与えていると考えることができる。何が危
険か安全か、有害か無害かわからない食品群に、危険食品リストを示すことによ
って、逆に安全食品リストを示していることになる。

　つまり、それらの俗信は、危険因子を明示化してくれる。これを食べると悪い、
と教えてくれる。妊婦は、それらを避けてさえいればよい。禁止は、危険を避け
る方法を教えてくれることでもある。自分は、あれも食べていない、これも食べ

ていない、だから健康な子供が生まれるはずだ、と安心できる。心の平安を得ることができるのである。

　妊婦の食物禁忌に限らず、禁忌はどれもそれを犯さなければ悪いことは起きないと人々の不安を取り除くという働きがあると言えるだろう。また、不安解消とは別に、出来事の説明を行い、それを理解可能にするという働きもあるだろう。不幸が起きた場合、そういえばあれをしたからだ、と納得できる。不幸の原因や理由がわからない場合、その不幸はより受け入れがたい。禁忌を例にあげたが、同じように、不安を解消するはたらきは兆と占いにもあるだろう。未来が見えないことは人を不安にする。あらかじめ未来を知ることができれば、それがたとえ悪い未来でも、それを避ける道を探し、選ぶことができる。人間というものは、出来事をあるがままに受け入れることができず、なぜ、どのようにして起きたのか、起きるのかを説明してほしいものであり、そして出来事をコントロールしたいと考えるものなのではないか。

5.1.3　し く み

　兆、占、禁、呪でもっとも問題なのは、そのようなことをなぜ信じるのか、信じないまでも気になるのか、ということである。

　まず注目すべきは、そのような俗信を信じたり気にするのは、何も迷信深い人たちだけではないということである。柳田國男は言う。「時あつては我々自身の、胸の中にさへ住んで居る。現に自分なども其一例で、今でも敷居の上に乗らず、便所に入つて唾を吐かず、竈の肩に庖丁を置かず、殊にくさめを二つすると誰かが蔭口をきいてるなどと、考へて見る場合は甚だ多い」[柳田 1964]。程度の差はあっても、誰もが俗信から逃れられないと言えるのではないだろうか。

　また、俗信は何も特殊な思考法によるのではなく、誰もが行っているごく日常的な思考と同じ基盤の上にあると考えられる。レヴィ・ブリュルは『未開人の思惟』で迷信は前論理的なものだとしたが、その日本版序の中で、前論理的とは無論理的ではないとし、さらに「世の中には絶縁体を以てへだてられた前論理的なもの、論理的なものという二つの心性があるわけではない。あるのは、同じ社会の中に及び屢々――恐らくは常に――同じ精神の中に同時に存在する異なった心的構造である」[レヴィ・ブリュル 1953] と言っている。

　そもそも、日常生活では我々はしばしば非論理的な思考を行っている。たとえ

ば、妻が子どもに今日いい子でいたら明日おもちゃを買ってあげる、と言っているのを聞いた夫は、次の日子どもがおもちゃをもっているのに気づいたら、きっと子どもは昨日いい子でいたのだ、と思うだろう。これは論理学では誤った推論で、後件肯定の誤謬と言われるものである。逆に、母親に、今日いい子でいたら、明日おもちゃを買ってあげると言われた子どもは、今日悪い子でいたら明日おもちゃを買ってもらえないと思うだろう。これは前件否定の誤謬である。どちらも、実は、いわゆる迷信には多く使われている論理である。柳田が「応」と分類したものは、「pならqである。qである。ゆえにpである」という後件肯定の推論である。予兆には前件否定の推論が多くあり、たとえば朝坊主は凶という予兆は、その対句として朝尼は吉とか朝神主は吉、あるいは夕坊主は吉というものがあるが、どれも前件否定の誤りに基づいている。前項の否定から後項の否定を導いているからである。また、何々をすれば何々となるという禁忌は、初めの何々をしなければ後の何々は起きない、たとえば妊婦が火事を見なければ赤あざの子は生まれない、と考えるのであるが、これも前件否定の誤謬である。

　次に、日常的に用いている言語の問題がある。俗信を説明する時、しばしばフレイザーの類感の原理、感染の原理がもち出される。この二つは、比喩の用語に置き換えれば隠喩、換喩である。すなわち類似性と近接性によって二つのことを結び付けたり同一視する。比喩のもう一つの代表である提喩を加えたものが、井之口と常光が言っている連想である。連想とは、異なる二つの事物を結びつけることである。しかしその場合でたらめに結びつけるのではなく、かならず何らかの関係によって結びつけるのであり、それがしばしば隠喩、換喩、提喩の関係なのである。

　この隠喩、換喩、提喩は、ふつう詩人や雄弁家が使う特別なものと思われているが、我々がいつも意識することなく使っている。たとえば「甘い声」、「アイデアが浮かぶ」、「三日前」は隠喩であり、「柳田を読む」、「手洗いに行く」、「お湯を沸かす」は換喩、「花見に行く」、「レモン色」、「人はパンのみにて生きるにあらず」は提喩なのだが、我々がそれを意識することはない。

　これらの隠喩、換喩、提喩の論理は兆、占、禁、呪のどれにもよく使われている。「食べてすぐ寝ると牛になる」には隠喩的論理が、「枕を踏むと頭が痛くなる」には換喩的論理が、「男の子が多く生まれる年は戦争がある」には提喩的論理がみられる。「泣き真似をすると親が死ぬ」における「泣き真似」と「親の死」、「馬糞

を踏むと足が速くなる」における「馬糞に接触」と「足が速くなること」の関係
は、隠喩的または換喩的な理由と帰結の関係である。論理学的にはもちろん自然
科学的にも誤りであっても、文化的には論理的な関係なのである。佐藤信夫は「純
粋の論理学や数学は別にして、私たちの人間的思考の中で永年「論理」というあ
だ名で呼ばれていたものの本名が実は「レトリック」であった」[佐藤 1977] と
言っている。

　人と話している時も、比喩の原理は用いられている。谷泰は、会話における連
続性を、「穂継ぎ」という言葉を使って、次のようにとらえる。「穂継ぎの引き取
り手は、たんに先行発話者の想定世界に措定されているとみなされる項を、その
まま反復的にとりたてて、それに言及するだけではない。先行話者の言あげした
項を引き取りつつも、そこにある種の関連性推論をおこなって、引き取られた項
とは異なる新たな項を、ある関連性の論理をもって呼び出して言及する」[谷
2004]。その関連づけには、主として提喩的関連づけ、換喩的関連づけ、隠喩的関
連づけ、そして前提推論による関連づけがあるとしている。

　このように、兆、占、禁、呪は、いつも何気なく使っている比喩と同じ原理に
基づいているため、また他の人と会話している時の論理と同じであるため、それ
が受け容れられるのだと考えられる。迷信は、その多くが、日常的な思考法、論
理に従っているから、ひとは迷信を信じるし、信じないまでも気になるのだと考
えられる。

　さらに、我々に俗信を受け入れやすくしているしくみがある。それは言葉遊び
のしくみである。

　かつて出征兵士に五銭硬貨を縫いつけた千人針やカチグリ、クルミをもたせる
地方が少なからずあった。千人針はいわゆる感染呪術であり換喩の論理であるが、
五銭硬貨はゴセンはシセン（四銭、死線）を超えるからであり、カチグリは勝ち
栗、クルミは来る身、すなわち語呂合わせである。

　語呂合わせの言葉遊びは日本に豊富にある。今だとダジャレと言われるが、か
つては洒落言葉として江戸っ子の間で多用されたらしい。無駄口、憎まれ口、へ
らず口などと言われるものも洒落を使っている。「恐れ入り谷の鬼子母神」、「鳥の
糞できの毒」、「猿の小便できにかかる」、また「汚い」と言われた時に「北がなけ
りゃ日本三角」、「この次」と言われた時「この次は孫」とまぜかえしたり、縁台
将棋をしている時「王手うれしや別れのつらさ」などというものである。

　さらに、三段謎、謎かけなどと呼ばれる言葉遊びがある。「何々とかけて、何々ととく、そのココロは」という形で、たとえば「あの娘もらいたいとかけて、お茶漬けあがれととく、そのココロはいいなずけある（許嫁・いい菜漬け）」。多くは同音声を利用しているが、意味的な同一性を使うものもある。むかし、ラジオのとんち教室に出た例をあげるなら、「さんまとかけて」という題で、「頑固親父のお説教ととく。ココロは、ケムたいけどいい味がある」［青木 1999］というのがあった。

　これらの洒落、三段謎は和歌では技法として用いられる。掛詞は洒落と同じだし、三段謎と同じ構造のものは、「我が恋は細谷川の丸木橋ふみ返されてぬるる袖かな」は同音性を、「我が袖は汐干に見えぬ沖の石の人こそ知らぬ乾くまもなし」は意味的な同一性を利用している。また、「馬鹿とハサミは使いよう」、「親の意見と冷や酒はあとできく」とか「嘘と坊主の髪は結ったことない」などの諺や洒落言葉も、三段謎と同じ構造をもっている。

　俗信にも同様の構造のものがある。天気占いの「西（北）風と夫婦喧嘩は夜になるとおさまる」（「夜になるとおさまる」がココロ、「朝てっかりと姑のけたけた笑い」（あとで急変するというのがココロ）などがその例である。「子どものお襁褓を夜干しすると、子どもが夜泣きをする」、「妊婦が後ろ向きに田植えをする（薪を逆さにくべる、屏風を逆さに立てる）と逆子を産む」は、ココロとして時間、空間の逆転がある。妊婦の食物禁忌の一つのウサギについては、多くが兎唇の子を産むとするが、なかには食べると安産だとする地方もある。結果は善悪対照的だが、二つに分裂、裂け目ができるというココロがある。安産の例は、母子の分離ということだろう。

　ココロを明示しない俗信はまた無理問答に似ている。無理問答とは、「遠くにあってもソバ屋とは如何、近所にあっても豆（遠）腐屋と言うが如し」のようなものをいう。無理問答ではココロは関係の相似性、類似性である。先のおむつの夜干しの例でいえば、昼夜の逆転という点で夜干しと夜泣きは同じなのである。呪い薬で、蛇の抜け殻がイボやアカギレの薬となるのは、蛇と抜け殻の関係と、人間とイボやアカギレの関係の間に相似関係をみるからである。

　このように、この仕組みは、和歌に用いられれば芸術となり、三段なぞなら「なるほど」と感心されたり笑いになるが、俗信で使われると迷信として時に糾弾される。もちろん、和歌と三段なぞは実生活には関係がないが、俗信の場合は実害

が生じる恐れがある。しかし仕組みは全く同じである。それゆえ、三段謎でその
ココロがわかると、落語でオチ、サゲ（多くは語呂合わせの洒落）を聞くとなる
ほどと得心するのと同じなように、人は俗信を受け入れるのだ、その知識が正し
いか誤っているかで判断されるのではないのだと考えられる。

5.1.4　今後の展望

　埼玉県の『加須市史』通史編に、昭和13年と昭和53年に小学生を対象に行っ
た俗信調査について「回答総数とその一人当たり平均では、40年間の差異は大き
くないが、内容種別の点数から見ると、その差異は歴然としている。つまり、216
点から140点に減少していて、俗信の衰退が明瞭である。また、両年次を対照す
ると、伝承の共通しているものは50点にとどまり、反面で13年次に見られなか
った新出のものが90点の多きにのぼったことが注目される」と書かれている。そ
の後40年近くたっている現在では、その傾向はさらに強まっていると考えられ
る。初めに述べたように、生活が大きく変化したのであるから、昔からの俗信が
なくなるのは当然である。しかし、新しいものが多数あったと書かれているよう
に、俗信は短期間に新陳代謝している可能性がある。そのことを否定的にとらえ
ず、むしろ、俗信の生成消滅の過程を丹念に分析することによって、俗信が我々
人間にとってどのような意味をもっているのかがより見えてくる可能性がある。
そのためには、現在の俗信の状況を知る必要があり、とくに新しい俗信の担い手
である若い人たちの間でどのような俗信が流布しているのかを調べる必要がある
だろう。

　また、兆、占、禁、呪には、なぜそのようなことが言われるのか訳がわからな
いものが今なお多数ある。それらを理解可能にするためには、民俗学の伝統的な
研究法、方法論、理論だけにとらわれず、他の学問分野の方法、理論を積極的に
取り入れていく必要があるだろう。心意伝承の解明は、我々人間というもののあ
り方を解明することでもある。

【参　考　文　献】

青木一雄 1999『「とんち教室」の時代』展望社
赤松啓介 1994『民謡・猥歌の民俗』明石書店
朝日村村誌刊行会編 1989『朝日村誌　自然・現代・民俗編』
池田末則編 1956『当麻村誌』

板橋作美 1998『俗信の論理』東京堂出版

板橋作美 2009「動物がもたらす禍福　占い、呪い、祟り、憑き物」中村生雄・三浦祐之編『人と動物の日本史』吉川弘文館

板橋作美 2012「柳田国男の発想法、論証琺、常民観」『日本民俗学』270 号

板橋作美 2013『占いにはまる女性と若者』青弓社

井之口章次 1975『日本の俗信』弘文堂

井之口章次 1977『日本の葬式』筑摩書房

岩手県教育委員会事務局文化課編 1983『岩手の俗信―第 6 集生活に関する俗信―』岩手県文化財調査報告書第 79 集、岩手県文化財愛護協会

宇部市史編纂委員会 1963『宇部市史　自然環境・民俗方言篇』

観音寺市教育委員会 1962『観音寺市誌』

騎西町史編さん室編 1985『騎西町史　民俗編』

毛藤勤治編 1992『岩手の俗信』岩手日報社出版部

佐藤信夫 1977『記号人間』大修館書店

瀬下三男 1984『民俗叢書 8　俗信』秋田文化出版社

谷　泰 2004『笑いの本地、笑いの本願』以文社

常光　徹 1993『学校の怪談』ミネルヴァ書房

常光　徹 1997『うわさと俗信』高知新聞社

東北更新会秋田県支部 1972『秋田県の迷信、俗信』

土佐山村史編集委員会編 1986『土佐山村史』

奈良県史編集委員会 1986『奈良県史 12 巻　民俗（上）』

新座市教育委員会市史編さん室 1986『新座市史第 4 巻　民俗編』

桧原村史編さん委員会編 1981『桧原村史』

福澤昭司 1987「病と他界―長野県内の麦粒腫の治療方法の考察から―」『日本民俗学』172 号

藤沢直枝 1940（1974 復刻）『上田市史　下巻』信濃毎日新聞社

三田川町史編さん委員会 1980『三田川町史』

南方熊楠 1931「紙上問答」『民俗学』3 巻 6 号

柳田國男 1938「問題と感想（本誌前号会員通信から）」『民間伝承』3 巻 12 号

柳田國男監修 1951『民俗学辞典』東京堂出版

柳田國男 1964「青年と学問」『柳田國男集』第 25 巻、筑摩書房

レヴィ・ブリュル 1953『未開人の思惟（上）』（山田吉彦訳）岩波書店

「国々の言習はし（第 18 回）」『郷土研究』4 巻 5 号、1916

5.2 疫神・流行神 〔石垣絵美〕

5.2.1 歴史学や文化人類学の分野での研究

　日本における、疫病流行とその理解の歴史について歴史学の分野では、冨士川游『日本疾病史』[1969] や、新村拓『日本医療史』[2006] が、古代から現代に至るまでの医療を通史的に整理している。それらとともに『明治前日本医学史』[1978] が参考になる。「疫神」の最初の記録は、『続日本紀』宝亀元年（770）6 月条「祭疫神於京師四隅。畿内十堺。」の記事である。『令義解』（天長 10 年（833））神祇・季春条には、「季春、鎮レ花祭謂。大神狭井二祭也。在二春花飛散之時一、疫神分散而行レ癘、為二其鎮遏一、必有二此祭一故曰二鎮花一。」という記事がある。『延喜式』（延長 5 年（927）成立）神祇 3 臨時祭部には、「宮城四隅疫神祭」、「畿内堺十處疫神祭」という記事がある。これらの記事から、奈良時代平安時代にかけて、疫神が京城に入り来ることを防ぐために、「京師四隅」や「畿内十堺」、「宮城四隅」などで、あらかじめ疫神を迎え饗する方法をとる形をとっていたことがわかる。律令制下の朝廷では、春の花が飛散する時期に、疫神が分散して疫病を流行させるのを鎮圧するための、鎮花祭が行われるようになっていた。

　つまり、平安時代に京の都で盛んに行われた疫神送りは、疫神の分散をあらかじめ鎮圧するための鎮花祭や、疫病全般の神を道の上に迎えて饗応する道饗祭の形をとっていたのである。

　近世以降に江戸幕府によって発せられた、疫病の流行を予防するための政令などについては、新村拓『日本医療史』[2006] でよく整理されている。それによると、貞享元年（1684）には長崎で三日疫病が発生し、関東にまで広まり、元禄 12 年（1699）に江戸で流行った疫病は、コロリと死んだことから、「古呂利」の呼び名が起こったという。麻疹や疱瘡（痘瘡）の流行を受けて、幕府からは感染防止や予防医学の観点から、政令が発せられている。延宝 8 年（1680）11 月に「疱瘡・麻疹・水痘遠慮の事」と題する法令で、疱瘡は病人（罹病期間は 1〜2 週間）が発病後 35 日を過ぎてからの出仕、看病人が三番湯掛かり（酒湯による洗蒸の仕上げ）からの出仕と定められた。享保元年（1716）8 月の法令では、医師についての規定も加えられ、幕府医員の場合、疱瘡や水痘の病家へ往診した日の当日は出仕を遠慮し、翌日から出仕をするよう定められた。このように、感染防止の対

策がとられるようになった。しかし、寛政7年（1795）に米沢藩内で8,389人が
疱瘡に罹病し、うち2,614人が死亡したとの記録が残り、流行は絶えなかった。

　英国のジェンナー（Edward Jenner）が牛痘種痘法を発見して効果の高い疱瘡
の科学的治療が可能になってくるのは、寛政10年（1798）以降のことである。そ
の後、文政7年（1824）頃から国内で種痘が開始される。

　明治時代以後の日本における、疱瘡流行と本格化された種痘の実施については、
川村純一『病いの克服―日本痘瘡史―』[1]でよく整理されている。それによると、
明治時代に入ると、明治政府によって明治7年（1874）に種痘規則の改正、明治
8年（1875）に天然痘予防規則の制定が行われ、強制種痘の徹底化が図られた。し
かし当時の人々の種痘への理解が得られず、積極的な接種に至らなかったため、
明治時代には合わせて4回の疱瘡流行が起こる。明治12年（1879）には、コレラ
病予防仮規則が公布され、患者発生の届出・検疫委員の配置・避病院の設置・患
家の標示および交通遮断・汚染物体の処分禁止・清潔消毒方法の施行・患者の死
体の処置・官庁における予防方法などが規定された。明治13年（1880）には、伝
染病規則が出され、コレラ・腸チフス・赤痢・ジフテリア・発疹チフス・痘瘡の
6種が対象となった。大正期、昭和期の疫病流行としては、昭和30年（1955）の
疱瘡の流行がある。患者1名を出して、これを最後に国内の疱瘡の患者数が0人
になる。昭和51年（1976）以降国内での種痘が廃止され、その後昭和55年（1980）
にWHOが天然痘根絶宣言を出し、疱瘡はこの世から姿を消した。

　一方、文化人類学の立場から、病気治療や、病気と信仰との関わりについて論
じた研究としては、波平恵美子の『病気と治療の文化人類学』[1984]がある。疫
病への対処や、疫病をめぐる信仰を対象とするこれまでの民俗学の研究が、流行
性の疾患に対する対処を主に扱っているのに対し、波平の研究は、慢性疾患に対
する血筋による理解を対象としており、たとえば、病気の「印付け」の機能につ
いて述べている。そして、第1に、東北地方の中央部、福島県、新潟県、秋田県
の一部において、肺結核、ハンセン氏病、精神障害、癌などの病気に罹った患者
を以前に出したことのある家筋を「病マケ」と呼ぶという例をあげている。「病マ
ケ」の対象となる病気は、慢性的な症状で、死に至る、後遺症状を残す可能性が
ある、家内感染の傾向が強い、社会的に問題視された時代を経ている、などの特
徴をもつとしている。第2に、明治10年（1877）8月27日に、コレラの流行に
備えて、内務省によって公布された「コレラ病予防心得」の内容に、避病院には

黄色の布にＱ字を黒で記した旗を立て、検疫委員はコレラ患者のいる家や船の入口にはっきりわかるように「コレラ」伝染病者がいることを書いて貼り付けることを義務づける、といった内容が含まれていた、といった例をあげている。以上の二つの例から、発病者が出たことをきっかけとして、その家が地域社会の中で特殊視され、それがその患者が死亡ないし治癒した後も人々の記憶に残り、偏見や差別の対象とされる現象について、病気がもつ「病気がある人を他の人から区別する印付け」の機能が、病気に対する偏見や差別観といった意味づけの要因である、と指摘している。

5.2.2　1950年代から1990年代までの疫神研究

　柳田國男と折口信夫は、「踊の今と昔」[2] や、「盆踊りの話」[3] において、疫神送りの発生について重要な指摘をしているが、必ずしも疫神を主要な研究対象として扱ったものではない。ここでは、1950年代から1990年代までの疫神研究についての整理を試みる。

（1）　正月行事の中の疫神祭祀をめぐって

　疫神をめぐる研究は、1950年代に始まる。それは、丹野正［1952］から、大島建彦［1959］、三崎一夫［1970］、田中宣一［2005］へという、正月行事の中の厄神の送迎や祭祀に対する研究である。それは「疫神の宿」などと呼ばれる行事で、災厄をもたらす疫神を正月行事の中で追い返すのではなく、わざわざ家に迎えて丁重にもてなした上であらためて送り出すという習俗である。それにまず注目したのは丹野正であった。その『厄神の宿』［1952］は山形市山寺村芦沢の柏倉家の正月行事を紹介したもので、年取りの晩に主人が紋付羽織袴で正装して、提灯を手に1人で部落の入口の橋のたもとに行き、そこで姿なき神に向かってていねいにお辞儀をしてから、小声で「厄病の神様、早かったなす、お疲れだべす、なんぼか寒かったべす、どうか、おら家さござってけらっしゃい、お迎えに来たっす」といって家まで案内する。奥座敷で白米の年取りママの御膳、そして年取り餅でもてなしたあと、来客用の夜具を敷いて休んでもらう。そうして、まだ夜も明けぬ午前2時ころ、奥座敷にいき、「暗いうちに立ってけらっしゃい」といって、お茶を出したあと橋のたもとまで送っていく。「お粗末しました。来年またござって下さい。今年はもうござらねでけらっしゃい」とあいさつして、厄病の神に供えたものはみな川へ流してくる。主人は迎える時も送る時も人目につかぬようにし

て、後ろを振り向かず、たとえ人と出会っても口をきいてはならないことになっている。この行事を紹介した丹野は、厄病の神にはその前身があったはずであり、それは年神であり、年神は祖霊であるというのが、わが民俗学の教えるところである、といって、この「厄神の宿」は零落した祖霊の来訪の行事である、という解釈を示している。たいへん興味深い正月行事への注目ではあったが、丹野の解釈は柳田の影響による単純なものにすぎず、根拠と論証を提示したものではなかった。

大島建彦は「信仰と年中行事」[1959] において、丹野の祖霊零落の説に疑問を呈し、盆に精霊と外精霊がともに祀られるように、正月においてもそれぞれに相当する祀りがならび行われていたのではないかと述べている。大島のこの信仰と年中行事についての概論は、御霊信仰と祖霊信仰との対立という視点に立って、春祭り、夏祭り、秋祭りに相当する行事を解説しようとしたものであり、とくに正月行事の中の厄神についての論考とはなっていない。あらためて、その厄神の問題に注目したのは、三崎一夫の「正月行事における疫神鎮送について」[1970] であった。三崎は東北から九州まで計 24 の報告事例を収集して、次のような 2 種類に大別できるとした。

①大晦日の年取りの夜、屋外から迎え入れる、棚を作るか奥座敷に案内、歓待して元日早朝に送り出す、呼び名は厄神、というタイプ。

②大晦日の年取りの夜から正月中ずっと、神棚か年棚のそばに他の神様とは区別された餅や膳が供えられ、疱瘡に罹らないようにと祈願する、呼び名は疱瘡神、というタイプ。

しかし、この二つのタイプがあることの意味についての追跡は保留されたままであった。

2000 年代に入ってからの田中宣一『祀りを乞う神々』[2005] では、大晦日から正月にかけての厄神祭祀について、計 29 の事例を紹介しながら、次の三つに分類している。

①積極的に迎え入れるが、年神と差を付け粗末に扱い、早々に送り出す。

②積極的に迎え入れるが、年神と差を付け粗末に扱うものの、早々に送り出すわけではない。

③積極的に迎え入れるわけではなく、年神と差をつけ粗末に扱いながらも忌避するほどでなく、早々に送り出すわけでもない。

そして、正月行事の中には、年神とは別に、疫神や疱瘡神などの雑神のたぐいが祀られるのが前提であり、雑神の祀りをすませておかねば本来の目的とする祭りが達成できないという祭りの構造があると述べている。

　ここで注意しておかなければならないのは、民俗学の研究史の上ではすでに折口信夫の論究［1930-1932］があり、それを参照し引用しておく必要があったということである。その折口の論究とは、正月と盆とは、魂を蘇生させるために外来魂を迎える、年に2度の魂祭りであり、古代の人は、身体につくとその人の威力となる魂と、病的な禍となる魂とがある、と考えていた。それが、年末と、中元の七夕から盆の頃にかけての時分に遊離して人の身を求めて収まろうとする。そこで、祭りをして、威力の根源たる魂は完全に生きた人につけ、病的な魂は、身体につく事なしに帰らせるようにする。それが盆の行事である。正月と盆の魂祭りに際しては、その時季に一緒にやってくる悪い魂や悪霊もある、だからその退散をはかるのが、正月と盆の魂祭りの基本であり特徴なのだという指摘である。柳田［1945］も同じく、正月や盆に訪れてくる古くからの悪い魂や悪霊という考え方に対して、盆行事の場合には新たに仏教の影響で無縁や餓鬼という考え方が習合してきたのだと述べている。つまり、上級の神霊と下級の神霊がおり、下級の神霊が病気をもたらすということは、すでに折口が指摘していることであり、そうした研究史を明示しないまでは、新しい論点の提示とは言えない。盆行事の場合に餓鬼仏や無縁仏を祀ることによって、それらに先祖の本仏の邪魔をさせないようにしているのだというのも柳田が早くに指摘していたことである。

　むしろ、筆者がここで指摘しておきたいのは、これまで三崎一夫から田中宣一まで注目されてきている、正月行事の中で年神とともに迎え祭られ送られる厄神や疱瘡神の民俗事例についての情報整理である。現在、手元に集めている事例情報は、市町村史の民俗編、調査報告書から収集した青森から佐賀にかけての23例であるが、それらをもとにした、厄神や疱瘡神の祀りについての筆者の分類案は次のとおりである。

　①（a）積極的に戸外からまた門口や窓口から迎えて、もてなし、早めに送り出す。
　　（b）積極的に戸外からまた門口や窓口から迎えて、もてなす。
　②とくに戸外から迎え入れることはなく、棚などにまつる。
そして、②の事例群が広く日本各地に伝えられていること、①の事例群が一定の地域や旧家などで伝えられていること、の意味を考察していくことが今後の課題

といえる。また、同じ正月行事の中での、年神と厄神の対比の上で注意されるの
は、年神迎えは注連飾りや門松などの設えによって自然と迎えられているのに対
して、厄神や疱瘡神の場合には、上記の②の事例群ではその年神と同じくことさ
らに迎える儀礼は伴っていないが、①の事例群では、ことさら迎えてもてなし早
めに送り出すという儀礼が整えられているという点であり、唱え事もある。それ
は正月の魂祭りに際して年神だけでなく邪神や悪神のたぐいもやってくるからそ
れに対する対処が必要であったという折口や柳田の論究をふまえて、今後とくに
分析していくことが有効であろう。

　そしてもう一つ、三崎が指摘したように、迎えられもてなされ送り出される悪
神のたぐいが、厄神と呼ばれているタイプと、疱瘡神であるとされているタイプ
との相違とその意味を考察する必要がある。わずかな事例情報しかまだ集められ
ていないのが残念であるが、両者の分布は、厄神が、宮城・山形・山梨・長野・
新潟佐渡・岐阜・岡山・香川で、疱瘡神が、青森・宮城・伊豆七島の神津島・奈
良・岡山・鳥取・香川・佐賀で、お互いに分布域は重なっている。今後はさらに
事例情報を民俗伝承の中から集めていくことと、歴史の上での文献記録からの情
報収集が行われる必要があるというのが現状である。

（2）　疫神送りをめぐって

　正月の疫神祭祀をめぐる研究と同時期に始められたのは、主に「疱瘡神送り」
や「疱瘡流し」などと呼ばれる事例を対象とした疫神送りをめぐる研究である。
草川隆は「疱瘡神送り」[1957] において、日本各地の事例を断片的に紹介しなが
ら、疱瘡が厄病神によってもたらされる病というよりは、「人間が生まれ落ちた時
に、既に内在していた悪い要素とでもいうべきものを、外部に追い出す大きな機
会ではなかったろうか。」とし、疱瘡神送りはもともと通過儀礼であったが、「送
る」という行為が悪い神を送り出すのであろうと誤解された、と指摘している。
さらに疱瘡神を通過儀礼の際に温かく見守りに来臨した祖霊であるともしてい
る。また、疱瘡に罹って 12 日目か 17 日目、あるいは全治した際に行うハライの
儀礼をミソギの残存であるとし、本来は祖霊を待つためのものであったが、「送
る」ことへの誤解によって、ケガレを祓うという意味に解されるようになったと
指摘している。しかし、これらは柳田の祖霊論や神々の零落論の影響下での単な
る着想を述べているにすぎず、学史上の研究成果ということはできない。

　宮田登は『日本人の行動と思想 17　近世の流行神』[1972a] のなかで、草川の

疱瘡神は祖霊であるという指摘に対し、「疱瘡神を一挙に祖霊にもって行くことにはいささか論理の飛躍があるかもしれないが、これは明らかに悪神ではなく守護神、それも家の神的な性格がある」と述べ、一部の指摘には同調している。宮田は同著の中で、流行神について扱っているが、「流行神」とは、「突発的に流行し出し、一時期に熱狂的な信仰を集め、その後急速に、信仰を消滅させてしまう神や仏」であると定義している［宮田 1972b］。流行神についての民俗学の研究は、宮田の研究が主要なものと言えるであろう。宮田は「流行神」の特性として、①信仰対象の神仏が雑多である、②信仰に永続性がなく、きわめて流動的である、③霊験が個別的・機能的に説かれる、④その伝播は地域的に制約される、の4点を指摘している。疱瘡神などは、疫神であるとともに、流行神としての特徴ももつという。

（3） 疫神の呪符の検討

　1980 年代には、大島建彦を中心として、疫神の呪符や詫び証文をめぐる研究が行われた。大島建彦の疫神の呪符をめぐる一連の研究には、「疫神歓待の伝承」［1981］、『疫神とその周辺』［1985］、『疫神と福神』［2008］、「疫神と呪符」［2009］がある。大島は、これまでの研究によって収集された 101 例の疫神の詫び証文を、史料に書かれた日付と宛名、差出人によって4類型に分類した。第1類は、長徳4年（998）6月または同3年（997）5月の日付で、疱瘡神5人の連名によって若狭国小浜の組屋六郎左衛門に差し出されたもの。第2類は、文政3年（1820）9月の日付で、疫病神両名の署名をもって旗本の仁賀保金七郎に差し出されたもの。第3類は、「疱瘡神」または「疱瘡神一族供」と記されて、八丈島の鎮西八郎為朝に差し出されたもの。第4類は、安政2年（1855）正月の日付で、「芋神」から「治郎兵衛」に宛てて記されたもの、であると述べている［大島 2009］。

　そして、この4類型の詫び証文が伝えられている地域と詫び証文に書かれた日付から、疫神の詫び証文の流伝の過程について、第1類は、おおむね宝暦年間から幕末まで、茨城・栃木・群馬という関東北部を中心に埼玉・千葉・神奈川という関東南部から、山梨という隣接地域まで広い範囲にいきわたったもの、第2類は、おおよそ文政年間から幕末まで、当時の江戸の市中を拠点に埼玉・東京・神奈川という関東南部を中心に山梨・静岡という隣接地域にかけていっそう濃密にもち伝えられたもの、第3類は、おそらく正徳年間から幕末まで、当時の江戸の市中を拠点に、おもに疱瘡絵などの形態で行われたものが栃木・神奈川という関

東の一部にたまたま詫び証文の形式でも残されたものであると述べている［大島
2009］。

　また、この詫び証文の機能について論じた小池淳一［2018］は古文書史料を参
考にしながら、それが患う子どもの枕元で親たちも聞く中で読み上げられたり、
家の戸口に貼られたりしたものであることを述べ，近世の識字率の向上を背景に
した文字文化と伝承知識の融合がそこにみられると指摘している。

（4）　疫神と民間療法

　疫病と民間医療について論じたのが、長岡博男「民間医療」［1959］である。長
岡は昭和22年度の文部省科学教育局の迷信調査協議会の調査結果を紹介しなが
ら、「病気の時に医者にかかったり薬を飲んだりしないで神様や仏様にお願いした
り、おまじないその他の方法をしますか」という質問に対する、都市農村漁村別、
学歴別、年齢性別（男）、年齢性別（女）に、回答者5,857名の結果を図示しなが
ら、全国を通じて医者や薬剤に頼らず、神仏などの力に依存しようとしている
人々が平均17.4％もあると指摘している。そして、民間医学入門の第一歩として
病名方言に注目し採集するという方法にふれて、たとえば梅毒の方言は、沖縄首
里ではナンバガサ、宮古島ナバネヤ、種子島ナンバン、薩摩半島ナンバ、大隅半
島ナンバン、壱岐や肥前五島でもナンバやナンバガサといっていることから、こ
の病気がかつて南方から琉球、九州南端を経て侵入してきたことがわかるとい
う。そして、江戸時代の仙台方言集『浜荻』に梅毒をエドホウソウと記している
のは、参勤交代に出た武士が江戸で感染されてきたことを表すのだろうと述べて
いる。また、麦粒腫の方言、モノモライ、ホイト、メコジキ、インノクソ、バカ、
メンゴ、などからは、その病気への対処法や人々の観念をうかがうことができる
と述べている［長岡1959］。

　次いで、今村充夫「民間療法」［1979］があるが、そこでは共同祈願、神仏祈
願、宗教者の祈禱、呪術的療法、民間薬療法、物理的療法という項目を立てて、
いくつかの事例を紹介しているが、その出典が明記されておらず、論点の整理が
ない。また、根岸謙之助の『医療民俗学論』［1991］も同様で、第1章144〜186
頁、第2章219〜260頁に重要な事例が紹介されているが、典拠が引用されておら
ず、新しい論点もとくにない。

（5）　疫神と俗信研究の関心

　疫神を俗信という枠組みから捉えたのが、井之口章次の『日本の俗信』［1975］

である。井之口は疫神への呪術について、流行病患者の患部を拭った呪物を海に捨てる・神棚に供える行為を「鎮送」、アワビ殻に「子供留守」と書いて門口に下げておく行為を「擬態」、村境に注連縄を張り、神仏のお札・片脚の大草蛙・鍾馗様・仁王様の人形を設置する行為を「対抗」などと区別しているが、井之口が分類した呪術の18類型は、類型というには多すぎて、また分類案としての言語と概念に対応性がなく、そこから新しい論点整理がなされているわけでもなかった。呪術についての研究は、やはり J.G. フレーザー（1854-1941）の古典的な contagious magic 感染呪術と imitative magic 類感呪術という枠組みをふまえた上で、そこからあらためて新たな研究枠組みが論理的に開拓されていく必要があろう。

（6）　疫神をめぐる民俗伝承

　このように、1950 年代から 1990 年代の、疫神をめぐる民俗学の研究は、①事例情報の出典が明示されていない、②列島各地の事例を戦略的に収集しておらず、特定の事例を適宜収集して紹介するだけに留まる、③分類案が整合性がなく不適切である、などの問題点があった。そこでここに、疫神の中でも、とくに疱瘡神をめぐる民俗をあげて、作業の一例を示しておくならば、以下の通りである。

　疱瘡神をめぐる民俗の例を、筆者の実地調査によるものを一部あげてみる。

【事例1】　宮城県栗原郡金城町長根では、大晦日の夜、別間の出窓に、正月の歳神に供えるものと同じ膳を作って疱瘡神に供える［根岸 1991］。

　これは、先に三崎一夫や田中宣一によってあげられていた正月行事の中で疱瘡神を祭るというたぐいの事例である。筆者の調査事例として、もう一つ東京都八王子市の例をあげれば次のとおりである。

【事例2】　東京都八王子市恩方では、2013 年 12 月 31 日まで年神棚と疱瘡神の棚を作っていた。本来は、12 月 31 日早朝に当主と 3 男が、母屋に筵を敷いて年神棚と疱瘡神の棚を作るが、調査当時は 2010 年に作った棚の底面の梯子状の部分を保管しておいて再利用した。棚の底部は、ヌルデの木の枝を 70〜80 cm ほどに切って縦に渡す枝を 4 本（年神棚用 2 本と疱瘡神の棚用 2 本）作り、次に横に渡す枝を 40〜50 cm ほどに切って年神棚用に 12 本、疱瘡神棚用に 10 本作り、枝を縦に半分に割って平らな部分（ワリと呼ぶ）を下にして、梯子状に並べ当日の朝綕

った藁縄で縛る。年神と疱瘡神で棚の形状が異なり、棚の底部の梯子状の部分の棒の数が年神は 12 本、疱瘡神は 10 本で、疱瘡神の棚の方が少し小さくなるようにする。年神棚は注連縄から藁を垂らし、シデ、松、ダイダイ、ユズリハ、ウラジロを添えるのに対し、疱瘡神の棚の場合はやや大きめの注連縄を張り、真ん中に松を添えたシデを一つつける。また棚を吊るす位置も年神棚の方が疱瘡神の棚より少し前にし、供物は同じであるが、疱瘡神に箸は添えないなど、まつり方にも差をつける。完成した棚をオモテと呼ばれる部屋の決められた場所に、1 年中木の釘を打ちっぱなしにしておき、そこに棚の四隅からのびる藁縄を結びつけて、正面から見てオモテの左手隅の廊下寄りに、棚の前面が土間に向くように吊るす。正面から見て手前に年神の棚、その奥に疱瘡神の棚を吊るす。1 月 4 日に棚を外し、1 月 7 日に駒木野地区の稲荷神社の参道の入口に置きに行き、1 月 14 日に上恩方町の火祭りであるセーノカミで燃やす（2015 年筆者調査）。

【事例 3】　新潟県中頸城郡源村神では、疱瘡発症時、藁 4～5 本でタガを作り、それに笹を 2～3 葉つけた「疱瘡神」を作る。7 日目に、母親が「疱瘡神」のタガを、子どもの頭に載せ、「疱瘡の神さん御苦労さんでした」と唱えながら湯をかける[宮田 1972]。

　この事例は、正月行事ではなく、実際に疱瘡に罹り症状が発症した時の対処の仕方の事例である。このような発症時の対処法についての事例情報は、筆者の手元に 40 事例を収集している。一方、それに対して、疱瘡送りの習俗が芸能化した事例もみられる。ここで筆者の調査した千葉県下と鹿児島県下の事例を紹介してみる。

【事例 4】　千葉県成田市成毛では、2005 年まで毎年 3 月 8 日に疱瘡囃子を行っていた。成毛地区の 50 代以上の婦人が参加し、毎年当番を決め、前年の当番と翌年の当番と 3 人で野菜の煮物などを作って皆に振る舞う。午前 11 時に、鎮守の稲荷神社に参り、疱瘡神が祀られている三角の石に、豆御飯を笹竹の箸でとりわけて、笹の葉の上にのせて供える。当番の人が先頭にたって、小太鼓をたたきながら進み、残りの人々はその後に続いて、輪になって右まわりに 3 度まわり、「アンバ大杉大明神　悪魔を祓ってヨーイヤサ　アンバの方から吹く風は　疱瘡かるくヨー

図 5.1　伊勢神（疱瘡神）の祠を椿の枝で叩く様子（鹿児島県南さつま市、2016 年、筆者撮影）

イヤサ」と歌いながら踊る。ひきつづき、稲荷神社の社殿にも参って、同じ動作を繰り返す（2015 年筆者調査）。

【事例 5】　鹿児島県南さつま市大浦町平原では、2015 年 2 月 11 日に平原公民館で行われる伊勢講行事の中で、平原の婦人会に所属する主婦たちによって疱瘡神踊りが踊られる。平原の伊勢講行事は、まず平原自治会に所属する平原の住民全員で、1 年間公民館に祀っていたお伊勢様の祠（平原では疱瘡神の祠であると言われている）を床におろし、祠を囲んで祝詞をあげながら椿の枝で祠を叩く（図 5.1）。疱瘡神は荒っぽい神様なので叩いて鎮めないと集落の人間が怪我をすると信じている。疱瘡神の祠を囲んで叩く時に、祠に届かない人は、自分の前の人の頭を叩き、これは厄祓いになるという。それが済むと祠は祭壇の上に載せられ、米・塩・水・桜島大根・シバ（榊）・蝋燭を供えて、馬方踊りと疱瘡踊りが平原婦人会の主婦たちによって踊られる。疱瘡神は踊りが好きな神様であるとされる。踊りが終わると直会が行われ、祠は公民館の棚に戻される。20 年ほど前までは伊勢講当日の早朝の打ち合わせの際に、くじ引きを行い来年の伊勢講までの 1 年間、疱瘡神の祠を自宅に祀り毎日シバ（榊）と水を供える会所と呼ばれる役割を決め、疱瘡踊りの後に去年の会所であった家から今年の会所となった家まで祠を移動

し、今年の会所でもう一度疱瘡踊りをしていたが、高齢化に伴い会所の負担軽減のため公民館で行うようになると、次の伊勢講まで祠は公民館の棚に保管され、1年間自治会員が交代制でシバと水を交換するようになったという（2016年筆者調査）。

　以上のように、疱瘡神をめぐる民俗は、正月を中心とした年中行事に際してや、疱瘡に罹病した時、疱瘡が近隣のムラなどで流行した時、その他にも種痘を接種した時、子どもの誕生とその前後にも、行われてきた。また、疱瘡囃子や疱瘡踊りのような芸能を伴う疱瘡神送りの民俗もみられた。東北地方から九州地方にかけて広くみられるのは、疱瘡神を棚や桟俵、赤幣束、藁馬などに祭り、辻や川、屋根の上などに送る対処法と、藁の輪や鍋などを小児の頭の上に被せ、その上から笹で湯をかけ、疱瘡神に対する唱え言をする対処法である。特定の地域に限られている事例としては、茨城県下と千葉県下に疱瘡囃子が伝えられており、鹿児島県に疱瘡勧進が見られ、鹿児島県南薩に濃密に分布し、宮崎県との県境にも数例確認できる疱瘡踊りと呼ばれる芸能がみられる。これらの情報群を比較分析していき、疱瘡神と疱瘡送りの民俗伝承のその歴史的な変遷の過程と、一方変わりにくく伝えられている仕組みとは何か、について考察を進めていくことが今後の課題である。

5.2.3　2000年代以降の疫神除けの絵画の研究
（1）　疱瘡絵の先行研究

　2000年代には、それまで注目されてこなかった、「疱瘡絵」と呼ばれる疫神除けの赤絵の分析が、H.O.ローテルムンド［1995］や川部裕幸［2000］を中心に行われた。それによると、「疱瘡絵」の図柄と文言に、呪的な要素や祝祭性が見られること、「疱瘡絵」が流布した範囲、また「疱瘡絵」の図柄に影響を与えた3系統の浮世絵について、などが論じられている。しかし、「疱瘡絵」を構成する図柄としてしばしば見られる富士山や源為朝については、それらの先行研究ではまだ論じられていなかった。

　ローテルムンドは『疱瘡神―江戸の病いをめぐる民間信仰の研究―』［1995］において、「疱瘡絵」29点の分析を通して、図柄と文言の構成要素は、①疱瘡除けの呪的効力をもつ人物や事物により疱瘡を予防する、②祝祭的な呪力により疱瘡

を押さえ込む、③子どもの遊びや笑い、快復を連想させるもので健康を予祝する、の三つであると指摘している。また、疱瘡に直接挑んで闘うような表現の少なさ、病気治癒の予祝や祝祭的な図柄の多さは、疱瘡に対する人々の無力感を反映している、と指摘している。しかし、「疱瘡絵」の中の文言の解読と、構成要素の整理は十分でなく、「疱瘡絵」の根底にある庶民の医学的知識や、主要な構成要素の一つである源為朝伝説の出処についての言及はない。

　また、川部裕幸は「疱瘡絵の文献的研究」[2000]において、近世の育児書である香月牛山『小児必用養育草』や、近世の滑稽本である山東京伝『腹筋逢夢石』、また福井県大野市の旧家に残る天保元年（1830）から天保15年（1844）にかけて記録された「疱瘡見舞諸事留帳」などをおもな資料として、「疱瘡絵」は病人の見舞品として購入され、病家に贈られる消費財としてのものが大多数を占め、護符として使用されていた、と指摘している。そして、①「疱瘡絵」に書かれる絵師の名前や版元から、ほとんどが19世紀の江戸の版元から出版されたものであり、大坂でも多少出版されていること、②疱瘡罹病患者の対処方法を記録した滝沢馬琴『馬琴日記』[4]や、疱瘡見舞い帳から、「疱瘡絵」が東日本のかなり広範囲の中流町人層、下級武士層、有力農民層、農民層に流布していたこと、③「疱瘡絵」発生に影響を与えた浮世絵の系統を、図柄によって、a）朱鍾馗の系統、b）玩具や芝居の浮世絵の系統、c）護符の系統、の三つの系統に辿れると指摘している[川部 2000]。ただし、川部はその分析対象とした「疱瘡絵」の具体的な作品名を明記せず、それぞれ版行年を特定している方法と根拠が不明瞭である点などに問題が残っている。

（2）　疱瘡絵の画題と疱瘡除け

　これを受けて、筆者は「疱瘡絵をめぐる民俗伝承」[2018]において、「疱瘡絵」の図柄と文言の構成要素の分析を通して、疱瘡に対する人々の対処のあり方について検討した。筆者が分析対象としたのは、国立博物館・私立博物館・都立図書館・大学図書館・特例財団法人が所蔵する、現存する「疱瘡絵」のうち、「疱瘡絵」44点であった。ローテルムンドが扱った「疱瘡絵」16点に、新たに28点を加えて計44点を分析対象とした。判定が困難で推定をもととせざるを得ない版行年によって「疱瘡絵」の変遷を辿るのではなく、色彩と構成要素に注目し、図柄と文言の構成要素の数が少ない単純な図柄のものから順に整理してみるという方法を採った。その結果として得られた論点は、以下の通りである。

①「疱瘡絵」には、a）紅一色摺り、b）図柄が紅摺りで文言が黒摺り、c）2色〜4色程度の簡素な多色摺り、d）4色以上用いた複雑な多色摺り、の4タイプが存在する。

②「疱瘡絵」に描かれている疱瘡の症状と治療法への人々の理解には、江戸時代の医学書における知識が反映されており、症状の展開と快復までの道筋を示すことで人々を安心させる効果があったものと考えられる。

③疱瘡治病に赤色が有効であるという認識は、元禄16年（1703）刊行の『小児必用養育草』の時点ですでにみられた。

④「疱瘡絵」に多く赤絵を用いたり、赤い色の衣類を着るなどする背景には、疱瘡の赤い発疹に通じる類似連想的な考え方が認められる。

⑤「疱瘡絵」の図柄にだるまが多く描かれた背景には、だるまの「起き上がり」の発想と、静かに寝ているのを嫌がり、起きて遊びたがる子どもをなだめ、長く寝込むことなくだるまのように早く起き上がり病気が快復するように、という祈願の意味があった。

⑥赤絵のだるまの中に、正月の縁起物の玩具類が付加されているのは、療養中の子どもをなだめる工夫があった。

⑦赤絵のだるまの中に、「富士山」の図柄が描かれているのは、疱瘡の症状のあわせて15日間くらいの展開過程における、3日「ほとをり」・3日「出そろひ」・3日「水うみ」・3日「山あげ」・3日「かせ」のうち、無事に「山あげ」に至ればもう安心という意味が込められており、富士山はその「山あげ」への祈願の意味をもつ図柄であった（図5.2）。

　紅一色摺りで、富士山、為朝、鍾馗、達磨の図柄が描かれる。文言は「疱瘡の身も冨士ほどに山をあげ正氣ですぐ壽だるま為とも」と書かれる。富士山の図柄と「山をあげ」という文言によって、山上げの段階を過ぎ、快方へ向かうことを予祝する（国立歴史博物館所蔵）。

⑧「疱瘡絵」の中の源為朝という要素は、文化4年（1807）から5年に刊行された滝沢馬琴の『椿説弓張月』の記事がその発信源であったと考えられる（図5.3）。

⑨「疱瘡絵」の構成要素に注目した本稿の分析からは、死への恐怖感や緊迫感よりも、疱瘡への生活感覚的な慣れと症状の変化に寄り添いながら類似連想的な力を信じて自然な治癒へ向けての祈願、という人々の疱瘡対処の姿勢がうかがえ

図 5.2　疱瘡絵「富士山・為朝・鍾馗・達磨④（仮題）」（国立歴史博物館所蔵）
紅一色摺りで、富士山、為朝、鍾馗、達磨の図柄が描かれる。文言は「疱瘡の身も冨士ほどに山をあげ正
氣ですぐ壽だるま為とも」と書かれる。富士山の図柄と「山をあげ」という文言によって、山上げの段階
を過ぎ、快方へ向かうことを予祝する。

図 5.3　疱瘡絵「鎮西八郎為朝・疫鬼（仮題）」（ジュリー・アンダーソンほか 2012）
4 色以上用いた複雑な多色摺りで、源為朝が弓をもって、幣束を刺した桟俵に乗って海を漂流する赤い服
を着た疫鬼を退治する図柄が描かれる。

る。

5.2.4　疫神研究の課題

　今後、疫神をめぐる研究を進める上では、次の点が課題となると考えられる。

　①民俗資料と文献記録の両方を活用し、研究史をふまえた分析をすることが求められる。たとえば筆者は、これまで「病気への理解と対処―疱瘡習俗を中心に―」[2015] において、渡邊平太夫政通『桑名日記』や指田摂津正藤詮『指田日記』[5] などの近世の日記資料に記録されている疱瘡罹病患者への対処が、香月牛山『小児必用養育草』[1703]、橘南谿『痘瘡水鏡録』[1778]、池田霧渓『疱瘡食物考』[1840] などの近世の育児書や医学書に記される症状の経過段階ごとの対処と一致することから、当時の人々が医学書の内容と同程度の疱瘡の症状に関する知識をもち、疱瘡の症状の変化とそれぞれの段階ごとに行う疱瘡関係の習俗もこの知識に対応していることを指摘した。

　②疫神をめぐる民俗伝承の時間的変遷と空間的展開の様相を捉えること。

　③疱瘡のような疫病が現代医療によって克服された後に、それにまつわっていた疫神をめぐる民俗伝承が、どのようなかたちで伝承されていくのかあるいは消滅していくのか、を継続的に検証していくことも重要である。

【注】

1) 川村純一は、『病いの克服―日本痘瘡史―』[1999 思文閣出版] において、厚生省による「全国累年痘瘡患者及び死者数」[厚生省公衆衛生局 1980『検疫制度百年史』ぎょうせい] 所載の、明治9年（1934）から昭和53年（1978）までの疱瘡罹病患者数と死者数を参考に、明治時代以後の疱瘡流行と政府による種痘実施の歴史を整理している。

2) 柳田は、「踊の今と昔」[1911『人類學雜誌』27巻1號～5號 全集7] において、隔絶された田舎では、疫病より風雨旱蟲の害が恐れられ、雨乞踊り・蟲送りが行われる。一方、都会では疫癘が恐れられ、ヤスラヒ祭や念仏踊りが行われる。このように田舎と都市部では、春と夏に同系統の異なるものを送る行事が存在する、と述べている。

3) 折口は、「盆踊りの話」[1927『折口信夫全集 2巻』] において、平安朝以前の花の散る頃に行っていた、花を散らせないための踊りが、平安朝以後、花が散る春の終り、夏に先立って稲蟲の発生とともに流行し始める疫病を、事前に予防するための踊りになり、やがて親族の霊に混じって帰って来る悪霊を退けるための念仏踊りになった、と述べている。

4) 文政9（1826）年から嘉永2（1849）年にかけて、滝沢馬琴が著した『馬琴日記』には、天保2年（1831）に馬琴と同居しつつあった嫡男宗伯の幼児であるお次と太郎が疱瘡に罹病し、2人の罹病に際して、患者周辺の人物がさまざまな対処をする様子が記されている（滝沢馬琴

著・暉峻康隆他校訂 1973『馬琴日記 2巻』中央公論社）。

5)『指田日記』は、武蔵国多摩郡中藤村（現東京都武蔵村山市）の陰陽師、指田摂津正藤詮によって、天保5（1834）年〜明治4（1871）年にかけて著された日記である（武蔵村山市立歴史民俗資料館編 2005『注解指田日記 上・下巻』武蔵村山市教育委員会；武蔵村山市立歴史民俗資料館編 2006『注解指田日記下巻』武蔵村山市教育委員会）。

【参 考 文 献】

池田霧渓 天保11（1840）『疱瘡食物考』国立国会図書館蔵

石垣絵美 2015「病気への理解と対処─疱瘡習俗を中心に─」『伝承文化研究』13号、國學院大學伝承文化学会

石垣絵美 2018「疱瘡絵をめぐる民俗伝承」新谷尚紀編『民俗伝承学の視点と方法　新しい歴史学への招待』吉川弘文館

井之口章次 1975『日本の俗信』弘文堂

今村充夫 1979「民間療法」『講座日本の民俗宗教4　巫俗と俗信』弘文堂

大島建彦 1959「信仰と年中行事」『日本民俗学大系7　生活と民俗Ⅱ』平凡社

大島建彦 1981「疫神歓待の伝承」『日本民俗学』138号、日本民俗学会

大島建彦 1985『疫神とその周辺』岩崎美術社

大島建彦 2008『疫神と福神』三弥生書店

大島建彦 2009「疫神と呪符」笹原亮二編『口承伝承と文字文化─文字の民俗学 声の歴史学─』思文閣出版

折口信夫 1930-1932「年中行事─民間行事伝承の研究─」『折口信夫全集』15巻、中央公論社

香月牛山 元禄16（1703）『小兒必用養育草』（黒川眞道・小瀧淳校 1911 同文館編纂局編纂・香月牛山『日本教育文庫 衛生及遊戯篇 小兒必用養育草』）同文館

川部裕幸 2000「疱瘡絵の文献的研究」『日本研究：国際日本文化研究センター紀要』21、国際日本文化研究センター、角川書店

曲亭馬琴作・葛飾北斎画『椿説弓張月』前編六冊文化4年（1807）、後編六冊続篇六冊文化5年（1808）、拾遺五冊文化7年（1810）（滝沢馬琴 1989『古典叢書　滝沢馬琴集』1巻、誠晃社）

草川 隆 1957「疱瘡神送り」『日本民俗学』5巻2号、日本民俗学会

小池淳一 2018「民俗研究における文書の扱い」国立歴史民俗博物館編『歴史研究と〈総合資料学〉』吉川弘文館

山東京伝 文化7（1810）『腹筋逢夢石』（山東京伝著・林美一校訂 1984『江戸戯作文庫 腹筋逢夢石』河出書房新社）

ジュリー・アンダーソン、エム・バーンズ、エマ・シャクルトン 2012『アートで見る医学の歴史』河出書房新社

新村 拓 2006『日本医療史』吉川弘文館

橘 南谿 安永7（1778）『痘瘡水鏡録（痘瘡手引草）』国立国会図書館蔵

田中宣一 2005『祀りを乞う神々』吉川弘文館

丹野 正 1952「厄神の宿」『民間伝承』16巻12号、日本民俗学会

長岡博男 1959「民間医療」『日本民俗学大系7　生活と民俗Ⅱ』平凡社

波平恵美子 1984『病気と治療の文化人類学』海鳴社

日本学士院日本科学史刊行会編 1978『明治前日本医学史』3 巻、臨川書店

根岸謙之助 1991『医療民俗学論』雄山閣出版

ハートムット・O・ローテルムンド 1995『疱瘡神―江戸時代の病いをめぐる民間信仰の研究―』
　　岩波書店（Hartmut O. Rotermund, 1991 "Hôsôgami ou la petite vérole aisément"）

福井県大野市旧家 天保元年（1830）～天保 15 年（1844）「疱瘡見舞諸事留帳」（南川伝憲 1991
　　「疱瘡の伝来と越前大野藩」『えちぜんわかさ福井の民俗文化』福井民俗の会）

冨士川游 1969『日本疾病史』平凡社

宮田　登 1972 a『日本人の行動と思想 17　近世の流行神』評論社

宮田　登 1972 b「流行神」大塚民俗学会編『日本民俗事典』弘文堂

三崎一夫 1970「正月行事における疫神鎮送について」『東北民俗』5 輯、東北民俗の会

柳田國男 1945『先祖の話』『定本柳田國男集』10 巻、筑摩書房

渡邊平太夫政通 天保 10 年（1839）～嘉永元年（1848）『桑名日記』（谷川健一 1971『日本庶民生
　　活史料集成』15 巻、三一書房）

索　　引

編集者略歴

新 谷 尚 紀
しん たに たか のり

1948 年　広島県に生まれる
1971 年　早稲田大学第一文学部卒業
1977 年　早稲田大学大学院文学研究科史学専攻博士後期課程修了
　　　　　国立歴史民俗博物館教授，総合研究大学院大学教授，國學院大学文学部
　　　　　教授を経て
現　在　國學院大學大学院客員教授
　　　　　国立歴史民俗博物館名誉教授
　　　　　総合研究大学院大学名誉教授
　　　　　社会学博士（慶應義塾大学）
著　書　『伊勢神宮と出雲大社―「日本」と「天皇」の誕生』講談社学術文庫
　　　　　『神道入門―民俗伝承学から日本文化を読む』ちくま新書
　　　　　『氏神さまと鎮守さま―神社の民俗史』講談社選書メチエ
　　　　　ほか多数

講座日本民俗学 2
不安と祈願　　　　　　　　　　　　　定価はカバーに表示

2020 年 11 月 1 日　初版第 1 刷

編集者　新　谷　尚　紀
発行者　朝　倉　誠　造
発行所　株式会社　朝　倉　書　店
　　　　東京都新宿区新小川町 6-29
　　　　郵 便 番 号　　162-8707
　　　　電　話　03（3260）0141
　　　　F A X　03（3260）0180
　　　　http://www.asakura.co.jp

〈検印省略〉

教文堂・渡辺製本

Ⓒ 2020〈無断複写・転載を禁ず〉

ISBN 978-4-254-53582-2　C 3321　　　Printed in Japan